Perfekt Kochen

Perfekt

James Peterson

Kochen

GEWUSST WIE

Der Basisratgeber für die Küche

h.f.ullmann

First published in the United States under the title:
Essentials of cooking

Copyright © 1999 by James Peterson
Photographs copyright © 1999 by James Peterson

Published by arrangement with Artisan,
a division of Workman Publishing Company, Inc.
New York

© 2007 für die deutsche Ausgabe:
Tandem Verlag GmbH
h.f.ullmann ist ein Imprint der Tandem Verlag GmbH

Übersetzung:
Jens Bommel und Andrea Hamann
Redaktion und Satz der deutschen Ausgabe:
folio, Marion Voigt
Projektkoordination:
Dr. Birgit Wüller

Printed in China

ISBN 978-3-8331-4001-3

10 9 8 7 6 5 4 3 2 1
X IX VIII VII VI V IV III II I

Für Mutter und Tante Jane,

denen ich meine Träume verdanke

Bei der Entstehung dieses Buches haben so viele Leute eine wichtige Rolle gespielt, daß ich all diejenigen um Verzeihung bitten muß, die an dieser Stelle unerwähnt bleiben. Zunächst möchte ich Ann Bramson, Lektorin und Verlegerin von Artisan, die mich nun schon seit vielen Jahren kennt, für ihre Arbeit danken, nicht nur an diesem Buch, sondern auch an vergangenen Projekten, und für ihr Vertrauen, das sie mir bei diesem Projekt entgegengebracht hat. Ebenso danke ich Peter Workman für sein Vertrauen und dafür, daß er die erforderlichen Schecks gezeichnet hat. Meine Wertschätzung gilt auch all den Mitarbeitern von Artisan, die monatelang über Manuskript, Druckfahnen und Seiten gebrütet und damit maßgeblich zum guten Gelingen des Vorhabens beigetragen haben. Dank an Deborah Weiss Geline, Judith Sutton und Dania Davey für ihre große Unterstützung bei der Layoutgestaltung. Jim Wageman danke ich für seinen Beitrag als Designer; Vicki Semproni, Pam Smith und Lisa Sloane für die Erstellung der Layouts. Dank gilt auch Tricia Boczkowski für ihre Geduld während unserer endlosen Telefongespräche.

Und grenzenlose Anerkennung für Stephanie Lyness: Sie leistete wertvolle praktische Hilfe und zeigte großen Einsatz bei der Umstrukturierung des Manuskripts zu seiner jetzigen Form.

Mein ganz besonderer Dank gilt Debré DeMers, nicht nur für seine Hände, die auf fast jeder Abbildung zu sehen sind, und für seine Lippen, die man nur einmal sieht, sondern auch für seine Freundschaft, seinen Enthusiasmus, sein fotografisches Auge und dafür, daß er all das leckere Essen mit mir geteilt hat, nachdem wir es fotografiert hatten. Und Danke für seinen unfehlbar guten Geschmack bei der Auswahl der Requisiten für die Fotografen. Ich danke Geraldine Cresci für ihre Hilfe bei der Gestaltung der Fotos am Kapitelbeginn und für vieles andere.

Meine Wertschätzung gilt gleichermaßen meinen Agenten, Arnold und Elise Goodman, die felsenfest hinter mir stehen und die ich in den vielen Jahren so sehr schätzen gelernt habe.

Und schließlich möchte ich dem Mann an meiner Seite danken, Zelik Mintz, der manchmal die Chancen und Risiken in meinem Leben als Kochbuch-Autor eher begreift als ich selbst.

VII

Inhalt

Manchmal, wenn ich in einer Buchhandlung stehe und Kochbücher durchblättere, habe ich das ungute Gefühl, daß da etwas fehlt, daß bestimmte Dinge unerklärt bleiben, die mir wichtig erscheinen. Dieses Gefühl ähnelt der Enttäuschung über gewisse Gespräche beim Abendessen, bei denen man keinerlei gemeinsamen Nenner findet, und es war für mich der Ansporn, dieses Buch zu schreiben.

Ich beschloß, eine Art Handbuch oder Nachschlagewerk für Leute zu schaffen, die gerne nach Rezept kochen, sich aber mehr Sicherheit und »Bewegungsfreiheit« beim Kochen wünschen. Rezepte können hinderlich und verunsichernd sein, und auch wenn ich selbst bereits viele veröffentlicht habe, bezweifle ich, daß Kochbücher entscheidend dazu beitragen, die Kochkünste des Lesers zu verbessern. Küchentechniken lehren uns, wie man aus einer Zutat das Maximum herausholt, sie fördern unsere Kreativität und unseren Geschmackssinn.

Die Küchentechniken lassen sich in zwei Kategorien unterteilen: Die einen machen das Kochen leichter und effizienter; sie umfassen Tips, wie man z. B. schneller schält, entstielt oder hackt. Von diesen Techniken gibt es erstaunlicherweise recht wenige. Sobald man Braten, Pochieren, Grillen, Fritieren, Dämpfen, Sautieren und Schmoren beherrscht, kann man auch die meisten Zutaten zubereiten. Wenn man zudem die Logik versteht, mit der diese Techniken funktionieren, ist man in der Lage, ohne weiteres zu improvisieren und seinen Gerichten dadurch eine ganz individuelle Note zu verleihen.

Einige Techniken jedoch lassen sich fast nicht in Worte fassen und erfordern so etwas wie visuelle Stichwörter. Da ich selbst schon Nachmittage damit verbracht habe, erfolglos Gartenmöbel oder Bücherregale zusammenzuschrauben, kann ich mich sehr gut in den Leser hineinversetzen, der, mit dem Küchengarn in der Hand, versucht, ein Huhn zu binden und nach 10 Minuten vergeblicher Mühen das Huhn am liebsten strangulieren möchte. So beschloß ich, bestimmte Techniken ausführlich mit Farbfotos zu illustrieren. Ich habe versucht, die Fotos einfach und naturgetreu zu gestalten – sie wurden sozusagen unter realen Bedingungen in meiner engen Wohnung in Brooklyn aufgenommen –, so daß, sollte die Zubereitung Schwierigkeiten bereiten, Hopfen und Malz nicht verloren sind.

Die Gliederung dieses Buches war ein schwieriges Unterfangen. Mit Unterstützung meiner Lektorin wurde es in sechs Kapitel unterteilt, die die elementaren Küchentechniken zeigen und sofort vermitteln, was zu tun ist. Definitionen und wichtige Punkte wurden in einem Glossar zusammengestellt. Darüber hinaus gibt es am Ende der Darstellung jeder Technik Verweise auf weiterführende Informationen im Glossar sowie auf entsprechende Kapitel und Abschnitte im Text (»Siehe auch …«).

Am Ende des Kapitels »Gemüse rösten und backen« z. B. stehen unter »Siehe auch« Verweise auf das Tournieren, auf die Herstellung von Semmelbröseln zum Überbacken und auf Geflügelfond zum Glacieren von Gemüse. Und da Gemüse besonders schmackhaft ist, wenn es mit einem Huhn oder einer Lammkeule gebraten wird, erfährt man auch gleich, wo nachgelesen werden kann, wie man Geflügel und Fleisch brät. Auf das Rezept für gebackene rote Bete, bei dem eine kleinere Menge an Rote-Bete-Blättern anfällt, folgt entsprechend der Verweis auf die Stelle »Blattgemüse dämpfen«. Das große Plus dieses Buches ist, daß man es sowohl als schnell zugängliches Nachschlagewerk benutzen oder aber genau durchlesen, vor- und zurückblättern und so seinen systematischen Aufbau entdecken kann.

Aus einigen Grundtechniken ergeben sich weitere Techniken. Ich wollte sicherstellen, daß bei der Aufeinanderfolge von Abbildungen und dazugehörigen Step-by-Step-Erklärungen kein Element übergangen wird. Ein Hähnchen zu braten z. B. ist an sich sehr einfach, aber es gibt Feinheiten, wie Binden, den Bratensaft entfetten und mit Mehl oder Knoblauchpüree binden, die erläutert werden, um zu zeigen, wie man das Hähnchen perfekt zubereitet. All diese Untertechniken lassen sich auf andere Rezepte und vorbereitende Arbeiten übertragen, daher werden sie auch ausführlich dargestellt und illustriert.

Obgleich die Rezepte meist nicht, wie gewohnt, genaue Mengen und Garzeiten angeben, enthält das Buch doch ausreichend Informationen für nahezu 150 Zubereitungen. Aber anstatt detaillierte Rezepte aufzulisten, soll die Lust am Kochen anhand von Grundzubereitungen vermittelt werden. Man kann viel über das Kochen lernen durch Beobachten, Schmecken, Berühren, Riechen, ja sogar Hinhören. Im Kapitel »Gemüse gratinieren« z. B. wird zuerst die Grundtechnik vermittelt: Gemüse in eine flache, feuerfeste Form schichten und anschließend knusprig backen. Dann erfährt man, wie sich diese Technik durch unterschiedliche Gemüse variieren läßt. Es gibt kein genaues Abmessen der Flüssigkeitsmenge, denn diese hängt von der Anzahl der gewünschten Portionen ab und von der Menge der verwendeten Gemüse. Der Leser bekommt vielmehr Richtlinien an die Hand, mit deren Hilfe er die benötigte Menge einzuschätzen lernt. Mit der Angabe der genauen Backofentemperatur ist es auch so eine Sache, denn viele Thermostate sind unzuverlässig. Statt dessen lernt man z. B., den Gargrad des Gratins nach dessen Aussehen zu beurteilen, so daß man in der Lage ist, die Temperatur entsprechend zu regulieren.

Die Kästen mit »Tips und Anmerkungen«, die sich durch das gesamte Buch ziehen, geben einen Überblick über die jeweilige Technik, Anleitungen, Garzeiten, Mengenangaben oder auch Ausstattungshinweise. Es werden Vorschläge gemacht, wie sich die jeweilige Technik auf die Zubereitung von anderen Gerichten übertragen läßt.

Das Kapitel »Gewußt wie« stellt kompliziertere Techniken vor. Einige dieser grundlegenden Arbeiten, wie das Filetieren von Fisch oder das Vorbereiten eines Lammrückens, kann man beim Kauf machen lassen, aber es lohnt sich doch, die Techniken zu erlernen. Ganz gleich, wie professionell man kocht, irgendwann fängt wahrscheinlich jeder an, diese Arbeiten sehr genau zu nehmen und auch selbst auszuführen. Mein Fischhändler z. B. schafft es nie, alle Schuppen von einem Fisch zu entfernen, und mein Fleischer zieht immer ein Gesicht, wenn ich ihn bitte, mir einen Schweinerücken vorzubereiten und die Rippenknochen sauber zu schaben.

Tranchieren ist ein anderes Thema. Ich fand es immer sehr wichtig, tranchieren zu können. Die meisten schenken dem keine besondere Aufmerksamkeit mehr, aber ich halte das damit verbundene Ritual doch für sehr erhaltenswert, und daher sind alle Arten des Tranchierens in diesem Buch vertreten, darunter das Tranchieren von ganzen Fischen, Platt- oder runden Fischen. So wird auch der einfachste Braten oder ein sautiertes Stück Fisch zu einem eleganten und dennoch nicht übertrieben formellen Mahl.

Dieses Buch ist eine Art Küchenbegleiter, der – wie ich hoffe – Lust auf Kochen macht, einen aus vertrackten Situationen herauszuhelfen weiß, der Sicherheit beim Kochen gibt und zum Experimentieren einlädt, denn nur jenseits absoluter Gewißheit gibt es Kreativität, und hier beginnt eigentlich erst der Spaß. Man kann den Band zusammen mit anderen Kochbüchern verwenden (so wie ein Schriftsteller ein Wörterbuch oder einen Thesaurus zu Hilfe nimmt), um sich zu vergewissern, daß man auf dem richtigen Weg ist oder zu vergleichen, wann bestimmte Techniken angewendet werden. Meine größte Hoffnung jedoch ist, daß sich jeder, der mit diesem Buch arbeitet, mit der Zeit von den starren Vorgaben einiger Rezepte lösen kann, mit Spaß und Freude einkauft, um schließlich mit Mut und Können in der Küche zu Werke zu gehen.

Grund-
lagen

Spargel schälen

Geschälter grüner Spargel gart gleichmäßig, und man kann fast die ganze Stange essen.

1. Die holzigen Enden 3 bis 5 cm breit abschneiden.

2. Den Spargel fast bis zu den Spitzen schälen, indem man einen Pendelschäler entlang der Spargelstange schnell vor und zurück bewegt. Dabei die Stangen flach auf ein Schneidebrett legen, damit sie nicht brechen können. Für sehr festen Spargel eignet sich auch ein Schäler mit fester Klinge.

Gemüse schälen

Gemüse schält man am besten mit einem Gemüse- oder Sparschäler. Gut, schnell und sparsam geht es, wenn man unterschiedliche Schäler verwendet. Ein Pendelschäler hat eine bewegliche Klinge und eignet sich besonders für Gemüse und Früchte mit dünner, empfindlicher Schale, wie Spargel oder Birnen. Ein Schäler mit fester Klinge empfiehlt sich für dickschalige Gemüse, wie weiße Rüben und Auberginen, bei denen man tiefer schälen muß. Für Gemüse mit sehr fester, dicker Schale, wie Knollensellerie, nimmt man vorzugsweise ein Gemüsemesser, mit dem man gut in die Winkel und Ritzen kommt, die sich teilweise unter der Schale befinden.

Einige Gemüse, wie Zwiebeln, Tomaten, Gemüsepaprika und Maronen, erfordern spezielle Schälmethoden.

Tips und Anmerkungen

- Für unterschiedliche Früchte oder Gemüse gibt es unterschiedliche Schäler. Pendelschäler funktionieren mit Vor- und Zurückbewegung oder werden vom Körper weg bewegt. Bei Schälern mit fester Klinge bewegt man den Schäler in der Regel auf sich zu.

- Dünnschalige Gemüse, wie Möhren und Spargel, am besten mit einem Pendelschäler schälen.

- Für dickschalige Gemüse (Auberginen, weiße Rüben, Kartoffeln) eignet sich ein Schäler mit fester Klinge.

- Fenchel und Stangensellerie mit einem Schäler mit fester Klinge oder einem Gemüsemesser schälen, Gemüse mit sehr dicker Schale, wie Knollensellerie und Kürbis, nur mit einem Gemüsemesser.

- Tomaten und Zwiebeln, besonders Perlzwiebeln, vor dem Schälen kurz in kochendes Wasser tauchen. Die Schale wird dann weich und läßt sich leicht abziehen (gilt auch für das Häutchen geschälter Maronen).

- Weißen Spargel vor dem Garen sorgfältig schälen. Grünen Spargel zumindest an der unteren Hälfte der Stangen schälen, damit er gleichmäßig gart und die zarten Spitzen nicht verkochen, bevor die kräftigeren Stangen gar sind.

Auberginen schälen

1. Stielansätze wegschneiden.
2. Einen Schäler mit fester Klinge, den man zum Körper hin bewegt, zum Schälen der Auberginen verwenden.

Knollensellerie schälen

1. Selleriegrün samt Stielansatz mit einem großen Messer vollständig wegschneiden.
2. Die Knolle mit einem scharfen Gemüsemesser mit drehenden Bewegungen gegen die Klinge schälen.

Weiße Rüben schälen

Stiele und Grün bis zum Ansatz vollständig wegschneiden. Ansonsten das harte Ende, an dem die Stiele saßen, entfernen. Die weißen Rüben mit einem Gemüsemesser oder einem Schäler mit fester Klinge durch drehende Bewegungen gegen die Klinge schälen.

Maronen schälen

Eßkastanien haben zwei Schalen, eine dicke äußere Schale und ein papierartiges Häutchen über dem Fruchtfleisch.

1. Die Maronen an der flachen Seite kreuzartig einritzen. Darauf achten, daß die harte Schale vollständig durchschnitten wird, aber das Fruchtfleisch unverletzt bleibt. Die Maronen 15 Minuten in warmem Wasser einweichen und anschließend abtropfen lassen. Die Maronen bei 180 °C etwa 15 Minuten, oder bis sich die äußere Schale aufzustellen beginnt, im Ofen rösten.

2. Die Maronen noch heiß schälen und dabei in einem Küchentuch halten. Sind sie inzwischen kalt geworden und lassen sie sich nur noch schwer schälen, die Maronen erneut 5 Minuten in den heißen Ofen schieben. Um das Häutchen auf den geschälten Maronen zu entfernen, übergießt man sie mit kochend heißem Wasser und läßt sie etwa 2 Minuten stehen. Anschließend abtropfen lassen und die Häutchen mit einem Küchentuch abreiben. Ein Großteil der Häutchen löst sich dadurch.

Dicke Bohnen schälen

Außer wenn sie sehr klein und unreif sind, werden Dicke Bohnen, nachdem man sie aus der Hülse gelöst hat, geschält, um die bittere Haut zu entfernen.

1. Mit dem Daumen den Saum entlangfahren, der seitlich an der Hülse verläuft, dabei die Hülse in zwei Hälften teilen und die Kerne herausnehmen.

2. Jede Bohne mit dem Daumen oder einem Gemüsemesser schälen. Bei größeren Mengen die Kerne für etwa 30 Sekunden in kochendes Wasser geben. Anschließend abtropfen lassen und kalt abbrausen. Danach lassen sich die Bohnen leichter schälen.

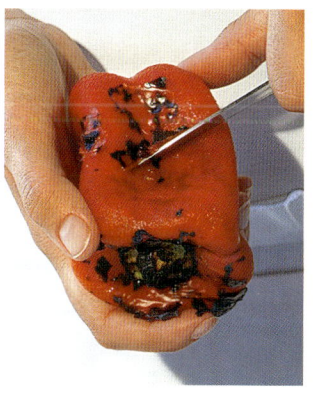

Fenchel schälen

1. Die Stiele bis zum Knollenansatz wegschneiden, beiseite legen und für eine Brühe verwenden. Das weiche Fenchelkraut leicht hacken und zum Würzen oder Garnieren nehmen.

2. Grobe, faserige Fäden und braune Stellen auf der Fenchelknolle mit einem Pendel- oder Gemüseschäler oder einem Gemüsemesser wegschneiden, dabei die Knolle mit der Hand gegen die Arbeitsfläche drükken und den Schäler zum Körper hin bewegen.

Perlzwiebeln schälen

1. Perl- oder Silberzwiebeln mit kochendem Wasser übergießen und etwa 60 Sekunden stehenlassen. In einem Durchschlag kalt abbrausen.

2. Wurzelansatz wegschneiden.

3. Die äußere Schale mit einem Gemüsemesser entfernen.

Paprika rösten und schälen

Besonders intensiv und zart schmecken Paprika, wenn man sie röstet und dann schält.

1. Die Paprika direkt über die Flamme eines Gasherdes halten oder auf einen Grillrost bzw. unter den Backofengrill legen. Leicht verkohlen lassen, dabei öfters wenden, bis sie fast schwarz sind. Sofort in einen Gefrierbeutel legen und diesen verschließen. Nach etwa 5 Minuten läßt sich die Haut leichter entfernen.

2. Soviel verbrannte Haut wie möglich mit den Fingern abschälen. Völlig verbrannte Stellen mit einem Gemüsemesser herausschneiden.

Tomaten schälen

Meist ist es nicht nötig, Tomaten zu schälen. Für einen Salat z.B. braucht man die Schale nicht unbedingt zu entfernen. Bei hartschaligen und besonders festen Tomaten sollte man aber, je nach Verwendung, die Haut abziehen. Auch für Tomaten-Concassé (abgezogene, entkernte und gehackte Tomaten) wird die Haut abgezogen, damit keine kleinen gewellten Hautstückchen in der Sauce oder im Eintopf schwimmen.

1. Mit einem Gemüsemesser den Strunk aus den Tomaten herausschneiden. Reife Tomaten nur etwa 15 Sekunden in kochend heißes Wasser tauchen, weniger reife Tomaten etwa 30 Sekunden.

2. Die Tomaten in einem Durchschlag abtropfen lassen und sofort kalt abbrausen oder in Eiswasser tauchen.

3. Die Haut zwischen Daumen und Gemüsemesser oder mit den Fingern vom Stielansatz her aufnehmen und in großen Streifen abziehen.

Siehe auch
Tomaten-Concassé, Seite 50
Tomaten entkernen, Seite 36

Im Glossar
Blanchieren
Concassé
Coulis

Gemüse entstielen, vorbereiten und entkernen

Rosenkohl vorbereiten

1. Bei einem ganzen Stiel mit Rosenkohlröschen die einzelnen Köpfchen mit einem Gemüsemesser am Stielansatz abschneiden. Bei einzelnen Röschen das untere Ende des Strunks abschneiden, da er meist dunkel verfärbt und leicht ausgetrocknet ist.

2. Große Röschen längs halbieren oder vierteln.

3. Rosenkohl läßt sich auch vorbereiten, indem man Blättchen für Blättchen abtrennt, bis die Röschen aufgelöst sind. Die Blätter eignen sich zum Sautieren oder zum Dämpfen wie andere grüne Blattgemüse.

Maiskolben putzen und Körner ablösen

Maiskörner für Suppen, Rahmmais und mexikanische Salsas verwenden.

1. Grüne Hüllblätter, dünne Silberhaut und Narbenfäden der Kolben abziehen. Läßt sich die Silberhaut nur schwer entfernen, die Kolben unter fließendem Wasser mit einer Nylonbürste mit festen Borsten bearbeiten.

2. Die Körner mit einem großen Messer, das dicht am Kolben entlangfährt, ablösen.

Blumenkohl vorbereiten

1. Die grünen Blätter und den Strunk bis nahe an die Röschen abschneiden. Den Mittelteil des Strunks mit einem Gemüsemesser herausschneiden, dabei auch kleinere grüne Stiele entfernen.

2. Um den restlichen Strunk herumschneiden und die meisten Röschen heraustrennen.

3. Die übrigen Röschen vom Strunk abschneiden.

4. Die abgetrennten Röschen vom Stiel her weiter teilen.

Blätter entstielen

Bei den meisten Blattgemüsen werden die harten Stiele vor dem Garen entfernt. Zarte Blätter, wie von Spinat und Sauerampfer, kann man mit der Hand entstielen. Größere, festere Stiele, wie von rotem Mangold, entfernt man am besten mit einem Messer.

Spinat entstielen

Das Spinatblatt zwischen Daumen und Zeigefinger nehmen und den Stiel so abziehen, daß auch der Stielteil im Blattbereich mit entfernt wird.

Gurken entkernen

1. Die Gurke längs halbieren.

2. Mit einem Eßlöffel die Kerne herauskratzen.

Roten Mangold entstielen

Das Blatt längs falten und den seitlich verlaufenden Stiel mit einem Messer abtrennen.

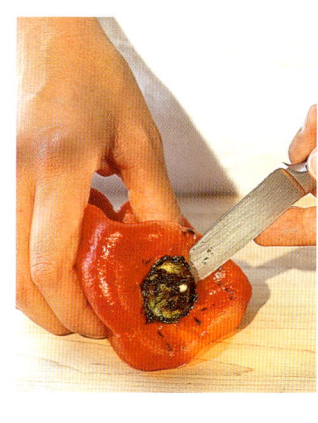

Lauch putzen und waschen

1. Die Wurzeln am unteren Ende der Lauchstange weg-schneiden. Dabei nicht zu großzügig in das Weiße des Lauchs schneiden, da er sonst auseinanderfällt.

2. Den grünen Teil des Lauchs etwa 3 bis 5 cm vor dem weißen Teil abschneiden.

3. Die äußeren grünen Blätter vom weißen Teil wegschnitzen.

4. Die Stange längs halbieren.

5. Die Lauchstange schräg nach unten unter fließendes kaltes Wasser halten, so daß der Sand nicht tiefer in die Zwischenräume dringen kann. Jede Blattschicht mit Zeige-finger und Daumen leicht abwinkeln und den Sand herausspülen.

Geröstete Paprika ent-stielen und entkernen

1. Mit einem Gemüsemesser um den Strunk einer geschäl-ten Paprika herumschneiden.

2. Den Strunk mit den Fingern herausziehen.

3. Die Paprika an einer Seite längs durchschneiden und das Fruchtfleisch auseinander-klappen.

4. Die Streifen weißen Frucht-fleisches (Scheidewände) an der Innenseite der Paprika herausschneiden und entfer-nen. Die Samen mit dem Messer oder den Fingern ent-fernen oder unter fließendem kalten Wasser herausspülen.

Siehe auch

Paprika rösten und schälen,
  Seite 5
Lauch in Juliennes schneiden,
  Seite 20

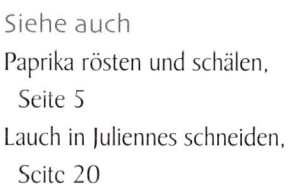

Gemüse und Kräuter schneiden und hacken

Gemüse zerkleinert man je nach Form und Größe sowie weiterer Verwendung auf unterschiedliche Art. Meist wird es grob oder fein gehackt, gewürfelt, geschnitten, in Scheiben oder feine Streifen (Juliennes) geschnitten. Gelegentlich wird Gemüse auch gehobelt. Wann wendet man welches Verfahren an?

Hacken bedeutet in der Regel Zerkleinern ohne bestimmte Form oder Größe. Gemüse und Kräuter werden gehackt, wenn das Aussehen keine Rolle spielt oder wenn das Gemüse vor dem Weiterverarbeiten bzw. Servieren der Speisen entfernt wird. Allgemein gilt, daß Gemüse für längere Garzeiten gröber und für kürzere Garzeiten entsprechend feiner gehackt wird. Feines Hacken empfiehlt sich für Zubereitungen mit sehr kurzer Garzeit oder wenn das Gemüse in der Sauce, im Eintopf etc. verbleiben soll.

Gemüse wird in Würfel unterschiedlicher Größe geschnitten, wenn es besonders auf die dekorative Wirkung ankommt. In der französischen Küche nennt man sehr kleine Würfel Brunoises und größere Macédoines.

Juliennes und Chiffonade bezeichnen in sehr feine Streifen geschnittenes Gemüse. Blättriges Gemüse wie Kohl wird gehobelt, blättrige Kräuter und Blattgemüse, wie Basilikum oder Spinat, schneidet man zu einer Chiffonade. Andere Sorten, z. B. Wurzelgemüse, werden in Juliennes geschnitten. Die kleinen Brunoises erhält man, wenn man Gemüse zuerst in Juliennes und diese dann in winzig kleine Würfel schneidet.

Größere Gemüsestücke eignen sich für Schmorgerichte, Braten und Eintöpfe oder als Beilage. Gemüsesorten wie weiße Rüben und Fenchel werden häufig in Spalten geschnitten. Man kann Gemüse auch tournieren, also in eine ansehnliche, ovale Form mit abgerundeten Seiten bringen (siehe Seite 21).

(siehe Seite 21)

10

Hacken und fein schneiden

Zwiebeln grob und fein hacken

Zwiebeln, Schalotten und Knoblauch werden auf die gleiche Art gehackt.
1. Eine geschälte, halbierte Zwiebel, das Wurzelende abgewandt, auf das Schneidebrett legen. Dann in Längsrichtung bis zur Wurzel jeweils senkrecht fein oder grob ein-, aber nicht durchschneiden.
2. Die Zwiebelhälfte waagerecht bis zur Wurzel ein-, aber nicht durchschneiden.
3. Die Zwiebel mit senkrechten Querschnitten zuerst würfeln, dann hacken oder nach Bedarf sehr fein hacken.

Knoblauch fein hacken und zu Knoblauchpaste verarbeiten

Knoblauchpaste besitzt eine noch feinere Konsistenz als feingehackter Knoblauch und wird für Mayonnaise, Suppen oder zur Herstellung von Pesto verwendet, wenn man keinen Mörser samt Stößel zur Hand hat.

1. Die Klinge eines großen Küchenmessers seitlich auf die Knoblauchzehe legen und mit dem Handballen kurz kräftig auf die Klinge drücken. Dann den Knoblauch abziehen und das kleine Wurzelende der Zehe wegschneiden. Die Knoblauchzehe mit der breiten Seite auf das Schneidebrett legen. Große Zehen vorher halbieren und mit der Schnittfläche nach unten legen.

2. Den Knoblauch längs mit einem sehr scharfen Gemüsemesser ein-, aber nicht durchschneiden.

3. Die Zehe dreimal waagerecht einschneiden.

4. Dann die Knoblauchzehe mit senkrechten Querschnitten fein schneiden.

5. Für Knoblauchpaste den gehackten Knoblauch mehr an den Rand des Schneidebrettes legen und mit der flachen Seite der Klinge eines großen Küchenmessers nach und nach kleinere Mengen zerdrücken, dabei mit dem Handballen kräftig auf die Klinge drücken.

GROB UND FEIN HACKEN

Gemüse läßt sich grob oder fein hacken, indem man die Klinge eines großen Küchenmessers mit schnellen, hackenden Bewegungen über das Gemüse führt. Dafür gibt es einige Techniken:

- Am besten gleich eine größere Menge hacken, so daß die ganze Klinge des Messers zum Einsatz kommt. Außer für sehr kleine Mengen ist es nicht sinnvoll, nur einen Teil der Messerklinge zum Hacken zu verwenden.
- Die zu hackenden Stücke in einem länglichen Haufen parallel zur Messerklinge anordnen, damit die ganze Länge der Klinge ausgenutzt werden kann.
- Am besten das Messer beim Hacken möglichst nahe der Klinge halten.

Daumen und Zeigefinger sollten die Klinge seitlich fest umschließen, während der Rest der Hand den Griff umfaßt.

- Die Messerspitze während des Hackens fest auf das Schneidebrett pressen, dadurch läßt sich die Klinge besser führen. (Dies ist viel praktischer, als den Messerrücken mit der freien Hand zu drücken, die sonst das Gemüse zurechtschieben kann.)
- Sehr weiche Zutaten wie Tomaten und manche Kräuter sind oft einfacher zu hacken, wenn man das Messer wie beim Schneiden bewegt: anstatt die Messerspitze fest auf das Schneidebrett zu drücken, das gesamte Messer in kurzen Bewegungen auf und nieder bewegen. Falls dabei

die Hände ermüden, zu folgender Methode übergehen: Die Messerklinge mit beiden Händen halten, eine Hand in der Nähe der Messerspitze, die andere beim Griff. Dann das Messer in kurzen, hackenden Bewegungen auf und nieder führen.

IN SCHEIBEN SCHNEIDEN

- Gemüse mit dem Messer oder mit einem Ge-

müsehobel in Scheiben schneiden. Mit dem Gemüsehobel werden die Scheiben sehr dünn und gleichmäßig.
- Schneidet man mit dem Messer, hält die eine Hand das Gemüse – dabei die Finger krümmen, damit sie nicht in die Schneidelinie des Messers geraten. Wenn man die Seite des Messers leicht gegen die Finger-

knöchel gedrückt hält, läßt sich die Dicke der Scheiben bestimmen, indem man die Hand während des Schneidens langsam über das Gemüse zurückzieht. Dadurch kann die andere Hand das Messer sehr schnell bewegen. Meist hebt man das Messer beim Schneiden vollständig vom Schneidebrett ab, nur wenn das Gemüse sehr hart ist, sollte man die Messerspitze beim Schneiden auf das Schneidebrett drücken, damit das Messer ruhig läuft und mehr Kraft eingesetzt werden kann.
- Es ist immer einfacher, Gemüse in halbrunde Scheiben zu schneiden als in runde, wenn das Gemüsestück mit seiner Schnittfläche fest auf dem Schneidebrett aufliegt.

IN WÜRFEL SCHNEIDEN

- Beim Würfeln schneidet man das Gemüse, anders als beim Hacken, in regelmäßige, gleich große Stücke. Je nachdem, wie exakt die Würfel sein sollen, wird das Gemüse erst in Streifen oder Juliennes und anschließend in Würfel geschnitten.
- Sehr kleine Würfel (etwas kleiner als 3 mm) nennt man Brunoises. Würfel mit einer Seitenlänge von etwa 5 mm heißen Macédoines.

- Für alltägliche Gelegenheiten muß das Gemüse nicht unbedingt perfekt gewürfelt werden. Ungleichmäßige Würfel genügen, solange die Stücke etwa gleich groß sind. Länglich-runde Gemüse wie Möhren oder weiße Rüben lassen sich viel leichter in dreieckige Stücke schneiden.
- Um runde Gemüse perfekt zu würfeln, schneidet man die Seiten ab, so daß ein großer Würfel oder ein Rechteck entsteht (siehe Seite 17). Die Abschnitte zuvor schälen und dann weiterverarbeiten. Meist lassen sie sich gut einfrieren und für Suppen oder Pürees verwenden.

GEMÜSE HOBELN, IN JULIENNES UND CHIFFONADE SCHNEIDEN

- Kohl mit einem Gemüsehobel oder Messer zerkleinern.
- Für Juliennes schneidet man das Gemüse in dünne Scheiben, legt diese übereinander und schneidet sie dann in feine Streifen. Größe und Stärke der Juliennes hängen von der Dicke der Scheiben ab.
- Gemüsehobel aus Plastik und Mandolinen besitzen eine Vorrichtung zum Schneiden von Juliennes, die meisten Geräte bieten jedoch nur ein oder zwei Varianten, die meist zu groß ausfallen. Oft ist es auch schwierig, das Gemüse durch die kleinen Klingen des Gerätes zu drücken. Besser man schneidet das Gemüse mit dem Hobel und dann mit dem Messer.
- Aus Kräutern oder blättrigen Gemüsesorten läßt sich Chiffonade machen, indem man mehrere Blätter übereinanderlegt, eng einrollt und in feine Streifen schneidet. Da sich einige blättrige Kräuter wie Basilikum durch das Schneiden dunkel verfärben, träufelt man etwas Olivenöl darüber. So schützt man sie vor der Luft und verzögert den Fermentierungsprozeß.

GEMÜSE TOURNIEREN

- Tournierte Gemüse haben eine längliche, ovale Form, fast wie überdimensionierte Oliven. Dafür wird das Gemüse in Spalten oder größere Stücke geteilt und mit einem Gemüse- oder Tourniermesser bearbeitet: Man schneidet die Ecken weg und rundet das Gemüse ab. Um möglichst viele tournierte Stücke und wenige Abschnitte zu erhalten, teilt man runde Gemüse am besten zuerst in längliche Stücke oder Spalten und Rechtecke.
- Die Abschnitte von tournierten Gemüsen lassen sich noch für Suppen und Pürees verwenden.

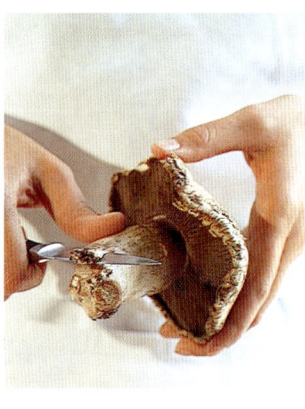

14

Pilzköpfe und -stiele hacken

Bei großen Pilzen werden Köpfe und Stiele getrennt geschnitten.
1. Dunkle oder sehr schmutzige Pilzstiele mit einem Gemüsemesser putzen.
2. Pilze in einem Durchschlag kurz unter fließendem Wasser abbrausen oder mit einem feuchten Küchentuch abreiben.
3. Stiele heraustrennen und Köpfe in Scheiben schneiden.
4. Die Scheiben zusammenlegen und quer schneiden.
5. Stiele in Scheiben schneiden.
6. Die Stiele und gewürfelten Köpfe wie andere Gemüse hakken. Bei kleinen Pilzen Kopf und Stiel zusammen in Scheiben schneiden und dann hacken.

Petersilie hacken

Diese Methode eignet sich für die meisten Kräuter und Blattgemüse. Vor dem Hacken die Kräuter vollkommen trocknen lassen, damit sich keine nassen Klumpen bilden.
1. Stiele abtrennen, für Brühe und Bouquet garni verwenden oder wegwerfen. Die Blätter anhäufen und so viele wie möglich gleichzeitig hacken.
2. Mit der freien Hand die Blätter zur Klinge schieben, während das Messer schnell auf und nieder fährt. Die Messerspitze auf das Schneidebrett drücken, damit das Messer gleichmäßig läuft. Zur Abwechslung das Messer mit beiden Händen halten und hacken.

Möhren in dreieckige Stücke schneiden

Diese Methode ist auch auf andere zylindrische Gemüse, wie Petersilienwurzeln, Zucchini oder Gurken, und Stengelgemüse wie Bleichsellerie übertragbar. Die Stengel von Bleichsellerie längs in Stäbchen und dann klein schneiden.
1. Geschälte Möhren längs halbieren. Sind die Möhren sehr lang, die Hälften noch einmal quer durchschneiden. Jedes Stück längs in drei Spalten teilen.
2. Die Spalten in kleine Dreiecke schneiden (unregelmäßige Würfel).

Scheiben

Möhren in runde Scheiben (Rondelle) schneiden

Für gewöhnlich kann man Möhren und andere zylindrische Gemüse auch erst längs halbieren und dann in Scheiben schneiden. Der Vorteil ist, daß die Möhrenhälften mit der Schnittfläche nach unten fest auf dem Schneidebrett liegen und sich einfacher schneiden lassen. Für einige Zubereitungen jedoch sollte man die Möhren in schöne Rondelle schneiden. Dazu vor dem Schneiden nur schälen und im ganzen belassen.

Möhren in halbe Scheiben schneiden

Möhren längs halbieren und mit der Schnittfläche nach unten auf das Schneidebrett legen; in Scheiben schneiden, dabei die Messerspitze fest auf das Schneidebrett drücken. Die Hand nach und nach über die Möhre zurückziehen.

Zucchini in runde Scheiben (Rondelle) schneiden

Zucchini und andere weichere Gemüse wie Gurken lassen sich sehr schnell und exakt in Scheiben schneiden, wenn man das Gemüse mit der freien Hand hält und diese während des Schneidens langsam über die Zucchini zurückzieht.

Vor dem Schneiden den Stielansatz der Zucchini abschneiden. Die Zucchini mit einer Hand festhalten, dabei den Zeigefinger gekrümmt etwas nach vorne schieben und so während des Schneidens das Messer am Fingerknöchel entlanggleiten lassen.

Zucchini in dreieckige Stücke schneiden

Für einige Zubereitungen, wie Suppen oder Nudelgerichte, sind ganze Zucchinischeiben zu groß. In solchen Fällen kann man die Zucchini auch längs halbieren oder vierteln und dann in Scheiben schneiden. Die Zucchini statt in Rondelle in dreieckige Stücke zu schneiden, ist viel einfacher, da in diesem Fall die Schnittfläche fest aufliegt.
1. Zucchini vom Stielansatz befreien und längs in vier oder mehr Spalten schneiden.
2. Zwei oder mehr Spalten gleichzeitig in dreieckige Stücke schneiden.

15

Fenchel mit einem Gemüsehobel schneiden

Ein Gemüsehobel aus Plastik schneidet mit der feinsten Einstellung der Klinge Gemüse so dünn wie Papier.

Den Fenchel über die Klinge hin- und herbewegen, dabei die Finger gestreckt halten, damit sie nicht in die Klinge geraten. Kommt man beim Hobeln mit der Hand in die Nähe der Klinge, unbedingt die Handhalterung benutzen.

Gurken schneiden

Mehrere längliche Gemüse und Gemüsestreifen kann man gleichzeitig bearbeiten.
1. Die Gurke längs halbieren. Die Kerne mit einem Eßlöffel aus den Hälften herauskratzen.
2. Die Hälften übereinanderlegen und gleichzeitig in Scheiben schneiden. Mit den Fingern der freien Hand die Hälften während des Schneidens zusammenhalten.

Trüffeln schneiden

Man kann Trüffeln mit einem Messer oder einem Gemüsehobel schneiden, aber ein Trüffelhobel ist am besten geeignet, besonders wenn man am Tisch schneiden will.

Die Schneidestärke mit der Drehschraube an der Klinge des Trüffelhobels einstellen. Die Trüffel mit schnellen Bewegungen gegen die Klinge hobeln.

Im Glossar
Gemüsehobel (mit Abbildung der Handhalterung)

In Würfel schneiden

Weiße Rüben würfeln

Runde Gemüse auf folgende Art in Würfel schneiden.

1. Die Ränder der geschälten weißen Rübe so wegschneiden, daß ein gleichmäßiger Würfel entsteht.

2. Den Würfel in gleich große Scheiben schneiden.

3. Die Scheiben mit den Fingern der freien Hand zusammenhalten und so schneiden, daß gleichmäßige Stäbchen entstehen.

4. Die Stäbchen (Bâtonnets) mit den Fingern der freien Hand zusammenhalten und in Würfel schneiden.

Im Glossar
Brunoise
Macédoine

Hobeln, in Juliennes und Chiffonade schneiden

Rotkohl hobeln

1. Den Rotkohl vom Strunk aus in Viertel teilen.
2. Den Strunk aus jedem Viertel herausschneiden.
3. Jedes Viertel mit einem großen Küchenmesser oder einem Gemüsehobel fein hobeln.

18

Rote Bete in Juliennes oder Stäbchen (Bâtonnets) schneiden

Runde Gemüse, wie weiße Rüben oder Knollensellerie, können so geschnitten werden.

Geschälte gekochte oder gebackene rote Bete in Scheiben schneiden, diese übereinanderlegen und in feine Streifen (Juliennes) oder dickere Stäbchen (Bâtonnets) schneiden (siehe links).

Siehe auch
Rote Bete backen und schälen, Seite 71

19

Möhren in Juliennes schneiden

Petersilienwurzeln und andere zylindrische Gemüse lassen sich, wie hier gezeigt, in Juliennes schneiden. Runde Gemüse wie weiße Rüben schneidet man am besten in Scheiben, legt diese übereinander und schneidet sie dann in Juliennes.

1. Geschälte Möhren quer in Stücke mit der gewünschten Länge der Juliennes schneiden.
2. Jedes Stück längs von vier Seiten in Scheiben schneiden, bis der gelbliche Kernbereich erscheint. Den Kern weglegen.
3. Oder mit einem Gemüsehobel längs von allen vier Seiten Scheiben abhobeln, bis ein viereckiger länglicher Kern übrigbleibt.
4. Die Scheiben übereinanderlegen und mit den Fingern der freien Hand festhalten.
5. Die Scheiben in gleichmäßige Streifen schneiden, die genauso breit wie dick sind. Nicht mehr als 2 bis 3 Scheiben gleichzeitig schneiden.

Geröstete Paprika in Juliennes schneiden

Zunächst Samen und Scheidewände an der Innenseite der gerösteten Paprika entfernen, dann das Fruchtfleisch auf dem Schneidebrett auseinanderklappen und in feine Streifen schneiden.

Siehe auch
Paprika rösten und schälen, Seite 5
Geröstete Paprika entstielen und entkernen, Seite 9

Im Glossar
Gemüsehobel

Lauch in Juliennes schneiden

Lauch ausschließlich mit dem Messer in Juliennes schneiden.

1. Grüne Teile wegschneiden, die Stange halbieren und unter fließendem Wasser waschen.
2. Etwa ½ cm am Wurzelende abschneiden, damit sich die einzelnen weißen Blätter leichter trennen lassen.
3. Jeweils 3 Lauchblätter gleichzeitig herauslösen.
4. Blätter, die länger als etwa 7 cm sind, einmal falten. Sehr lange Blätter halbieren.
5. Mit den Fingern der freien Hand die Blätter halten und mit einem großen Küchenmesser in Juliennes schneiden.

Siehe auch

Lauch putzen und waschen, Seite 9

Basilikum in dünne Streifen schneiden (Chiffonade)

Diese Methode eignet sich für alle Blattgemüse. Die meisten, wie Spinat und Mangold, färben sich beim Schneiden nicht schwarz und benötigen daher kein Olivenöl.

1. Die Basilikumblätter mit etwas Olivenöl beträufeln, damit sie nicht schwarz werden. Die Blätter mit dem Öl einreiben, so daß sie mit einer dünnen Schicht Öl überzogen sind.
2. Je 2 bis 3 Blätter übereinanderlegen und eng einrollen.
3. Die Blätter in dünne Streifen schneiden.

20

Gemüse zuschneiden: tournieren und in Spalten schneiden

Weiße Rüben tournieren

Diese Methode eignet sich für alle festen, runden Gemüse. Am besten schneidet man weiße Rüben zuerst in Spalten, bevor man ihre Kanten beim Tournieren abrundet. Die Anzahl der Spalten hängt von der Größe der weißen Rübe und der gewünschten Größe der tournierten Stücke ab. Kleine Rüben werden zuerst in Hälften geteilt und dann noch einmal halbiert, so daß man 4 Spalten erhält (siehe links). Größere Rüben teilt man vor dem Tournieren in 6 oder sogar 8 Spalten. Um sehr große weiße Rüben in relativ kleine tournierte Gemüse zu schneiden, halbiert man sie zuerst quer und teilt die Hälften dann in Spalten.

1. Die weiße Rübe in 4 oder mehr Spalten teilen.
2. Die Seiten der Spalten wegschneiden, indem man die Spalten gegen die Messerklinge dreht. Dies möglichst in einer einzigen bogenartigen Bewegung ausführen. Wird die Schneidebewegung unterbrochen, erhält man an dieser Seite des tournierten Gemuses statt einer Rundung unregelmäßige, eingekerbte Stellen.

Möhren tournieren

Diese Methode paßt auch für zylindrische Gemüse wie Petersilienwurzeln und Zucchini. Man kann die Möhren in etwa 5 cm große Stücke schneiden und diese tournieren. Dabei bleibt jedoch das meiste vom orangefarbenen äußeren Teil der Möhre auf dem Schneidebrett zurück. Besser ist es, zuerst den Kern aus den Möhrenstücken herauszuschneiden und dann die Kanten an den Seiten der Stücke zu entfernen. So bekommen die Möhren eine schöne, runde Form.

1. Die geschälten Stücke in gleich große Spalten teilen. Aus dicken Stücken etwa 5 Ecken herausschneiden, dünnere Stücke längs halbieren.
2. Mit einem Gemüsemesser den gelblichen Kern seitlich einschneiden und herauslösen.
3. Die Seiten der Möhrenstücke gegen die Klinge eines scharfen Gemüse- oder Tourniermessers drehen, so daß die Möhren eine länglich ovale, runde Form bekommen.

22

Fenchel in Spalten schneiden

1. Die Spitzen bis zum Ansatz wegschneiden.
2. Den Fenchel mit einem Gemüseschäler schälen.
3. Die Knolle halbieren, dabei darauf achten, daß die Knolle genau durch den am unteren Ende sitzenden Strunk geteilt wird. Jede Hälfte besitzt dann ein das Fruchtfleisch zusammenhaltendes Stück Strunk.
4. Jede Hälfte je nach Größe des Fenchels in 3 bis 6 Spalten teilen, dabei stets durch den Strunk schneiden.

Weiße Rüben in Spalten teilen

Geschälte weiße Rüben längs halbieren. Jede Hälfte nach Belieben in Spalten schneiden.

Früchte vorbereiten

Früchte sind in Form, Größe und Struktur derart verschieden, daß man vielerlei Techniken anwenden muß, um sie fachgerecht zu schälen, entkernen, entstielen, um Zesten herauszuschneiden oder die Frucht in Scheiben zu schneiden.

Äpfel vorbereiten

Äpfel schälen

1. Das Stielende herausschneiden, indem man den Apfel mit einem spitzen Schäler schräg einsticht und dreht.
2. Den Apfel gegen die feste Klinge des Schälers drehen.
3. Den geschälten Apfel sofort mit Zitronensaft einreiben, damit er nicht braun wird.

Äpfel teilen und schneiden

1. Den geschälten Apfel von oben nach unten halbieren.
2. Jede Hälfte in zwei oder mehr Spalten teilen. Das Kerngehäuse in der Mitte jeder Spalte herausschneiden.
3. Die Apfelhälften oder -spalten quer in Scheiben schneiden, eventuell mit Zitronensaft einreiben, damit sie nicht braun werden. Apfelscheiben niemals in Zitronenwasser legen wie z. B. Artischocken. Das Wasser entzieht den Apfelstücken Geschmack und natürliche Süße.

Zitrusfrüchte vorbereiten

Die Abbildungen zeigen eine Orange und eine Zitrone. Die Techniken aber lassen sich auf alle Zitrusfrüchte übertragen.

Orangen mitsamt der weißen Schicht schälen

1. Die Enden einer kernlosen Orange so abschneiden, daß das Fruchtfleisch hervortritt.
2. Die Orange auf ein Schneidebrett stellen und vorsichtig mit einem Gemüsemesser abschälen. Der Form der Orange folgen und so wenig Fruchtfleisch wie möglich entfernen.

Geschälte Orangen in Scheiben schneiden

Die geschälte Orange in runde Scheiben schneiden.

Geschälte Orangen filetieren

1. Mit einem Gemüsemesser zwischen Trennhäutchen und Fruchtfleisch fahren und die Filets herauslösen, ohne dabei die Häutchen zu durchtrennen.
2. Dabei die Orange über eine Schüssel halten und den austretenden Saft darin auffangen. Die Filets in den Saft gleiten lassen.
3. Aus den Trennhäutchen den restlichen Saft in die Schüssel pressen.

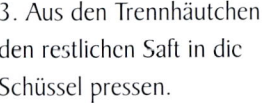

Zitronenschale in Juliennes schneiden

1. Am einfachsten schneidet man Zitronenschale mit einem speziellen Juliennes- oder Zestenreißer in dünne Streifen.
2. Man kann auch mit einem Gemüsemesser oder Schäler flache, breite Streifen aus der Zitrusschale schneiden. Weiße Stellen an der Innenseite der Streifen entfernen.
3. Die Streifen in sehr feine Streifen (Juliennes) schneiden.

Steinobst vorbereiten

Kirschen entsteinen

Statt mit einem Kirschentsteiner, der den Kern und einen Teil des Fruchtfleisches entfernt, kann man den Stein auch mit einem Holzspieß herausdrücken.

Aprikosen entsteinen

1. Die Aprikose mit einem kleinen Messer rundum bis zum Stein einschneiden.
2. Mit den Fingern in zwei Hälften teilen und vom Kern befreien.

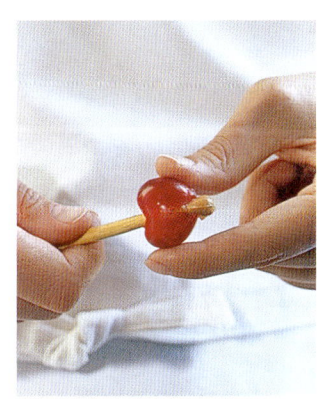

Exotische Früchte vorbereiten

Um das weiche Fruchtfleisch zu schonen, schält man Kiwis und Kakifrüchte mit einem Löffel.

Kiwis schälen und in Scheiben schneiden

1. Die Enden der Kiwi mit einem scharfen Gemüsemesser wegschneiden.
2. Mit einem Eßlöffel direkt unter die Schale fahren und den Löffel eng daran entlangführen, um das Fruchtfleisch nicht zu verletzen. Mit dem Löffel bis zum anderen Ende der Kiwi fahren, bis die ganze Schale abgelöst ist.
3. Die Kiwi aus der Schale drücken.
4. Das Fruchtfleisch in Scheiben schneiden.
5. Oder die Kiwi längs in Spalten teilen und den eventuell harten, weißen Kern aus jeder Spalte herauslösen.

Kakifrüchte vorbereiten

Kaki- oder Sharonfrüchte sollten die Konsistenz überreifer Tomaten besitzen.
1. Das Stielende aus der Frucht herausschneiden.
2. Die Kakifrucht halbieren.
3. Mit einem Eßlöffel das Fruchtfleisch herauslösen.

Ananas schälen und zerkleinern

1. Die Blattkrone herauslösen und weglegen.

2. Beide Enden bis auf das Fruchtfleisch abschneiden. Die Ananas auf ein Schneidebrett stellen, dabei darauf achten, daß das Brett absolut sauber ist – Ananasfrüchte nehmen andere Aromen sehr leicht auf.

3. Die Schale rundherum von oben nach unten abschneiden, dabei tief genug schneiden, um die braunen »Augen« mit zu entfernen. Oder die Schale nur dünn abschneiden und hinterher die Augen mit einem kleinen Messer entfernen. Dies spart Fruchtfleisch, braucht aber mehr Zeit.

4. Die Ananas von oben nach unten in vier oder sechs Spalten teilen, dabei durch die Mitte schneiden.

5. Die holzige Mitte aus allen Spalten herausschneiden und weglegen.

6. Die Spalten in Scheiben schneiden.

Mangos entsteinen und schälen

1. Die Mango halbieren, indem man die Frucht von den spitzer zulaufenden Seiten aus mit einem scharfen Messer einschneidet. Mangofrüchte besitzen einen großen, flachen Stein, den man am besten von der Seite erreicht. Dabei möglichst dicht um den Stein schneiden und die erste Hälfte ablösen.

2. Mit dem Messer unter den Stein fahren und den Stein herauslösen.

3. Das Fruchtfleisch mit mehreren Schnitten gitterförmig tief einschneiden, dabei die Schale nicht verletzen.

4. Jede Mangohälfte umstülpen und die Mangowürfel mit einem Löffel herauslösen.

Erdbeeren vorbereiten

Bei Erdbeeren nicht einfach Blättchen und Stiel abschneiden, da sonst zu viel Fruchtfleisch verlorengeht. Stattdessen mit einem kleinen, spitzen Messer dicht unter die Blätter fahren, den Stiel mit den Blättchen herausstechen und so lediglich einen kleinen konischen Trichter am oberen Ende der Erdbeere hinterlassen. Erdbeeren stets vor dem Entstielen waschen, da sie sich sonst voll Wasser saugen.

Kokosnuß verarbeiten

Beim Kauf einer Kokosnuß hält man die Nuß ans Ohr und schüttelt sie. Die milchähnliche Flüssigkeit im Kern sollte hörbar schwappen.

Kernfleisch freilegen

1. Mit einem Kreuzschraubenzieher in zwei der drei Vertiefungen (Augen) am stumpfen Ende der Kokosnuß bohren. Eventuell den Schraubenzieher mit einem Hammer in die Löcher treiben. Die Flüssigkeit abgießen und auffangen. Sie ist sehr wohlschmeckend und süß, aber nicht das gleiche wie Kokosmilch (siehe rechts).
2. Die Kokosnuß bei 190 °C 20 Minuten im Ofen backen, bis sich das Kernfleisch von der harten Schale gelöst hat. Die Nuß in ein Küchentuch wickeln, auf eine harte Unterlage legen und mit einem Hammer aufschlagen.
3. Mit einem Schlitzschraubenzieher das Kernfleisch aus der harten Außenschale lösen.
4. Die braune Haut mit einem Gemüseschäler abziehen.

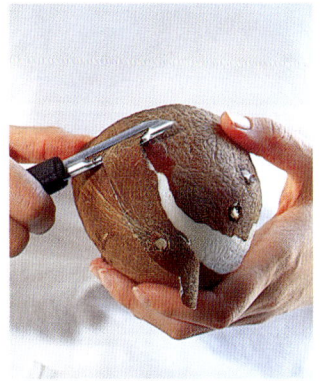

Kokosmilch aus geriebener Kokosnuß

Kokosmilch wird oft mit der milchähnlichen Flüssigkeit in der Kokosnuß verwechselt. Man erhält Kokosmilch, wenn man geriebenes Kokosnußfleisch mit kochendem Wasser überbrüht und danach durch ein Sieb abseiht.

1. Die geschälte Kokosnuß mit der Hand oder in der Küchenmaschine reiben und in eine Schüssel geben.
2. Mit kochendem Wasser überbrühen, bis das geriebene Kernfleisch knapp bedeckt ist.
3. Die Kokosmilch 15 Minuten ziehen lassen und anschließend durch ein feinmaschiges Sieb abgießen, dabei mit einer Schöpfkelle so viel Kokosmilch wie möglich herausdrücken. Dann erneut kochendes Wasser über die Kokosmasse gießen, 15 Minuten ziehen lassen und die Kokosmasse ein zweites Mal auspressen.

Geflügelfond

Brühen oder Fonds sind für viele Gerichte unentbehrlich. Sie bilden die Basis für zahlreiche Suppen und Saucen; Eintöpfe, Sautés und Schmorgerichte werden mit Brühe zubereitet. Die traditionelle französische Küche kennt Kalbs-, Geflügel- und Rinderfond. Der Einfachheit halber werden in diesem Buch ausschließlich heller Geflügelfond für delikat gewürzte, helle Speisen und dunkler Geflügelfond für herzhaftere, dunkle Gerichte verwendet.

Hellen Geflügelfond bereitet man aus rohem Gemüse und Huhn zu. Mit seinem milden Geschmack eignet er sich für helle und klare Suppen sowie andere weiße Gerichte, wie Hühnerfrikassee und weißes Kalbsragout (Blanquette de veau). Dunkler Geflügelfond wird aus Knochen (Karkassen) und Gemüse zubereitet, die in einem Bräter im Ofen angeröstet und anschließend mit Flüssigkeit aufgegossen werden. Aufgrund der Röststoffe und der Knochen, die an der Außenseite karamelisieren, schmeckt dunkler Fond intensiver und aromatischer als heller. Dunklen Geflügelfond verwendet man für dunkle Hühnerragouts wie Coq au vin, für Schmorgerichte, Eintöpfe und Braten.

Heller Geflügelfond

1. Hühnerteile mit aromatischen Gemüsen und einem Bouquet garni in einem Suppentopf mit kaltem Wasser bedecken.
2. 3 bis 4 Stunden leicht köcheln lassen, aufsteigende Trübstoffe abschöpfen.
3. Abseihen, abkühlen lassen und kalt stellen.

Dunkler Geflügelfond

1. Hühnerknochen oder -teile und aromatische Gemüse in einem Bräter verteilen.
2. Bei 200 °C im Ofen anrösten, bis alles gleichmäßig gebräunt ist, der Bratensaft zu karamelisieren beginnt und das klare Fett oben schwimmt. Knochen und Gemüse in einen großen Topf umfüllen und das Fett abgießen.
3. Den Bräter auf eine heiße Herdplatte stellen, mit Wasser oder Brühe ablöschen; vom Boden des Bräters mit einem Holzlöffel den Bratensatz lösen.
4. Die Hühnerteile mit dem Bratensaft übergießen und mit Wasser oder Brühe bedecken. Leicht köcheln lassen, dabei aufsteigende Trübstoffe und an der Oberfläche schwimmendes Fett abschöpfen. Ein Bouquet garni in den Fond geben.
5. 3 bis 4 Stunden köcheln lassen; alle 30 Minuten Trübstoffe und Fett abschöpfen. Den Fond durch ein Sieb gießen und abkühlen lassen; über Nacht in den Kühlschrank stellen. Fest gewordenes Fett auf dem Fond mit einem großen Löffel abheben.

Tips und Anmerkungen

- Für hellen oder dunklen Fond Hühnerknochen (Karkassen) bzw. -teile oder auch Hühnerflügel und -hälse verwenden.

- Pro 500 g Hühnerteile oder -knochen rechnet man 500 ml Wasser. Das Wasser sollte Fleisch bzw. Knochen nur knapp bedecken; zu viel würde die Brühe verwässern.

- Die Brühe mit grob geschnittenen Möhren, Zwiebeln, Sellerie und eventuell Fenchelzweigen aromatisieren.

- Zum Entfetten während des Kochens das Fett mit einem Schöpflöffel abschöpfen und nach dem Kaltstellen im Kühlschrank die fest gewordene Fettschicht an der Oberfläche der Brühe abheben.

- Entenbrühe genauso zubereiten wie dunklen Hühnerfond. Für eine besonders aromatische Entenbrühe die Knochen mit hellem oder dunklem Hühnerfond ansetzen.

- Heiße Brühe nie in den Kühlschrank oder in die Tiefkühltruhe stellen, sondern bei Raumtemperatur 1 bis 2 Stunden auskühlen lassen. Die Hitze würde die Temperatur im jeweiligen Gerät und damit die anderen Lebensmittel zu sehr erwärmen. Abgekühlte Brühe vor dem Einfrieren mehrere Stunden in den Kühlschrank stellen.

- Für die Zubereitung großer Mengen an Brühe oder bei besonders hohen Temperaturen in der Küche stellt man den Topf mit heißer Brühe zum Abkühlen in ein Becken oder einen großen Behälter mit Eiswasser. Wurde die Brühe in einem sehr großen Topf zubereitet, kann man zum Abkühlen auch einen Behälter mit Eis in die heiße Brühe stellen. Dabei darauf achten, daß die Außenseite des Behälters absolut sauber ist.

- Brühe hält sich bis zu 5 Tagen im Kühlschrank und nahezu unbegrenzt im Tiefkühlfach.

- Ist die Brühe bereits seit 3 bis 4 Tagen im Kühlschrank, sollte man sie vor der weiteren Verwendung aufkochen und dann wie oben beschrieben auskühlen lassen. So bleibt die Brühe auch weitere 5 Tage im Kühlschrank frisch.

Bouquet garni

Ein Bouquet garni ist ein Kräuterbund für Brühen, Eintöpfe und Suppen, das ein feines Kräuteraroma verleiht. Ein klassisches französisches Bouquet garni besteht aus Petersilie (man kann auch nur die Stiele verwenden, wenn man die Blätter für etwas anderes benötigt), Thymian und Lorbeer. Je nach Region und Land werden auch andere Kräuter zugefügt. In Südfrankreich z. B. kommen manchmal aromatische Zutaten wie getrocknete Orangenschale hinzu. Es empfiehlt sich, getrocknete, lose Kräuter ohne Stiel in ein Stück Mulltuch einzuschlagen, aber bei frischen oder getrockneten Kräutern mit Stiel ist es viel einfacher, die Kräuter mit einem Stück Küchengarn zusammenzubinden. Wichtig ist, daß die Größe des Bouquet garni von der Menge der Flüssigkeit abhängt, in der es gekocht wird. Dies beginnt mit einem Bündel von der Dicke eines Daumens für

kleinere Mengen bis hin zu einem Bündel vom Umfang eines Unterarmes für sehr große Mengen an Brühe. Das Bündel auf der Abbildung ist für einen kleinen Topf genau richtig.

Siehe auch

Kalbsblanquette, Seite 212
Ragouts ohne vorheriges
  Bräunen, Seite 210

Im Glossar

Ablöschen
Aromatische Gemüse
Braten
Emulsion
Fond
Entfetten
Frikassee
Karamelisieren

Fischfond

Einen klassischen Fischfond ergeben Fischköpfe und -gräten, mit Zwiebeln und einem Bouquet garni in Weißwein und Wasser gekocht. Wie bei anderen Brühen kann man einen hellen, milden Fond aus ungekochten Gräten zubereiten oder aus zuvor gebräunten Gräten, die den Geschmack verstärken. Magere, fettarme Fische, wie Plattfische, Seebarsch, Streifenbarsch und Red Snapper ergeben einen vielseitig verwendbaren Fond, der sich gut für Saucen, geschmorte Fischgerichte und Paella eignet. Für einen dunklen Fischfond, wie er z. B. für Bouillabaise gebraucht wird, bräunt man Gräten und Gemüse vor dem Aufgießen mit Wasser, so daß sich Röststoffe entwickeln, die dem Fond das intensive Aroma verleihen.

Ein Rotwein-Fischfond, wie er zu gebackenem Fisch paßt, wird mit den gebräunten Gräten von fettreichen Fischen wie Lachs zubereitet, die für einen klassischen Fond zu geschmacksintensiv wären. Statt Wasser und Weißwein nimmt man Rotwein. Möhren sorgen hier für eine milde Geschmacksnote, aber für klassische helle Fischbrühe werden sie nur selten verwendet.

Tips und Anmerkungen

- Für 500 g Fischgräten rechnet man etwa 500 ml Wasser, das die Gräten knapp bedecken sollte. Mit zu viel Flüssigkeit würde der Fond nicht kräftig genug werden. Bei dunklem Fischfond nimmt man etwas weniger Flüssigkeit, da die Gräten auseinanderfallen und weniger Platz zum Kochen benötigen.

- Gräten in kaltem Wasser stehenlassen, so daß sich Blutrückstände von Kopf und Gräten (Fischkarkassen) lösen. Deshalb auch die Kiemen entfernen.

- Die Mittelgräte vor dem Kochen ein oder zweimal knicken und brechen. Die so freigesetzte Gelatine macht den Fond kräftiger. Zudem passen die Grätenstücke leichter in den Topf, und man benötigt weniger Wasser. Die Köpfe ganz lassen, da sie beim Kochen von alleine zerfallen.

- Da die Garzeit kürzer ist als bei Geflügel- oder Fleischbrühe, die Zwiebeln hacken oder in Scheiben schneiden, damit sie ihr Aroma vollständig abgeben.

- Die Garzeit von 20 bis 30 Minuten nicht überschreiten, da die Gräten zerfallen und ihre Gelatine schnell in den Fond abgeben. Andernfalls bekommt der Fond einen tranigen, unangenehmen Geschmack.

Klassischer Fischfond

Die Gräten und Köpfe (Karkassen) von filetierten Fischen mit Zwiebeln, einem Bouquet garni, etwas Weißwein und Wasser kochen. Fischfond sollte nicht länger als 30 Minuten kochen, da er sonst einen strengen, unangenehmen Geschmack annimmt.

1. Jegliche Rückstände, die beim Ausnehmen des Fisches zurückgeblieben sind, aus der Bauchhöhle entfernen. Fisch wird nicht selten vor dem Filetieren ausgenommen, so daß dieser Schritt dann nicht mehr notwendig ist. Dennoch ist es einfacher, den Fisch zuerst zu filetieren und dann die Rückstände aus der Bauchhöhle zu entfernen (siehe links oben).

2. Die Kiemen entfernen.

3. Die Mittelgräte des Fisches mehrfach umbiegen und einknicken. Gräten und Köpfe mehrere Stunden in kaltem Wasser stehenlassen; die Schüssel in den Kühlschrank stellen oder Eiswürfel in das Wasser geben. Das Wasser alle 30 Minuten wechseln.

4. Die abgetropften Fischköpfe und -gräten mit einem Bouquet garni, dünnen Zwiebelscheiben und Wasser zum Kochen bringen. Nur so viel Wasser zugießen, daß alles knapp bedeckt ist. Etwas Weißwein angießen und 20 bis 30 Minuten köcheln lassen. Durch ein Sieb abgießen.

Konzentrierter Rotwein-Fischfond

Dieser Fond wird fast sirupartig eingekocht und als Garflüssigkeit für geschmorten Fisch sowie als Grundlage für Rotwein-Fischsaucen verwendet. Für eine delikate Sauce zu Lachs und anderen geschmacksintensiven Fischen schlägt man Butter unter den konzentrierten Rotwein-Fischfond und würzt ihn mit gehackter Petersllle.

1. Mit einer dicken Schere die Kiemen aus dem Lachskopf schneiden und entfernen.

2. Zwiebeln und Möhren in einem Topf andünsten.

3. Lachskopf und Gräten zufügen und bei mittlerer Hitze etwa 15 Minuten kochen; gelegentlich rühren, bis die Gräten und der Kopf zerfallen.

4. Weiter kochen, bis sich am Boden des Topfes eine sirupartige, karamelisierte Schicht bildet und das Fett obenauf schwimmt. In diesem Stadium, oder nach dem Angießen des Weißweins, kann das Fett abgeschöpft werden.

5. Ein Bouquet garni zufügen; Gräten und Kopf vollständig mit körperreichem Rotwein bedecken.

6. Etwa 30 Minuten leicht köcheln lassen. Aufsteigende Trübstoffe und Fett abschöpfen.

7. Den Fond in einen weiteren Topf abseihen und langsam sirupartig einkochen. Öfter abschäumen und entfetten.

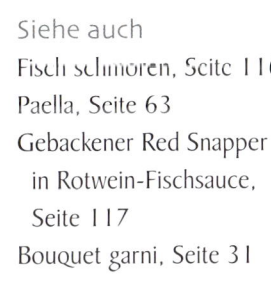

Siehe auch

Fisch schmoren, Seite 116
Paella, Seite 63
Gebackener Red Snapper in Rotwein-Fischsauce, Seite 117
Bouquet garni, Seite 31

Geflügelfond, Seite 30 (mit Hinweisen zum Kühlen und Konservieren von Brühe)
Dashi, Seite 143

Im Glossar

Andünsten
Fond
Monter au beurre

33

Fond von Krustentieren

Aus den Schalen und Köpfen von Krustentieren, wie Krabben (Taschen- oder Flußkrebsen), Hummer und Garnelen, läßt sich ein schmackhafter Fond zubereiten. Er dient als Grundlage für Suppen und Saucen (siehe Kasten, Seite 139) sowie für Reisgerichte wie Risotto und Paella. Meist kommen noch Tomaten dazu, die farblich und geschmacklich harmonieren. Kräuter machen sich ebenfalls gut als Zutaten, besonders Estragon – gehackt am Ende der Garzeit zugefügt oder stengelweise in einem Bouquet garni. Verwendet man Schalen und Köpfe (auch Nasen genannt) von Flußkrebsen, Garnelen oder Hummer, zerkleinert man sie in einer Küchenmaschine oder zerstößt sie mit dem Ende eines französischen Nudelholzes (siehe rechts), so daß sämtliche Geschmacksstoffe in die köchelnde Flüssigkeit abgegeben werden. Dicke Schalen von Muscheln oder Taschenkrebsen sollte man nicht in der Küchenmaschine zerkleinern, da sie das Schneidemesser beschädigen könnten. Da Garnelen meist ohne Körper angeboten werden, muß man sich oft mit den Schalen des Schwanzes zufriedengeben. Die Schalen friert man in einem Gefrierbeutel ein und sammelt sie, bis die Menge für einen kleinen Topf Fond ausreicht.

Tips und Anmerkungen

- Schalen und Köpfe von Krustentieren gut zerkleinern, damit die Garflüssigkeit die Geschmacksstoffe aufnimmt. Mit dem Ende eines französischen Nudelholzes (siehe rechts) bzw. dem Griffende eines Küchenbeils zerstoßen oder in einer Küchenmaschine zerkleinern. Dicke Schalen, z. B. von Taschenkrebsen oder Muscheln, von Hand zerstoßen. Dünne Schwanzschalen, z. B. von Garnelen, müssen nicht zerkleinert werden, wohl aber die Körper (Nasen).

- Schalen von Krustentieren sammeln. Sie halten sich, in einen Gefrierbeutel dicht verpackt, im Tiefkühlfach bis zu 2 Monate lang.

- Reichhaltige Suppen oder Saucen mit Sahne und Butter verfeinern, um Geschmack und Farbe aus den Karkassen herauszukochen (siehe Kasten, Seite 139).

- Fonds aus Schalen von Krustentieren harmonieren sehr gut mit Estragon, Tomaten, Safran und Cognac – Zutaten, die sich auch zum Verfeinern von Saucen, Suppen und Reisgerichten eignen.

Garnelenfond

Schalen und Köpfe von Krustentieren, wie Taschen- und Flußkrebsen, Garnelen und Hummer, ergeben delikate, geschmacksintensive Fonds, die für Paella (die geschälten Garnelenschwänze in der Paella kochen), Suppen (z. B. mit Reis gebundener Hummerfond oder Bisque) oder eingekocht für Saucen verwendet werden.

1. Garnelenschalen und -köpfe mit gehacktem, aromatischem Gemüse in einen schweren Topf füllen.

2. Schalen und Köpfe mit dem Ende eines französischen Nudelholzes (siehe links) oder dem Griffende eines Küchenbeils zerstoßen.

3. Grobgehackte Tomaten, ein Bouquet garni und so viel Wasser zufügen, bis alles knapp mit Flüssigkeit bedeckt ist. Etwa 45 Minuten köcheln lassen und anschließend durch ein Sieb abseihen.

Siehe auch

Bouquet garni, Seite 31
Risotto und Paella,
  Seiten 63 und 65
Krebssauce, Seite 141

Im Glossar

Aromatische Gemüse
Fond

Blattsalat

Bei der Auswahl verschiedener Blattsalate liegt man immer richtig, wenn die Salate einer der drei folgenden Kategorien angehören: Mild schmeckende Salate, wie Kopfsalat, Grüner und Römischer Salat, Eisberg und Eichblattsalat, harmonieren als einfacher, gemischter Salat, da sie sich geschmacklich nicht überdecken. Bittere, intensiv schmeckende Wintersalate, wie Chicorée, Frisée, Löwenzahn, Radicchio und Brunnenkresse, ergänzen einander und sind besonders gut als Grundlage für würzige Zutaten, wie Speck, Fisch und Fleisch – gegrillt oder geräuchert – oder für Salate mit einer pikanten Vinaigrette. In der Saison kombiniert man würzige, sommerliche Blattsalate, zu denen auch eine Mischung aus Rauke (Rucola) und Basilikum paßt. Dazu gibt man nach Belieben weitere frische Kräuter und wild wachsende Blattsalate.

Eine einfache Mischung aus gutem Weinessig und kaltgepreßtem Olivenöl ist die beste Salatsauce für Blattsalate. Man muß nicht unbedingt eine Vinaigrette zusammenrühren. Das Salz löst man am besten vorher in Essig auf, damit die Salate nicht sandig schmecken.

Gemischter Salat

1. Die Salatblätter einige Minuten in eine Schüssel mit kaltem Wasser legen. Dann mit gespreizten Fingern behutsam herausnehmen. Diesen Vorgang eventuell wiederholen, dabei jedes Mal das Wasser wechseln, bis sich keine Rückstände mehr am Boden der Schüssel abgesetzt haben.
2. Die Blätter in einer Salatschleuder trockenschleudern.
3. Unmittelbar vor dem Servieren den Salat mit kaltgepreßtem Olivenöl anmachen.
4. Eine Prise Salz auf einen der Salatlöffel geben.
5. Dann Essig auf den Löffel gießen.
6. Das Salz einige Sekunden mit dem Essig verrühren, bis es sich auflöst. Den Salat mit dem Essig beträufeln, mit frisch gemahlenem Pfeffer würzen und gut mischen.

Brunnenkresse und andere Blattsalate und Salatkräuter entstielen

Dünne Stiele von Blattsalaten und Kräuterbündeln, wie Brunnenkresse, Petersilie und Kerbel, muß man nicht zeitaufwendig einzeln entfernen. Einfach die Stiele unten wegschneiden (siehe oben).

Die Stiele etwa auf halber Länge des Bündels abschneiden und die Blätter mit den kleinen, eßbaren Stielen weiterverwenden.

- Blattsalate vorsichtig waschen, jedoch niemals unter fließendem Wasser: dessen Druck würde die Blätter beschädigen. Statt dessen die Blätter in einer Schüssel mit kaltem Wasser behutsam hin- und herbewegen. Die Salatblätter einige Minuten im Wasser stehenlassen, dann vorsichtig herausheben und in eine zweite Schüssel legen. Anschließend das Wasser der ersten Schüssel wechseln und die Salatblätter so lange waschen, bis sich kein Sand oder andere Schmutzpartikel mehr im Wasser befinden. Meist genügt zweimaliges Waschen, manche Sorten, wie z. B. Feldsalat, werden auch dreimal gewaschen.

- Sehr empfindliche Salate am besten mit den Händen zwischen zwei Küchentüchern trockentupfen. Ansonsten in eine Salatschleuder legen und die Blätter leicht schleudern. Dann den Deckel abnehmen, die Blätter auflockern und erneut schleudern, bis sie sehr trocken sind. Je mehr Feuchtigkeit noch in den Blättern sitzt, desto dünner wird die Salatsauce, und der Salat schmeckt wäßrig.

- Zum Vorbereiten die Salate waschen, trockenschleudern, in ein feuchtes Küchentuch wickeln und kalt stellen. Sollen die Salate länger frisch bleiben, in ein feuchtes Tuch gewickelt in einem verschließbaren Plastikbehälter in den Kühlschrank stellen.

- Salate immer im letzten Moment anmachen, da sie ihre knackige Konsistenz schnell verlieren, sobald sie mit säurehaltigen Zutaten wie Essig oder Zitronensaft in Kontakt kommen.

Tomaten entkernen

Zuerst den Strunk entfernen und die Tomaten dann längs halbieren.
1. Jede Tomatenhälfte in beliebig viele Spalten teilen.
2. Mit dem Daumen die Seiten einer jeden Spalte entlangfahren und die Kerne über einer Schüssel herauslösen.

Kalte Vinaigrette

1. Senf mit Essig in einer Schüssel mischen und mit einem Schneebesen glattrühren.
2. Das Öl in einem dünnen Strahl unterrühren. Hier wird kaltgepreßtes Olivenöl verwendet, obwohl der Senf das Aroma von sehr gutem Öl meist überdeckt.

Vinaigrette

Eine Vinaigrette ist eine Kombination aus Öl und Essig, die durch Emulsion mit Senf zusammengehalten wird. Die Zubereitung ähnelt der von Mayonnaise, nur daß Vinaigrette kein Eigelb enthält. Bei Salaten ist es meist gar nicht notwendig, eine Vinaigrette herzustellen, da Salat auch direkt mit Öl, Essig und Gewürzen angemacht werden kann. Unter Vinaigrette versteht man im allgemeinen eine kalte Sauce für Salate, Vinaigrette ist aber mehr: Sie paßt heiß auch ausgezeichnet zu Fleisch, Fisch, Meeresfrüchten und Gemüse.

Tips und Anmerkungen

- Essig und Öl nach Geschmack auswählen. Für viele Salatsaucen nimmt man kaltgepreßtes Olivenöl. Manchmal ist aber ein neutrales Öl wie Traubenkernöl für mild schmeckende Zutaten wie Möhren die bessere Wahl, da Olivenöl den Geschmack anderer Zutaten überdecken kann. Für Blattsalate wie Endivie, Chicorée oder Frisée oder Zutaten wie Kohl oder rote Bete empfiehlt sich auch Walnußöl.

- Als Faustregel bei der Zubereitung von Vinaigrette gilt: 1 Teil Essig oder Zitronensaft auf 3 bis 4 Teile Öl. Letztlich muß jede Vinaigrette, je nach Wahl der Säure, individuell abgeschmeckt werden. Balsamessig z. B. schmeckt mild und leicht süßlich. Er wird im Verhältnis 1:3 mit Öl gemischt. Zitronensaft hingegen ist sehr sauer und benötigt mehr Öl. Vinaigrette sollte säuerlich, aber nicht beißend schmecken.

- Für eine Vinaigrette nimmt man zu Anfang etwa halb soviel Senf wie Essig. Mit Senf zubereitete Vinaigrette paßt besonders gut zu leicht bitteren oder intensiv schmeckenden Zutaten, wie kalter gekochter roter Bete oder Lauch.

- Bei heißer Vinaigrette variiert das Verhältnis von Öl zu Essig, je nachdem, wie sehr man den Essig einkocht. Öl nach Belieben unterrühren.

Heiße Vinaigrette

Heiße Vinaigrette basiert auf
demselben Prinzip wie eine in
der Pfanne zubereitete Sauce,
nur daß Olivenöl anstelle von
Butter verwendet wird. Öl ist
keine Emulsion und geht im
Gegensatz zu Butter keine
Bindung mit der abgelöschten
Flüssigkeit in der Pfanne ein.
Butter bindet sehr leicht, da
sie selbst eine Emulsion aus
Fett und Wasser ist. Heiße
Vinaigrette läßt sich auch mit
aromatisierten Ölen anstelle
von kaltgepreßtem Olivenöl
herstellen.

1. Den Bratensatz in einer
Pfanne mit gutem Weinessig
ablöschen.

2. Eine kleine Menge kaltgepreßtes Olivenöl unter die
Sauce rühren. Über das kurzgebratene Stück Fleisch oder
Fisch (hier Red Snapper)
träufeln.

Siehe auch
Dressing für Blattsalate,
  Seite 35
Mayonnaise, Seite 41
Aromatisierte Öle, Seite 39

Im Glossar
Emulsion
Monter au beurre

Hausgemachter Weinessig

Um Weinessig selbst her-
zustellen, benötigt man ein
kleines Faß aus Eichenholz,
das in Fachgeschäften für
Brauerei- oder Weinbedarf
erhältlich ist. Darin setzt
man eine kleine Menge
Wein mit einer Essigmutter
(Essig mit aktiven Bakte-
rien, die Alkohol in Essig-
säure umwandeln; auch im
Fachhandel erhältlich) oder
einem anderen hausge-
machten Weinessig an und
läßt die Mischung an einem
warmen Ort stehen. Alle
paar Tage fügt man über
mehrere Wochen je 200
bis 400 ml Wein hinzu, bis
das Faß beinahe, aber nicht
ganz voll ist. Wird das Faß
vollständig ausgefüllt, bekommen die Essigbakterien
nicht ausreichend Sauer-
stoff. Die Öffnung auf der
Oberseite des Fasses wird
mit einem kleinen Stück
Mull verschlossen gehalten,
so daß der Essig »atmen«
kann, aber weder Staub
noch Schmutzpartikel ein-
dringen können. Je nach
Bedarf wird eine kleinere
Menge Essig in eine große
oder mehrere kleine Fla-
schen abgefüllt und der
Essig im Faß wieder mit
Wein aufgegossen.

Aromatisierte Öle

Oliven- und Pflanzenöle kann man mit Kräutern, Gewürzen oder anderen Zutaten (außer Knoblauch, der leicht verdirbt) aromatisieren und in Geschmack und Farbe beeinflussen. Am einfachsten ist es, ganze Kräuter in eine Flasche mit Öl zu stecken und mehrere Wochen stehenzulassen, bis das Öl das Aroma angenommen hat. Durch Hacken oder Pürieren der Kräuter oder durch Erhitzen wird dieser Prozeß entsprechend beschleunigt, und das Öl kann früher verwendet werden. Sanftes Erhitzen des Öls hilft beim Extrahieren der Aromen aus Zutaten wie getrockneten Pilzen oder festen Kräutern wie Thymian, Rosmarin und Majoran. Das Aroma von empfindlicheren Kräutern wie Basilikum und Petersilie (alle Kräuter, die sich nicht gut trocknen lassen) geht durch Erhitzen verloren.

Aromatisierte Öle passen zu allen Saucen, für die man sonst reines Pflanzen- oder Olivenöl nimmt, z.B. Vinaigrette oder Mayonnaise. Man verwendet sie auch als Gewürz oder anstelle einer Sauce und träufelt sie über Zutaten (siehe gegrillte Lauchzwiebeln, Seite 84). Aromatisierte Öle eignen sich zum schonenden Kurzbraten, z.B. für Paniertes, wenn die Temperatur beim Braten niedriger ist und die Aromen des Öls nicht verbrennen.

Basilikumöl

1. Gewaschene und getrocknete Basilikumblätter in eine Küchenmaschine geben und gerade so viel kaltgepreßtes Olivenöl zugießen, daß sich die Mischung in der Maschine dreht.

2. Die Mischung etwa 2 Minuten pürieren, dabei die an den Seitenwänden der Küchenmaschine haftenden Kräuter etwa alle 2 Minuten mit einem Gummispatel herunterstreichen. Den Inhalt in eine Schüssel umfüllen.

3. Noch mehr Olivenöl großzügig über die pürierten Basilikumblätter gießen. Die Schüssel mit Klarsichtfolie abdecken und über Nacht bei Raumtemperatur stehenlassen.

4. Das Öl durch ein mit Mulltuch dreifach ausgelegtes, feinmaschiges Sieb abgießen.

5. Das Öl in Glasflaschen abfüllen; bei Raumtemperatur hält es sich etwa 4 Wochen.

Öl mit getrockneten Steinpilzen

1. Die getrockneten Steinpilze im Mixer fein mahlen. Feuchte oder weiche Pilzstiele vorher bei 120 °C im Ofen trocknen.

2. Die gemahlenen Pilze in einen schweren Topf füllen.

3. Kaltgepreßtes Olivenöl oder neutrales Pflanzenöl zugießen, bis die Pilze großzügig bedeckt sind.

4. Bei geringer Temperatur etwa 30 Minuten erhitzen und gelegentlich rühren. Dabei die Temperatur bei 40 bis 50 °C konstant halten oder gerade eben so heiß, daß man ohne weiteres einen Finger 1 bis 2 Sekunden in das Öl tauchen kann. Bei höheren Temperaturen würde das Aroma der Steinpilze zerstört werden.

5. Das Öl durch ein feinmaschiges Sieb abgießen und in Glasflaschen abfüllen.

Mayonnaise

Hausgemachte Mayonnaise ist eine Offenbarung für jeden, der Mayonnaise nur fertig gekauft aus dem Glas kennt. Sie schmeckt sehr intensiv und besitzt einen deutlichen Anflug von Senf und Zitrone. Je nach Zutaten läßt sich ihre Konsistenz variieren. Feste Mayonnaise ist ein guter Begleiter von Artischocken, fritierten und gegrillten Speisen, während lockere Mayonnaise als Sauce zu Fisch und Meeresfrüchten oder zu heißen oder kalten gekochten Gemüsen paßt.

In der Zubereitung ähnelt Mayonnaise sehr einer Vinaigrette, nur daß das Öl statt mit einer Senfmischung mit einer Eigelb-Senf-Mischung eine feste Bindung (Emulsion) eingeht. Der Senf wird in das Eigelb eingerührt, um so die Emulsion mit dem Öl zu verbessern. Zum Abschmecken nimmt man Zitronensaft oder Essig, Salz und Cayennepfeffer. Für eine Grundmayonnaise eignet sich ein neutrales Pflanzenöl wie Sonnenblumen- oder Traubenkernöl. Oliven- oder Nußöl werden eher für speziell gewürzte Mayonnaisen verwendet. Die meisten Mayonnaisen lassen sich in der Küchenmaschine, mit dem Mixer oder von Hand zubereiten. Mayonnaise, die Olivenöl enthält, sollte man unbedingt mit einem Holzlöffel oder, wie bei einer Aïoli (siehe Seite 43), in einem Mörser mit dem Stößel rühren, da durch die schnellen Bewegungen der Küchenmaschine, des Mixers und sogar eines Schneebesens Olivenöl leicht bitter wird.

Wenn Sie kein rohes Eigelb verwenden möchten, können Sie die Eigelbe auch – wie bei Sabayon für Sauce hollandaise – im Wasserbad heiß aufschlagen und das Öl anschließend unterrühren.

Grundmayonnaise (von Hand zubereitet)

1. Eigelbe und Senf in einer kleineren Schüssel glattrühren, dann Zitronensaft oder Essig zufügen.

2. Anfangs nach und nach immer nur 1 Teelöffel Öl zugeben, dabei das Öl vom Schüsselrand in die Eigelb-Senf-Mischung laufen lassen und kräftig mit dem Schneebesen rühren.

3. Wird die Mayonnaise dicklich, etwas mehr Öl, etwa eßlöffelweise, zufügen.

4. Weiter Öl in einem dünnen Strahl unter kräftigem Rühren in die Mayonnaise laufen lassen, bis sie eindickt. Wird sie zu dick, etwas Zitronensaft, Essig oder Wasser zufügen, damit sie lockerer gerät.

Grundmayonnaise (im Mixer zubereitet)

1. Eigelbe, Senf und Zitronensaft in den Mixer geben.
2. Das Öl bei niedrigster Geschwindigkeitsstufe in einem dünnen, gleichmäßigen Strahl durch die Öffnung des Deckels laufen lassen und mixen, bis die Mayonnaise dick wird. Mit Salz und Cayennepfeffer abschmecken.

Tips und Anmerkungen

- Standard-Mengenverhältnis für Mayonnaise: Auf 1 Eigelb kommen 120 bis 180 ml Öl, 1 Teelöffel Senf und 1 Teelöffel Zitronensaft.

- Für eine lockere Konsistenz die Mayonnaise mit etwas Wasser, Zitronensaft, Essig oder Brühe verdünnen.

- Mayonnaise kann gerinnen. Sie verliert ihre feste Konsistenz, wenn die Emulsion zwischen dem Öl und der Eigelb-Senf-Mischung verlorengeht. Dies passiert vor allem, wenn man das Öl zu schnell zufügt, besonders am Anfang, oder wenn die Mayonnaise zu fest wird. Wird sie sehr fest, bevor alles Öl untergerührt ist, helfen ein wenig Wasser, Zitronensaft, Essig oder Brühe. Geronnene Mayonnaise zu retten, ist relativ einfach: mit einem Eigelb in einer zweiten Schüssel erneut aufschlagen. War die Mayonnaise kurz vor dem Gerinnen sehr fest, vor dem zweiten Aufschlagen etwas Flüssigkeit zugießen.

- Grundmayonnaise läßt sich auf verschiedenste Arten würzen: Sauce andalouse z. B. mit Tomaten und Gemüsepaprika; Sauce gribiche (siehe Seite 43) mit Cornichons, Kapern und feingehackten Kräutern; Sauce rémoulade nur mit Kapern und Kräutern; Sauce chantilly wird unter geschlagene Sahne gehoben; Sauce suédoise schmeckt süß-sauer und wird mit Äpfeln und Meerrettich zubereitet.

- Aïoli ist eine besonders delikate Mayonnaise-Zubereitung mit kaltgepreßtem Olivenöl und Knoblauch. Da Olivenöl durch die schnellen Bewegungen des Mixers, der Küchenmaschine oder des Schneebesens leicht bitter wird, sollte man Aïoli mit einem Holzlöffel (siehe Seite 43) oder in einem Mörser mit dem Stößel rühren. Im Mörser lassen sich auch die Knoblauchzehen besonders gut zu einer Paste zerstoßen, bevor man die restlichen Zutaten zufügt.

- Mayonnaise mit Safran orange, mit roter Bete rot und mit Chlorophyll grün färben (siehe Seite 52).

Grüne Mayonnaise

Chlorophyll (siehe Seite 52) in die Mayonnaise geben und pürieren, bis die Mischung glatt ist.

Sauce gribiche

Gehackte Kapern, Cornichons, Petersilie, Kerbel und Estragon in eine Grundmayonnaise rühren. Sind bestimmte Kräuter nicht erhältlich, einfach weglassen.

Siehe auch
Sauce hollandaise, Seite 44
Chlorophyll, Seite 52
Vinaigrette, Seite 37
Knoblauchpaste, Seite 11

Im Glossar
Emulsion

Aïoli

Aïoli (Knoblauchmayonnaise) ist ein delikater Begleiter zu kalten oder heißen gegrillten Gemüsen, gedämpften oder gekochten Artischocken, Pellkartoffeln und gegrilltem oder gebackenem Fisch. Eine kleine Menge mit der Garflüssigkeit oder würzigem Fischfond in einer Schüssel verrührt, ergibt eine leichte Sauce zu Fisch und Meeresfrüchten. Auch Safran paßt gut als Gewürz

1. In Scheiben geschnittene Knoblauchzehen mit etwas grobem Salz in einem Mörser zerstoßen. Mit dem Stößel zu einer Paste zerkleinern. Statt Mörser und Stößel kann man die Seite der Klinge eines großen Küchenmessers nehmen.
2. Eigelbe und Zitronensaft oder Essig zufügen und glattrühren.
3. Nach und nach teelöffelweise kaltgepreßtes Olivenöl unter die Eigelbe rühren. Beginnt die Aïoli dick zu werden, das Öl etwas schneller hineinlaufen lassen.

Safran-Knoblauch-Mayonnaise

Safranfäden in 1 bis 2 Teelöffel warmes Wasser 30 Minuten einweichen. Den Safran und die Einweichflüssigkeit unter die Aïoli rühren.

43

Sauce hollandaise

Die Hollandaise ist eine lockere, luftige, warme Sauce, bei der Butter und Zitrone unter eine Emulsion aus Eigelb und Wasser geschlagen werden. Grundsätzlich wird Sauce hollandaise (und ihre Ableitungen wie Sauce béarnaise) wie Mayonnaise zubereitet, nur daß die Eigelb-Emulsion für eine Hollandaise heiß ist und statt Öl Butter die Basis bildet. Für eine etwas dünnere Konsistenz der Sauce kann man ganze Butter nehmen, doch die klassische Sauce hollandaise wird mit geklärter Butter zubereitet. Sie gerät sehr dick und hat beinahe die Konsistenz von Mayonnaise, da sie kein Wasser enthält. Geklärte Butter empfiehlt sich, wenn die Sauce dick genug sein muß, um Zutaten wie Austern zu bedecken, die überbacken werden, für Eier nach Benediktiner Art (Oeufs bénédictines) oder für Steaksauce. Ganze Butter wird als zerlassene Butter zugefügt oder – wie bei Beurre blanc (siehe Seite 48) – stückchenweise unter die Sauce geschlagen. Sauce hollandaise mit ganzer Butter paßt zu Fisch und Meeresfrüchten und zu anderen Gerichten, die für eine dicke Sauce zu zart sind.

Für die Zubereitung von Sauce hollandaise wird zuerst eine Emulsion aus Eigelb und Wasser hergestellt, indem man Eigelbe und Wasser schaumig schlägt und anschließend bei schwacher Hitze oder im Wasserbad heiß aufschlägt. Das Ergebnis wird auch Sabayon genannt. Dann rührt man die zerlassene oder geklärte Butter in einem dünnen, gleichmäßigen Strahl unter die Emulsion, oder gibt ganze Butter in kleinen Stücken zu, bis die Eigelbe die Butter vollständig aufgenommen haben und die Sauce dick und glatt wird. Sobald die Butter untergerührt ist, folgt das Würzen: Sauce hollandaise mit einem Spritzer Zitronensaft abschmecken. Bei Sauce béarnaise werden die Eigelbe mit einer passierten Reduktion aus Essig, Wasser, Estragon, Pfefferschrot und Schalotten aufgeschlagen.

Klassische Sauce hollandaise

1. Je 1 Eßlöffel Wasser pro Eigelb in eine Stielkasserolle mit sich nach oben öffnenden Seitenwänden oder in eine Rührschüssel aus Metall geben.

2. Die Eigelbe etwa 45 Sekunden mit einem Schneebesen schaumig schlagen.

3. Den Eischaum in der Stielkasserolle oder der Schüssel bei mittlerer Hitze mit schnellen Bewegungen aufschlagen. Dadurch vergrößert sich das Volumen des Eischaums. Sobald sich das Volumen leicht verringert und der Schaum fest ist, den Topf oder die Schüssel vom Herd nehmen.

4. Etwa 45 Sekunden weiterschlagen und etwas abkühlen lassen, damit der Eischaum nicht auszuflocken beginnt. Dann, wie hier gezeigt, geklärte Butter unterrühren.

5. Mit Zitronensaft – etwa 1 Teelöffel für eine Hollandaise mit 4 Eigelb –, Salz und Pfeffer abschmecken.

Tips und Anmerkungen

- Die Eigelbe – das Sabayon – auf den Punkt aufzuschlagen, ist das Schwierigste bei der Zubereitung von Sauce hollandaise. Schlägt man sie mit dem Wasser in heißem Wasserbad oder bei schwacher bis mittlerer Hitze auf, werden sie schaumig, und das Volumen des Eischaums wächst. Wird der Eischaum (schnitt-)fest, bevor die Eigelbe anfangen auszuflocken, beginnt das Volumen des Eischaums wieder langsam abzunehmen. An diesem Punkt, wenn man beim Schlagen den Topfboden erkennen kann, das Sabayon sofort vom Herd nehmen. Den Schaum weitere 45 Sekunden aufschlagen, so daß er sich durch die Resthitze im Topf nicht überhitzt und ausflockt. Falls dies passiert, rettet man den Schaum, indem man erneut frisches Eigelb heiß aufschlägt. Auch geronnene Hollandaise läßt sich so wiederherstellen.

- Pro Eigelb rechnet man etwa 1 Eßlöffel kaltes Wasser und 8 Eßlöffel ganze, zerlassene oder geklärte Butter. Eine Hollandaise mit 4 Eigelben wird mit etwa 1 Teelöffel Zitronensaft abgeschmeckt; für eine Sauce béarnaise mit 4 Eigelben benötigt man etwa 125 ml Weißweinessig, der auf 1 bis 2 Eßlöffel eingekocht wird.

- Die zerlassene bzw. geklärte Butter sollte sich heiß, aber nicht kochendheiß anfühlen, sonst gerinnt das Sabayon.

- Für einen besonders nussigen Geschmack die Hollandaise mit Beurre noisette zubereiten (siehe Seite 46).

- Im Gegensatz zu Mayonnaise, wo das Öl zuerst tropfenweise eingerührt wird, kann man bei Hollandaise die heiße Butter unter Rühren in einem dünnen, gleichmäßigen Strahl in das bereits emulgierte Sabayon gießen.

- Sauce hollandaise mit gemahlenem weißem Pfeffer würzen, um kleine schwarze Punkte darin zu vermeiden.

- Am besten das Sabayon in einer Stielkasserolle mit sich nach oben öffnenden Seitenwänden aufschlagen. In einem normalen Topf gelangt man mit dem Schneebesen oft nicht überall hin, und ein Teil der Eigelbe würde beim Aufschlagen hängenbleiben und ausflocken. Statt einer Stielkasserolle leisten eine hitzebeständige Schüssel (aus Edelstahl) mit abgerundeten Innenkanten, die man mit einem Küchentuch hält, oder, noch besser, ein Schneekessel ebenso gute Dienste.

Sauce béarnaise

1. Gehackte Schalotten, frische Estragonzweige, gestoßene Pfefferkörner und Weißweinessig in einem kleinen Topf bei mittlerer Hitze zum Kochen bringen.

2. Die Mischung auf 1 bis 2 Eßlöffel einkochen und vom Herd nehmen.

3. Die Mischung durch ein feinmaschiges Sieb passieren, dabei mit einer Kelle die Rückstände im Sieb gut ausdrücken, so daß möglichst wenig Flüssigkeit zurückbleibt.

4. Eine Hollandaise zubereiten (siehe Seite 44), dabei die Estragon-Essig-Reduktion mit den Eigelben schaumig rühren und anschließend heiß aufschlagen. Die Sauce béarnaise nur mit etwas Salz abschmecken und nach Belieben mit frisch gehacktem Estragon oder Estragonbutter würzen.

45

Siehe auch

Mayonnaise, Seite 41
Geklärte Butter, Seite 46
Beurre noisette, Seite 46
Estragonbutter, Seite 47

Im Glossar

Emulsion
Sabayon

Butter klären

Butter enthält Molke (Milcheiweißstoffe), die bei relativ geringen Temperaturen zu verbrennen beginnt. Somit kann man sie nicht zum Braten von Fleisch, Geflügel, Fisch, Meeresfrüchten und einigen Gemüsen bei starker Hitze verwenden. Butter enthält auch etwa 25 Prozent Wasser, wodurch bestimmte Saucen, wie z. B. Sauce hollandaise, zu dünn werden können. Diese Probleme lassen sich jedoch vermeiden, wenn man die Butter zuvor klärt und dadurch Wasser sowie Molke entfernt.

Butter kann mit Hilfe einer der beiden nachstehenden Methoden geklärt werden. Die erste – überwiegend dort angewandt, wo größere Mengen an Butter geklärt werden – besteht darin, die Butter in einem großen Topf zu zerlassen und etwa 30 Minuten stehenzulassen. Während dieser Zeit sinkt das Wasser auf den Topfboden, und die Molke setzt sich an der Oberfläche ab. Die Molke wird anschließend mit einer Kelle abgeschöpft, die geklärte Butter – reines Butterfett oder -schmalz – wird ebenfalls abgeschöpft und weiterverwendet. Für zu Hause ist diese Methode eher unpraktisch, da man sich mit kleinen Mengen an Butter schwertut.

Um kleinere Mengen an Butter zu klären, gibt man 250 bis 400 g Butter in einen kleinen, schweren Topf. Die Butter bei mittlerer Temperatur etwa 10 Minuten köcheln lassen, bis alles Wasser aus ihr herausgekocht ist und die Molke leicht braun wird. Durch das Kochen wird die Butter nicht nur geklärt, sondern ihr Geschmack wird durch die karamelisierende Molke noch intensiver. In Indien nennt man auf diese Art geklärte Butter »ghee«. Braune Butter oder Beurre noisette ist geklärte Butter, die gekocht wird, bis sie goldbraun ist. Sie besitzt ein besonders nussiges Aroma.

Geklärte Butter

1. Die Butter in einem schweren Topf bei mittlerer Hitze zerlassen.
2. Etwa 10 Minuten köcheln lassen, bis der Schaum absinkt und sich die Molke in Form von braunen Partikeln am Topfboden absetzt.
3. Die Butter durch ein mit einem Küchentuch, einem zweifach gefalteten Mulltuch oder einem Kaffeefilter ausgelegtes Sieb abgießen.

Siehe auch
Sauce hollandaise, Seite 44

Buttermischungen

Buttermischungen bestehen aus Butter, die kalt mit Kräutern und anderen Zutaten, wie gehackten und gegarten Pilzen, gehackten Trüffeln, Weinreduktionen, Gewürzen oder gekochten Tomaten, gewürzt wird. Kleinere Stücke, Flocken oder Scheiben von gerollten Buttermischungen gibt man über gegrilltes Fleisch, Fisch, Meeresfrüchte, Gemüse oder in die Mitte einer Suppenschüssel, oder man verwendet sie zum Abschmecken von heißen Buttersaucen wie Beurre blanc. Die hier abgebildete Estragonbutter wird zu einer Rolle geformt, wodurch sie sich einfacher lagern und portionieren läßt. In Alufolie eingeschlagene gerollte Kräuterbutter hält sich tiefgekühlt bis zu einem Jahr.

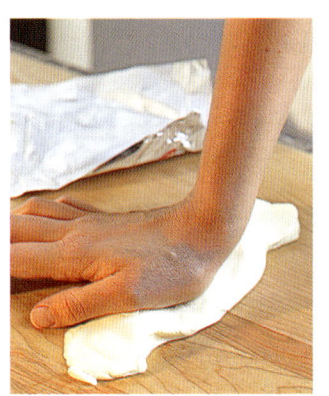

Estragonbutter

Hier wird Butter mit Estragon aromatisiert, aber man kann sie auch mit anderen frischen Kräutern oder einer Kräutermischung würzen.

1. Die Butter mit dem Handballen auf einer festen Arbeitsfläche kneten und erweichen. Oder bei größeren Mengen die Butter mit einem Gummispatel im Mixer weich kneten.
2. Frische Estragonblätter und die weiche Butter mit einem großen Küchenmesser hacken. Verwendet man einen Mixer, die Kräuter zuvor hacken.
3. Die Butter und den Estragon hacken, bis die Blätter vollständig eingearbeitet sind.

Siehe auch
Beurre blanc, Seite 48

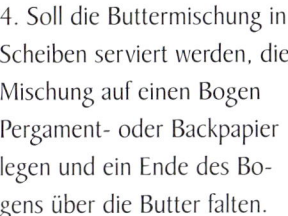

4. Soll die Buttermischung in Scheiben serviert werden, die Mischung auf einen Bogen Pergament- oder Backpapier legen und ein Ende des Bogens über die Butter falten.
5. Das Ende unter die Buttermischung packen; diese mit den Fingern gleichmäßig verteilen und zu einer Rolle formen. Dann bis zum anderen Ende des Bogens einrollen.
6. Die Butter durch entgegengesetztes Verdrehen der seitlichen Papierenden verschließen und mindestens 1 Stunde in den Kühlschrank stellen.
7. Die Enden mit einem scharfen Messer abschneiden, das Papier entfernen und die Butter in Scheiben schneiden.

48

Beurre blanc

Beurre blanc ist eine cremige, sämige, emulgierte weiße Butter-sauce, die man durch Schlagen von kalten Butterstücken in eine heiße Reduktion aus Weißwein, Weißweinessig und Schalotten erhält. Butter selbst ist bereits eine Emulsion aus Fett und Wasser, die durch die Eiweißstoffe in der Molke der Butter gebunden wird. Auch wenn allgemein behauptet wird, die weiße Buttersauce sei schwierig zuzubereiten, läßt sie sich doch schnell und leicht her-stellen, wenn man einige Hinweise beachtet. Beurre blanc ist zu-dem eine phantastische Basis für zahlreiche einfache Variationen. Es lohnt sich, mit verschiedenen gehackten Kräutern oder Kräu-terbutter, Curry (der zuerst in etwas Butter gekocht wird), Chill-ies, Gemüsepürees und anderen Zutaten (siehe Seite 49) zu experimentieren.

Beurre blanc

1. Trockenen Weißwein, Weiß-weinessig und feingehackte Schalotten in einen schweren Topf geben. Bei mittlerer Hitze zum Kochen bringen.
2. Ist die Flüssigkeit sirupartig eingekocht, so daß die Scha-lotten gerade noch mit etwas Flüssigkeit bedeckt sind, 2 Eß-löffel Sahne zugießen. Bei mittlerer Hitze köcheln lassen.
3. Kalte, in Würfel geschnit-tene Butter zufügen und die Hitze erhöhen.
4. Mit einem Schneebesen schlagen, bis die Sauce glatt und sämig ist. Die Sauce darf auf keinen Fall zu kochen be-ginnen, da sonst die Bindung verlorengehen könnte. Die Sauce mit Salz, weißem Pfef-fer und nach Belieben mit einigen Tropfen Essig ab-schmecken. Ist die Sauce zu dick, mit etwas Sahne oder Wasser verlängern. Schmeckt sie zu säuerlich, noch etwas Butter in die Sauce schlagen.

Safran-Buttersauce

Gut 1 Messerspitze Safranfäden in 1 Eßlöffel warmem
Wasser etwa 30 Minuten einweichen und die Fäden mit der
Einweichflüssigkeit unter die
fertige Buttersauce (Beurre
blanc) rühren.

Tomaten-Estragon-Buttersauce

1. Etwas gekochte und durch
ein Sieb passierte Tomatensauce oder Coulis in die Buttersauce (Beurre blanc) rühren.
2. Estragonbutter (siehe
Seite 47) unter die Buttersauce schlagen. Natürlich
kann man auch andere Kräu-
terbuttermischungen in die
Beurre blanc schlagen.

Siehe auch
Buttermischungen, Seite 47
Tomaten-Coulis, Seite 50

Im Glossar
Concassé
Coulis
Emulsion
Reduzieren

Tips und Anmerkungen

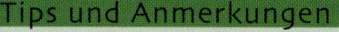

- Auf je 60 ml Weißwein und Weißweinessig entfallen
  40 g gehackte Schalotten und etwa 250 g Butter.
  Dieses Mengenverhältnis ist eine gute Grundlage für
  den Anfang, obgleich es häufig abgeändert wird. Sobald die ganze Menge an Butter untergeschlagen ist,
  die Sauce mit etwas Essig oder Butter abschmecken.

- Durch Zugabe von Sahne zur Schalotten-Mischung,
  bevor man die Butter zufügt, wird die Sauce stabilisiert.

- Für Buttersaucen kalte Butter aus dem Kühlschrank
  nehmen, durch zu warme Butter könnte die Konsistenz der Sauce ölig werden.

- Fertig zubereitete Beurre blanc sollte in ihrer Konsistenz nicht viel dicker sein als gekühlte Sahne.

- Kochen oder die Zugabe von zu viel Butter läßt
  Beurre blanc schnell auseinanderfallen.

- Wurde die Weinmischung zu sehr eingekocht, kann
  die Sauce zu dick werden, bevor die Butter ganz untergeschlagen ist. Dann etwas Wasser oder Sahne
  zufügen und die restliche Butter hineinschlagen.

49

Tomatensauce

Es gibt zahlreiche Arten von Tomatensaucen, die wohl beliebteste ist die Sauce bolognese, bei der man aromatische Gemüse, Hackfleisch und natürlich Tomaten lange köcheln läßt. Einfachere Varianten basieren auf rohen oder gekochten Mischungen von gehackten Tomaten und Tomatenpürees. Zwei der bekanntesten Tomatensaucen sind Tomaten-Coulis und Tomaten-Concassé. Für Coulis werden rohe oder gekochte Tomaten durch ein Sieb passiert, so daß ein sehr glattes Püree entsteht. Dabei ist vorheriges Schälen und Entkernen der Tomaten nicht notwendig. Für Concassé (siehe rechts) werden rohe oder gekochte Tomaten zuerst geschält und entkernt, dann gehackt. Da diese Sauce nicht durch ein Sieb passiert wird, ist sie von entsprechend grober Konsistenz. Für beide Zubereitungen benötigt man reife, aromatische Tomaten.

50

Rohes Tomaten-Concassé

1. Die Tomaten schälen und quer halbieren.
2. Die Samen aus jeder Hälfte herausdrücken.
3. Die entkernten Hälften schneiden.
4. Die Tomaten bis zur gewünschten Konsistenz hacken.

Siehe auch
Tomaten schälen, Seite 6

Im Glossar
Concassé
Coulis
Püree (und Tomaten-Concassé pürieren)

Gekochtes Tomaten-Concassé

1. Rohes Tomaten-Concassé zubereiten (siehe links) und in eine große Pfanne füllen. Bei starker Hitze unter Rühren zum Kochen bringen.
2. Weiterkochen, bis die Flüssigkeit der Tomaten vollständig verdampft ist. Mit Salz und Pfeffer abschmecken.

Eiernudelteig

Eiernudelteig wird aus Eiern und Mehl zubereitet, aber fast jede Region in Italien hat ihr eigenes Rezept. Die einen nehmen nur Eigelb oder geben Olivenöl in den Teig, andere wiederum schwören auf spezielle Mehlmischungen. Im nachstehenden Rezept wird eine Mischung aus Weizenmehl und Hartweizengrieß (Durumweizen) verwendet. Hartweizengrieß verleiht der Pasta eine feste Konsistenz. Man kann die Pasta auch nur mit Weizenmehl Type 405 zubereiten.

Nudelteig von Hand herstellen

1. Mehl und Grieß mit den Fingern auf einer Arbeitsfläche vermengen.

2. Die Mehlmischung zu einem Haufen zusammenschieben und in der Mitte eine Mulde bilden.

3. Die Eier und je nach Rezept alle weiteren Flüssigkeiten, wie Olivenöl und Gewürze, in die Mulde geben.

4. Nach und nach die flüssigen Zutaten mit dem Mehl vermischen, dabei mit den Fingern oder einer Gabel immer etwas Mehl in die Mitte arbeiten.

5. Sind die flüssigen Zutaten weitgehend in das Mehl eingearbeitet, beginnt man, den Teig mit den Händen zu kneten.

6. Den Teig kneten, bis er zu einer festen Masse wird. Er sollte feucht und leicht klebrig sein, aber nicht stark an den Fingern haften.

7. Den Teig weiter mit den Handballen gegen die Arbeitsfläche kneten.

8. Den Teig zu einer Kugel formen.

Gefärbte Pasta

Frische Pasta kann man durch verschiedene Zutaten färben. Tinte von Tintenfischen oder Sepia ergibt schwarze Nudeln, Safran (30 Minuten in etwas warmem Wasser eingeweicht) orangefarbene, Rote-Bete-Saft rote und Chlorophyll grüne Pasta. Von allen Nudelteigen ist die Zubereitung grüner Nudeln am aufwendigsten, da man zuerst das Chlorophyll aus grünen Blattgemüse wie Spinat extrahieren muß.

REINES CHLORO-PHYLL AUS BLATTGE-MÜSE EXTRAHIEREN

1. Die Stiele von den Spinatblättern entfernen.
2. Die Blätter in das Mixerglas drücken und das Glas bis zur Hälfte mit kaltem Wasser aufgießen. Alles etwa 1 Minute mixen, bis ein grünes Püree entsteht.

3. Das Püree mit dem Rücken einer Kelle gleichmäßig durch ein feinmaschiges Sieb in einen kleinen, schweren Topf drücken. Die Rückstände, die sich nicht durchdrücken lassen, entfernen.
4. Die grüne Flüssigkeit bei mittlerer Temperatur erhitzen, bis sich grüne Klumpen in klarer Flüssigkeit bilden. Die grüne Masse sofort durch ein feinmaschiges Sieb passieren, dabei die Masse vorsichtig mit einer Kelle bewegen, ohne das Chlorophyll zu sehr zu drücken. Im Sieb verbliebene Reste beiseite stellen und weiterverwenden.

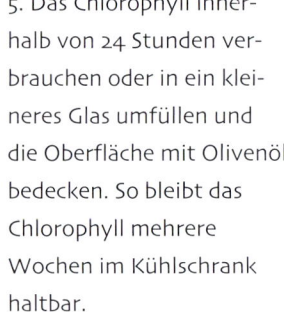

5. Das Chlorophyll innerhalb von 24 Stunden verbrauchen oder in ein kleineres Glas umfüllen und die Oberfläche mit Olivenöl bedecken. So bleibt das Chlorophyll mehrere Wochen im Kühlschrank haltbar.

Nudelteig in der Küchenmaschine herstellen

Eine Küchenmaschine eignet sich hervorragend für die Herstellung von einfachem wie auch von gefärbtem (grünem) Nudelteig.

1. Chlorophyll mit den restlichen Zutaten in die Küchenmaschine geben.

2. Den Teig durcharbeiten, bis er eine grobkörnige Konsistenz annimmt. Bildet sich eine Kugel, ist der Teig zu feucht und braucht noch etwas Mehl.

3. Den Teig auf einer Arbeitsfläche mit den Händen kneten. Er sollte fest und leicht klebrig sein, aber nicht an den Fingern oder der Arbeitsfläche haften bleiben. Hält er nicht zusammen, den Teig erneut in die Küchenmaschine füllen, etwas Ei oder Wasser zufügen und mixen. Ist der Teig zu klebrig, mit etwas mehr Mehl verkneten.

4. Weiterkneten, bis sich der Teig glatt anfühlt und sich zu einer Kugel formen läßt.

Nudelteig ausrollen und schneiden

Mit Hilfe einer Nudelmaschine läßt sich der Teig in besonders dünne Platten ausrollen. Anschließend werden die Nudelplatten in flache Nudeln geschnitten, entweder mit der Schneidewalze der Nudelmaschine oder von Hand mit einem Messer. Durch spezielle Vorsteckwalzen lassen sich die Nudeln entweder schmal oder breit schneiden. Mit der Hand hingegen kann man die Breite der Nudeln beliebig variieren.

Nudelteig mit der Nudelmaschine ausrollen

1. Den Teig in mehrere Stücke teilen.

2. Die Stücke mit dem Handballen entsprechend der Breite der Walzen platt drücken, dabei mehlieren, damit der Teig beim Ausrollen nicht in der Maschine haften bleibt.

3. Die Nudelmaschine an der Arbeitsfläche festschrauben. Die beiden Rollen auf den größtmöglichen Abstand einstellen und den Teig hindurchlaufen lassen.

4. Die Teigplatten ein- oder zweimal übereinanderschlagen und erneut durch die Maschine führen.

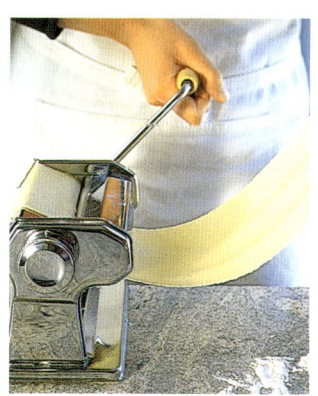

5. Den Teig bei jeweils enge-rem Walzenabstand durch die Maschine führen. Er sollte sich glatt und ledrig anfühlen.

6. Dabei den Teig mit der einen Hand halten und vor-sichtig herausziehen, mit der anderen Hand die Kurbel der Nudelmaschine bedienen.

7. Den Walzenabstand ver-ringern und den Teig erneut durch die Walzen führen. Den Teig weiter ausrollen, dabei den Walzenabstand jedes Mal weiter verringern.

8. Werden die Teigplatten durch das Ausrollen zu lang und unhandlich, die Platten quer in zwei Hälften teilen.

55

Nudelteig mit der Maschine in flache Nudeln schneiden

1. Die Teigplatten mit der Schneidewalze der Nudelmaschine in breite Streifen (Fettucine) schneiden.

2. Oder die Teigplatten mit der feineren Schneidewalze in schmale Streifen (Linguine) schneiden.

3. Die Nudeln auf einer großzügig bemehlten Arbeitsfläche zu kleinen Nestern eindrehen.

4. Die Nester in dem Mehl wenden, damit sie nicht zusammenkleben.

Nudelteig von Hand in flache Nudeln schneiden

Schneidet man die Teigplatten von Hand, kann man die Breite der Nudeln – Fettucine (Tagliatelle), Linguine, Pappardelle etc. – beliebig bestimmen, ohne dabei auf zwei Breiten wie bei der Nudelmaschine festgelegt zu sein.

1. Die ausgerollten Teigplatten gut mehlieren, damit sie nicht zusammenkleben.

2. Jede Platte locker einrollen. Mit einem großen Küchenmesser die Nudelrolle in beliebiger Breite schnell und sauber schneiden, damit die Nudeln nicht zu sehr zusammengedrückt werden und kleben.

3. Die Nudeln in Mehl wenden – am besten in Hartweizengrieß, da man den Grieß vor dem Eintauchen der Nudeln in kochendes Wasser besser abschütteln kann und die Nudeln dann beim Kochen nicht zusammenkleben.

Gefüllte Teigwaren

Selbstgemachter Nudelteig läßt sich sehr einfach in verschiedene
Formen, wie Tortelloni und Ravioli, schneiden und dann füllen.

Tortelloni

1. Mit einer gewellten, runden Ausstechform kreisrunde Nudeltaler aus einer frisch ausgerollten Teigplatte ausstechen.
2. Mit einem Spritzbeutel oder Löffel jeweils etwa 1 Teelöffel Füllung in die Mitte der Taler geben.
3. Mit dem Finger oder einem Backpinsel die Ränder der Teigtaler mit kaltem Wasser bestreichen.
4. Alle Teigtaler in der Mitte übereinanderschlagen.
5. Den Rand eines jeden Tortellono mit den Fingern zusammendrücken, damit die Füllung fest verschlossen ist.

57

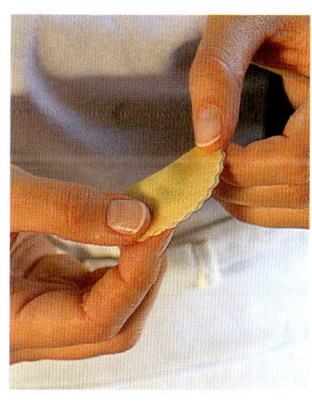

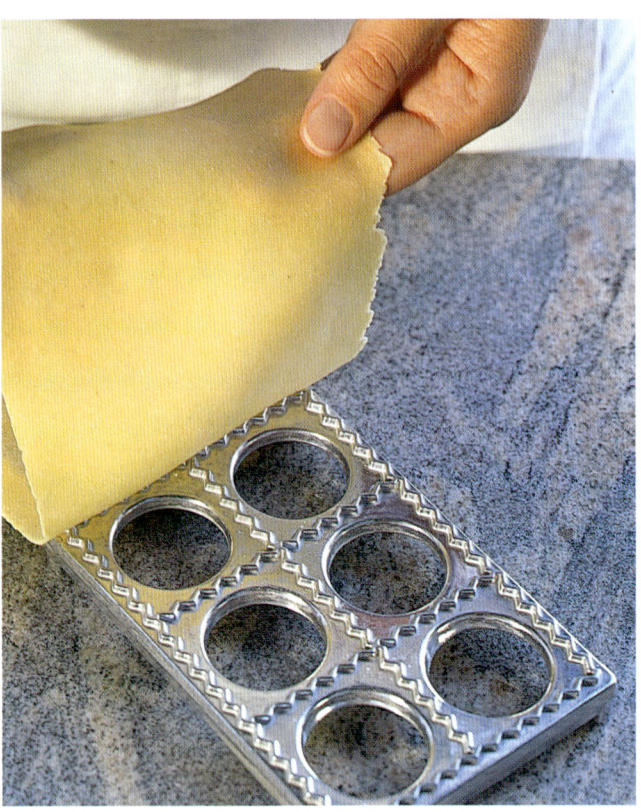

4. Mit einem Spritzbeutel oder Löffel etwas Füllung in jede Vertiefung geben. Dann die Teigränder um die Vertiefungen mit kaltem Wasser einpinseln und eine zweite Teigplatte genau über die erste legen.
5. Mit einem Nudelholz über die Ravioliform rollen. So werden die Ravioli portioniert und die Teigränder festgedrückt.
6. Die Ravioli vorsichtig aus der Form drücken.

Ravioli

Es gibt zahlreiche Spezialformen, mit denen sich Ravioli schnell und leicht herstellen lassen. Eine der günstigsten Lösungen ist eine Metallform samt dazugehöriger Kunststoffform (siehe oben).
1. Eine ausgerollte Teigplatte über die Metallform legen.
2. Die Form aus Kunststoff darauf legen und leicht andrücken, so daß sich Vertiefungen für die Füllung bilden.
3. Anschließend die Kunststofform wieder wegnehmen.

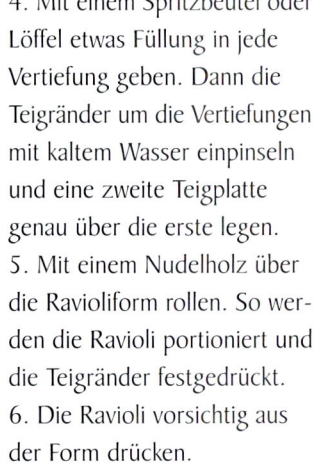

Ravioli mit einer Ausstechform herstellen

1. Mit einer Ravioli-Ausstechform behutsam Taler oder Rechtecke auf einer frisch ausgerollten Teigplatte markieren, aber nicht ausstechen. Dies dient der Orientierung beim Verteilen der Füllung.
2. Mit einem Spritzbeutel oder Löffel die Füllung in der Mitte der Raviolimarkierungen verteilen. Die Teigränder eines jeden Talers oder Rechtecks mit kaltem Wasser bestreichen. Dann eine zweite Teigplatte genau über die erste legen.

3. Den Nudelteig um die Füllung der Ravioli mit den Fingern andrücken, dabei entstandene Luftkissen herausdrücken und die Ränder fest verschließen.
4. Nun die Ravioli (Taler oder Rechtecke) mit der entsprechenden Ausstechform ausstechen.

Siehe auch
Frischen Nudelteig ausrollen
und schneiden, Seite 54

Gnocchi

Gnocchi sind feste kleine Klöße, die es in verschiedenen Formen gibt. Grundsätzlich unterscheidet man zwei Varianten: Die erste besteht aus Kartoffeln (Gnocchi di patate), siehe Abbildungen, die zweite basiert auf Mehl und gelegentlich auf Maisgrieß (Gnocchi alla romana). Sofort nach dem Pochieren werden die Gnocchi in einer Sauce geschwenkt und entweder gleich serviert oder mit Olivenöl angemacht, auf einem Backblech verteilt und zu einem späteren Zeitpunkt in einer Sauce erhitzt oder überbacken.

Gnocchi di patate

1. Ein Kartoffelpüree zubereiten und mit Mehl und Eiern mischen, so daß ein Teig entsteht, der weicher als Nudelteig ist, aber nicht an den Fingern haftet.

2. Den Teig in Kugeln von der Größe einer Zitrone rollen.

3. Die Kugeln in Mehl wenden und jeweils zu 2 cm dicken Rollen formen.

4. Jede Rolle in 2 cm dicke Stücke schneiden.

5. Die Gnocchi in köchelndem Salzwasser etwa 5 Minuten garziehen, oder bis sie an die Oberfläche treiben. Die Gnocchi mit einem Schaumlöffel aus dem Wasser nehmen und auf einem geölten Backblech verteilen oder in einer heißen Sauce wenden und servieren oder überbacken.

Gnocchi mit Knoblauch und Salbei-Butter-Sauce

In dünne Scheiben geschnittenen Knoblauch und ganze Salbeiblätter bei mittlerer Hitze in Butter andünsten, bis die Butter leicht braun wird (nicht verbrennen lassen). Abgetropfte pochierte Gnocchi in der Sauce wenden, erhitzen und servieren.

Siehe auch
Kartoffeln pürieren, Seite 94

Blini und Crêpes

Die Teige für Blini und Crêpes ähneln Pfannkuchenteig, nur daß letzterer manchmal mit Backpulver und geschlagenem Eiweiß (Eischnee) gelockert wird, während man für Bliniteig Bäckerhefe und Eischnee nimmt. Crêpeteig wird überhaupt nicht gelockert. Die Zubereitung dieser Teige ist alles andere als schwierig, nur sollte man eines unbedingt beachten: Wenn Mehl und Flüssigkeit zusammengerührt werden, sollte man anfangs nur eben so viel Flüssigkeit zugießen, daß sich ein weicher, glatter Vorteig bildet. Erst wenn dieser Teig glatt ist, gießt man die restliche Flüssigkeit hinzu. Dadurch wird verhindert, daß der Teig Klumpen bildet.

Blini werden gern zu Räucherlachs oder Kaviar gereicht, man kann sie aber genauso wie Pfannkuchen servieren. Sehr lecker sind sie mit viel zerlassener Butter oder mit Crème fraîche. Sie schmecken nach Hefe, was sie von Pfannkuchen unterscheidet. Bliniteig wird traditionell halb mit Buchweizenmehl zubereitet, im nebenstehenden Rezept jedoch nur mit Weißmehl. Bei jedem Teig, der Bäckerhefe enthält, sollte man vorher prüfen, ob die Hefe noch frisch ist und »lebt«. Dazu verrührt man eine geringe Menge an Hefe mit etwas warmem Wasser, Mehl und Zucker in einer kleinen Schüssel zu einer glatten Masse. Nach zehn Minuten sollte der Vorteig deutlich an Volumen gewonnen haben und nach Hefe duften.

Crêpes werden aus sehr dünnem Teig gemacht, dessen Konsistenz mit der von Sahne vergleichbar ist. Man bäckt sie am besten in einer beschichteten Pfanne aus, ersatzweise leistet eine Pfanne aus Gußeisen oder Edelstahl ebenfalls gute Dienste.

Blini

1. In einer kleinen Schale eine Messerspitze Hefe mit etwas warmem Wasser, Mehl und Zucker zu einem Vorteig vermischen, um sicherzustellen, daß die Hefe frisch ist.

2. In einer großen Schüssel Mehl mit wenig Milch zu einem weichen, glatten Teig verrühren.

3. Dann die restliche Milch, die Eigelbe, den Vorteig und je nach Rezept die restliche Hefe zufügen und glattrühren. Zudecken und an einem warmen Ort gehen lassen, bis der Teig doppelt so groß ist.

4. Das geschlagene Eiweiß unmittelbar vor dem Backen der Blinis unterheben.

5. Wenig Butter in einer beschichteten Pfanne bei mittlerer Hitze zerlassen. Etwa 3 Eßlöffel Teig pro Küchlein in die Pfanne geben. Bilden sich erste Luftblasen an der Oberfläche, die Blini wenden und auf der anderen Seite ebenfalls goldbraun backen. Mit Räucherlachs, Kaviar oder anderen Zutaten servieren.

Crêpes

1. In einer großen Schüssel Eier, Mehl und wenig Wasser oder Milch zu einem weichen, glatten Teig verrühren. Dann Wasser oder Milch unterrühren, bis der Teig die Konsistenz von Sahne erreicht.

2. Zerlassene Butter in den Teig rühren – zum Verfeinern und damit die Crêpes nicht in der Pfanne haften bleiben (bei beschichteten Pfannen kein Problem). Eventuell den Teig zuerst durch ein Sieb streichen und dann die Butter zufügen, da sie sich sonst in dem kühlen Teig verfestigen und im Sieb hängenbleiben würde.

3. Eine beschichtete Pfanne oder Omelettpfanne bei mittlerer Temperatur erhitzen. Mit einer Kelle nur so viel Teig in die Pfanne laufen lassen, daß er den Boden der Pfanne gerade bedeckt. Dabei die Pfanne schwenken, so daß sich der Teig gleichmäßig verteilt.

4. Bei mittlerer Hitze backen, bis sich die Ränder der Crêpe aufstellen und leicht braun werden. Ein Ende mit den Fingern beider Hände oder mit einem Spatel aufnehmen und die Crêpe wenden.

5. Die gewendete Crêpe in die Mitte der Pfanne rücken.

6. Mit süßen oder würzigen Füllungen servieren (hier mit Erdbeeren und Schlagsahne).

62

Siehe auch

Eiweiß schlagen, Seite 179
Räucherlachs schneiden,
 Seite 239

Tips und Anmerkungen

• Für etwa 16 Crêpes (Durchmesser 25 cm) benötigt man: 240 g Mehl, 3 große Eier, 650 ml Milch oder mehr, bis der Teig die Konsistenz von Sahne erreicht, und 3 Eßlöffel zerlassene Butter.

• Für Blini dieselben Mengen und Zutaten nehmen, aber 1/2 Würfel Bäckerhefe testen und anschließend in den Teig rühren, so daß er gehen kann.

Risotto, Pilaw, körnig gekochter Reis und Paella

Bei einigen Reisgerichten, wie Risotto, wird der natürliche Stärkegehalt von Reis genutzt, um die Reiskörner in einer sämigen Sauce zu binden, während bei anderen Reisgerichten, wie Pilaw, die Reiskörner getrennt und eher locker bleiben. Bei jedem der folgenden Rezepte kommen eine andere Reissorte und eine andere Technik zum Einsatz, um die jeweiligen Unterschiede hevorzuheben.

Für körnig gekochten Reis (Immersionsmethode), bei dem die Reiskörner nicht aneinanderkleben und locker bleiben, nimmt man festen Langkornreis, wie z.B. Basmati, und kocht ihn in einem großen Topf mit kochendem Salzwasser, ähnlich wie Pasta.

Bei Pilaw wird Langkornreis zusammen mit aromatischen Zutaten, meist Zwiebeln und Knoblauch, zuerst in etwas Fett angeröstet, um die Stärke zu garen, bevor man die Flüssigkeit angießt.

Risotto ist ein besonders sämiges Gericht aus italienischem Rundkornreis. Der Reis, in der Regel Arborio, Vialone oder Carnaroli, wird bei schwacher Hitze in Butter oder Olivenöl kurz angeröstet. Dann kommt nach und nach Flüssigkeit, meist Brühe, in kleinen Mengen dazu, bis der Reis gar ist und in einer sämigen, bindenden Sauce schwimmt. Risotto muß fast durchgehend gerührt werden, damit sich die Stärke der Reiskörner löst, die für die typische Konsistenz sorgt. Das Würzen von Risotto kann sehr einfach (wie bei Risotto alla milanese) oder auch sehr komplex sein.

Bei Paella wird spanischer weißer Mittelkornreis (Calasparra) in Brühe gekocht und mit weiteren Zutaten, wie Hähnchen, Würsten (Chorizo), Fisch und Meeresfrüchten, manchmal auch Schnecken, gegart. Paella wird traditionell über offenem Feuer gekocht, kann aber auch auf dem Herd oder im Ofen zubereitet werden.

Risotto alla milanese

Dieser klassische Risotto wird mit Hühnerbrühe, Safran, Butter und feingeriebenem Parmesan (Parmigiano Reggiano) zubereitet.

1. Risotto- oder Rundkornreis in einem Sieb kalt abbrausen.

2. Gehackte Zwiebeln in Butter andünsten und den Reis bei schwacher bis mittlerer Hitze kurz mit anrösten, bis alle Reiskörner leicht mit Fett überzogen sind.

3. Eine Messerspitze Safranfäden zufügen und so viel Hühnerbrühe unterrühren (etwa 125 ml), daß der Reis knapp bedeckt ist. Weiterrühren, bis die Brühe aufgenommen ist.

4. Nach und nach eben so viel Brühe zugießen, daß der Reis jedes Mal knapp mit Flüssigkeit bedeckt ist. Den Risotto etwa 25 Minuten kochen, bis er sämig ist und die Reiskörner gar sind.

5. Frisch geriebenen Parmesan und Butter unterrühren. Mit Salz und Pfeffer abschmecken und sofort servieren.

Körnig gekochter Reis

Langkornreis, wie Basmati oder Jasminreis, in einen großen Topf mit sprudelnd kochendem Wasser rieseln lassen. Ist er gar, den Reis in einen Durchschlag abgießen und mit ein paar Butterflocken mischen.

Tips und Anmerkungen

- Neben der Zubereitungsart für Risotto gibt es drei weitere Grundtechniken beim Garen von Reis.

- Für eine lockere, körnige Konsistenz den Reis in einem großen Topf mit kochendem Wasser wie Pasta kochen. Ist der Reis gar, gießt man ihn in einen Durchschlag und mischt Butterflocken unter.

- Für Pilaw aromatische Zutaten wie gehackte Zwiebeln in wenig Butter oder Olivenöl andünsten und dann Lang- oder Rundkornreis unterrühren. Den Reis bei schwacher Hitze kurz mitdünsten, bis er mit Fett überzogen ist. Anschließend eine abgemessene Menge Wasser oder Brühe zugießen (2 Teile Flüssigkeit auf 1 Teil Reis). Sobald der köchelnde Reis alle Flüssigkeit absorbiert hat, ist er fertig. Pilaw als Beilage reichen.

- Für Paella spanischen Mittelkornreis (Calasparra) mit einer würzigen Flüssigkeit in einer Paellapfanne kochen (traditionell über offenem Feuer), bis der Reis die Flüssigkeit aufgenommen hat. Eine Paellapfanne ist eine flache Pfanne mit zwei Griffen und sich nach oben öffnenden Seitenwänden. Zutaten wie Hähnchen, Würste, Schnecken, Fisch und Meeresfrüchte in den kochenden Reis geben – länger garende Zutaten früher und kurz garende Zutaten mehr zum Ende der Kochzeit des Reises. Es gibt zahlreiche Arten von Paella, die traditionell mit Geflügel- oder Fischfond gekocht und als Hauptgang gegessen wird. Die Paella auf Seite 65 wird mit Garnelenfond zubereitet.

Pilaw

1. Langkornreis in einem Sieb mit kaltem Wasser abbrausen (siehe Seite 63). Gehackte Zwiebeln und/oder Knoblauch in wenig Olivenöl oder Butter andünsten. Den Reis zufügen und unter Rühren bei schwacher Hitze etwa 5 Minuten mitdünsten. Wasser oder Brühe zugießen. Mit einem runden Stück Backpapier oder Alufolie von der Größe des Topfes oder teils mit dem Topfdeckel zudecken.
2. Bei 180 °C im Ofen oder bei schwacher Hitze auf dem Herd etwa 20 Minuten köcheln lassen, bis der Reis alle Flüssigkeit aufgenommen hat.

Meeresfrüchte-Paella

1. Für den Ansatz (Sofregit) gehackte Zwiebeln und Knoblauch in Olivenöl in einer Paellapfanne oder einem breiten Topf unter gelegentlichem Rühren glasig dünsten. Geschälte, entkernte und gehackte Tomaten zugeben und unter Rühren weiterdünsten.

2. Sobald die Tomaten »geschmolzen« sind und der Saft von Tomaten und Zwiebeln verdampft ist, Brühe angießen. Hier wird ein Fond aus Garnelenschalen und -körpern verwendet (siehe rechts).

3. Eine Messerspitze Safranfäden darüberstreuen und den gut abgebrausten spanischen Paellareis (Calasparra) unterrühren.

4. Bei mittlerer Hitze leicht köcheln lassen, bis der Reis die Flüssigkeit weitgehend aufgenommen hat. Die Meeresfrüchte in den Reis geben und alles lose mit Alufolie abdecken. Auf dem Herd (oder über offenem Feuer) weiter köcheln lassen oder im Ofen fertig garen, bis die Meeresfrüchte gar sind. Hier wurden die Tintenfischstücke vorgekocht.

Siehe auch
Geflügelfond, Seite 30
Garnelenfond, Seite 34

Im Glossar
Backpapier und Alufolie zum
 Abdecken
Mirepoix (auch für Sofregit)

Garprobe

Mit zunehmender Erfahrung beim Kochen entwickelt man auch ein größeres Feingefühl für die verwendeten Zutaten. Es ist wichtig zu wissen, wie sich Nahrungsmittel während der Zubereitung verändern und woran sich erkennen läßt, ob und wann sie gar sind. Beim Kochen spielen so viele Faktoren eine wichtige Rolle – die Zuverlässigkeit des Ofens und die Art der Hitzezufuhr, die Größe und Konsistenz der Zutaten, die Qualität der Küchenausstattung –, daß man sich in bezug auf die Garstufe nicht nur auf die Angaben des jeweiligen Rezepts verlassen kann. Um gut zu kochen, sollte man in der Lage sein, selbst zu beurteilen, wann eine Zutat den gewünschten Garpunkt erreicht hat, damit man Temperatur und Garzeit entsprechend angleichen kann. Dies mag anfänglich schwierig erscheinen, aber man bekommt Übung durch genaues Beobachten und Betasten der Zutaten, durch Einschätzen bestimmter Gareigenschaften und die anschließende Kontrolle, ob die Einschätzung richtig war oder nicht: Entweder schneidet man dazu das Gargut auf, oder man prüft die Innentemperatur mit einem Fleischthermometer.

Garprobe für Steaks

- Blutig/rare/saignant: Das Fleisch gibt auf Fingerdruck sehr leicht nach. Da es noch nicht ganz rosa gebraten ist, bilden sich Perlen von rotem Fleischsaft an der Oberfläche.

- Blutig-rosa/medium-rare/saignant-à point: Das Fleisch gibt auf Fingerdruck leicht nach und zeigt roten Fleischsaft an der Oberfläche.
- Rosa/medium/à point: Das Fleisch bietet auf Fingerdruck leichten Widerstand und zeigt rosa Fleischsaft an der Oberfläche.

- Rosa-durchgebraten/medium-well/à point-bien cuit: Das Fleisch fühlt sich fest an und zeigt an der Oberfläche braunen und rosa Fleischsaft.

- Durchgebraten/well-done/bien cuit: Das Fleisch fühlt sich sehr fest an und zeigt an der Oberfläche braunen Fleischsaft.

- Die Temperatur von Braten läßt sich mit einem Fleischthermometer bestimmen. Profiköche stechen mit einer Fleischnadel tief in den Braten und berühren die Nadel anschließend mit den Lippen, um den Gargrad festzustellen. Diese Technik kann man üben, indem man die Innentemperatur des Bratens zuerst mit einem Fleischthermometer ermittelt und dann das Ende des Thermometers sofort an die Unterlippe führt. Zarte Fleischstücke, die pochiert werden, wie Rinderfilet für Boeuf à la ficelle, kann man auf die gleiche Weise prüfen. Beim Ermitteln der Innentemperatur eines Bratens ist auch zu berücksichtigen, daß sich diese um etwa 2 bis 3 °C erhöht, während der Braten ruht.

STEAK

- Den Garzustand eines Steaks ermittelt man, indem man das Fleisch anschneidet und seinen Farbton beurteilt. Oder man prüft die Konsi-

66

stenz des Steaks durch Fingerdruck. Bei einem höheren Gargrad läßt sich das Fleisch auch danach beurteilen, wieviel Saft austritt und welche Farbe er hat. Blutig und blau (very rare) gebratenes Fleisch fühlt sich weich und fleischig an und gibt keinen Saft ab. Sobald das Fleisch auf Fingerdruck nur noch leicht nachgibt und sich Perlen von rotem Fleischsafts an der Oberfläche bilden, ist es blutig (rare) bis blutig-rosa (medium-rare). Ein rosa gebratenes Steak bietet auf Fingerdruck leichten Widerstand und zeigt rosa Fleischsaft an der Oberfläche. Ein länger gebratenes Steak fühlt sich fest (medium-well) bis sehr fest (well-done) an und zeigt braunen Saft an der Oberfläche.

GESCHMORTES UND POCHIERTES FLEISCH

• Bei lange geschmortem Fleisch spielt die Temperatur keine Rolle: Das Fleisch erreicht annähernd 90 °C, bevor es weich und mürbe wird. Die sicherste Methode, um den Gargrad von lange geschmortem oder pochiertem Fleisch festzustellen, besteht darin, mit einem Messer oder einer Fleischnadel ins Fleisch zu stechen. Läßt sich das Messer oder die Nadel mühelos einstechen, ist das Fleisch gar. Dennoch wird die Garstufe von Kurzgeschmortem und Pochiertem, z. B. Kalbsbries, anhand von Temperatur oder Konsistenz genau wie bei Steak oder Braten ermittelt.

GEFLÜGEL UND ZUCHTKANINCHEN

• Den Gargrad von Geflügelteilen oder zartem Kaninchen stellt man wie bei einem Steak durch Fingerdruck fest. Hähnchen gart man, bis das Fleisch auf Fingerdruck zurückspringt und sich nicht im geringsten weich oder fleischig anfühlt. Entenbrust sollte blutig (rare) bis blutigrosa (medium-rare) gegart werden, bis zu dem Punkt, wo sich die Entenbrust auf Fingerdruck etwas fester sowie weniger weich und fleischig anfühlt.

FISCH

• Nach einer Faustregel gart man Fisch 7 bis 10 Minuten pro 2 1/2 cm Stärke, aber man kann den Gargrad von Fischsteaks und Filets auch per Fingerdruck feststellen. Während der ersten Minuten des Garens fühlt sich der Fisch weich und fleischig an. Sobald er sich fest anzufühlen beginnt, ist er genau richtig. Thunfisch bildet eine Ausnahme, da er am besten blutig (rare) gegart wird und sich in diesem Stadium fleischig anfühlt.

• Die Garstufe von ganzem Fisch ermittelt man durch Einstechen mit einem Messer in den Rücken entlang der Mittelgräte. Hat das Fleisch sein durchscheinendes Aussehen verloren und läßt es sich von der Mittelgräte abheben, ist der Fisch gar. Man kann auch ein Fleischthermometer in den Rücken eines ganzen Fisches, eines Fischsteaks oder eines Filets stechen. Perfekt gar ist der Fisch, wenn die Innentemperatur bei 58 °C liegt. Thunfisch bildet wieder eine Ausnahme.

FLAN, EIERMILCH UND SOUFFLÉ

• Mitunter ist es schwierig zu sagen, wann ein Flan oder ein Soufflé gar ist. Profis schütteln die Form oder den Topf leicht. Ist die Masse zu dünn und damit noch nicht gar, schwappt sie hin und her oder bildet kleine Wellen an der Oberfläche. Ist die Masse heiß genug, schwappt sie nicht mehr, und kleine Wellen zeigen sich höchstens noch in der Mitte. Der Flan oder die Eiermilch sind fertig, wenn keine Wellen mehr zu sehen sind. Den Gargrad von Soufflé zu beurteilen, ist ebenfalls nicht leicht, da die Soufflémasse von vornherein relativ fest ist. Aber mit etwas Übung erkennt man den richtigen Garpunkt, wenn die Masse innen gerade fest geworden ist. Das Soufflé sofort aus dem Ofen nehmen und hineinstechen. Ist es innen noch zu flüssig – obwohl es im Kernbereich ruhig ein wenig flüssig sein darf – erneut in den Ofen schieben. Solange ein Soufflé nicht übergart wird, ist es überraschend stabil.

Gemüse
und
Obst

Gemüse rösten und backen

Rösten und Backen entzieht dem Gemüse Wasser und konzentriert seinen Geschmack. (Probieren Sie eine gebratene und eine gekochte Möhre, und Sie werden feststellen, wie sehr das Braten den natürlichen Zuckergehalt des Gemüses hervorhebt.) Rösten und Backen eignet sich am besten für Wurzelgemüse, wie Möhren, weiße Rüben, Kartoffeln und Zwiebeln, und für Gemüse, die sehr viel Flüssigkeit enthalten, wie Tomaten und Pilze. Man kann diese weicheren Gemüse auch mit Semmelbröseln panieren, um ihnen ähnlich einem Gratin mehr Konsistenz zu verleihen.

Manchmal wird Wurzelgemüse in der Schale gebacken, z. B. junge Kartoffeln oder rote Bete, die geschält an Flüssigkeit verlieren und austrocknen, sowie sehr junges Gemüse mit dünner und durchaus genießbarer Schale. Meist jedoch brät man geschältes Gemüse. Teilen Sie das Gemüse in Viertel, schneiden Sie es in keilförmige Stücke oder tournieren Sie es. Bestreichen Sie es mit etwas Olivenöl oder Butter, damit es im Ofen nicht austrocknet.

Gemüse läßt sich mit oder ohne weitere Zutaten rösten und backen. In den meisten Fällen wird das Gemüse einfach in den Ofen geschoben und von Zeit zu Zeit gewendet, damit es gleichmäßig bräunt. Besonders lecker wird es, wenn man 10 Minuten vor Ende der Garzeit etwas frisch zubereitete Fleisch- oder Hühnerbrühe angießt. Die Brühe verringert die Ofentemperatur und glaciert das Gemüse.

Hier werden einfach verschiedene Gemüse gebraten. Man kann sie aber genauso gut zusammen mit Fleisch oder Geflügel braten, wie z. B. Lammkeule, Rinderlende oder Brathähnchen. Auf diese Weise nimmt das Gemüse den Geschmack und den Saft des Bratenstücks wunderbar auf.

Verschiedene Wurzelgemüse rösten

1. Gleich große Gemüse garen gleichmäßig: Die Möhren schälen, vom Strunk befreien und in Stücke schneiden (besonders elegant sehen sie aus, wenn man sie tourniert). Die Frühlingszwiebeln putzen und im ganzen belassen (sehr große Zwiebeln vierteln). Die weißen Rüben schälen und vierteln, die geschälten Petersilienwurzeln wie die Möhren schneiden. Das Gemüse in die Bratpfanne mit etwas Olivenöl oder zerlassener Butter geben.

2. Das Gemüse bei 200 °C etwa 20 Minuten anrösten, bis es an der Oberfläche Farbe zu

nehmen beginnt. Dann behutsam wenden und weitere 20 Minuten rösten, bis das Gemüse gleichmäßig gebräunt ist und sich mit einem spitzen Messer leicht einstechen läßt. Nach Belieben Brühe angießen und weitergaren, bis die Flüssigkeit verdampft und das Gemüse mit einer glänzenden Schicht überzogen ist.

Gebackene rote Bete

1. Das Grün bis auf etwa 2 cm wegschneiden. Nicht in das Fruchtfleisch schneiden, da sonst Saft austritt. (Das Grün beiseite legen und kochen.)

2. Die roten Beten einzeln in Alufolie einschlagen, damit sie nicht austrocknen. (Kleinere Knollen können zu mehreren eingeschlagen werden.)

3. Da die roten Beten beim Backen an Feuchtigkeit verlieren, die Knollen nicht wie Kartoffeln direkt auf das Ofengitter legen, sondern auf einem Backblech garen. Große Knollen bei 200 °C etwa 75 Minuten backen, bis sich eine Küchennadel (einfach durch die Folie) ohne Widerstand bis zur Mitte einstechen läßt. Die roten Beten dann auspacken.

Gebackene rote Bete schälen

Rote Bete läßt sich am leichtesten schälen, wenn sie noch heiß ist. Die Knolle in einem Küchentuch halten, dabei die Stiele wegschneiden und die Haut in Streifen abziehen.

Tips und Anmerkungen

- Wurzelgemüse und die meisten anderen Gemüse im ganzen oder geschnitten bei 200 °C rösten oder backen. Wasserreiches Gemüse, wie Pilze und Tomaten, bei etwa 180 °C backen, denn bei höherer Temperatur könnte die austretende Flüssigkeit verbrennen. Nimmt ein Gemüse Farbe, bevor es im Kern gar ist, die Temperatur herunterschalten.

- Rote Bete vor dem Backen in Alufolie einschlagen, damit sie nicht austrocknet. Süßkartoffeln, Yamswurzeln oder Kartoffeln nicht in Alufolie packen, wenn die Haut trocken und knusprig und das Fruchtfleisch lockerer werden soll, da es an Feuchtigkeit verliert.

- Die Bratpfanne sollte gerade groß genug sein, um das Gemüse in einer Schicht aufzunehmen. Ist sie zu groß, kann die aus dem Gemüse ausgetretene Flüssigkeit leicht verbrennen. Ist sie aber zu klein, könnte das Gemüse im eigenen Saft nur vor sich hin köcheln.

- Um geschnittenes Gemüse zusammen mit Fleisch oder Geflügel zu braten, eine ausreichend große Bratpfanne nehmen. Trotz unterschiedlicher Garzeiten sollte alles gleichzeitig fertig sein. Da das Gemüse den Braten teilweise von der Hitze isoliert, verlängert sich unter Umständen die Garzeit des Fleisches, und der Braten nimmt nur langsam Farbe. Das Fleisch während des Bratens öfter wenden, damit es gleichmäßig braun wird. Das Gemüse nimmt den austretenden Bratensaft und das Aroma des Fleisches auf.

Gebackene Tomaten mit Knoblauch und Basilikum

Viele Rezepte für gebackene Tomaten empfehlen eine relativ hohe Temperatur und eine kurze Garzeit. Sanfte Hitzezufuhr und langes Garen intensivieren jedoch gerade den Eigengeschmack der Tomaten. Reichen Sie sie zu gebratenem oder gegrilltem Fleisch oder Geflügel.

1. Ungeschälte, entkernte Tomatenhälften mit der Schnittfläche nach oben in eine geölte Auflaufform legen, die gerade groß genug ist, um alle Tomatenhälften in einer Schicht aufzunehmen. Die Tomaten mit feingehacktem Knoblauch, Basilikum, Petersilie und frischen Semmelbröseln füllen.

2. Kaltgepreßtes Olivenöl in die Kammern der Tomaten träufeln. Bei 180 °C eine Stunde oder länger backen, bis die Tomaten zu schrumpfen beginnen und alle Flüssigkeit am Boden der Form verdampft ist.

Gemüse gratinieren

Bei einem Gratin kann man verschiedene Gemüse kombinieren und unter einer goldbraunen Kruste backen. Wurzelgemüse gart in einer Mischung aus Käse, Sahne und Milch, die über dem Gemüse zu einer dicken, reichhaltigen Sauce eingekocht wird. Kartoffeln schmecken auf diese Art zubereitet besonders lecker, weil sie herrlich mit Sahne und Käse harmonieren und ihre Stärke die Sauce eindickt. Weiße Rüben (auch Navets genannt) und Sellerie passen gut zu Kartoffeln, die das Gratin zusammenhalten und den intensiveren Geschmack der anderen Gemüse etwas abschwächen. Petersilienwurzeln kann man gut allein zubereiten. Sie haben ebenfalls einen hohen Stärkegehalt und schmecken milder als weiße Rüben und Sellerieknollen.

Sehr wasserhaltige Gemüse wie Zucchini, Sommerkürbisse, Auberginen und Pilze sollten ihre Flüssigkeit beim Garen weitgehend abgeben, damit sich ihr Geschmack konzentriert. Für ein Zucchinigratin werden die Zucchinischeiben zuerst sautiert und dann mit gekochter Tomatensauce (Coulis) und Käse lagenweise übereinandergeschichtet.

Kartoffelgratin

1. In eine Gratinpfanne einen dünnen Spiegel aus Milch und Sahne gießen, mit Salz, Pfeffer und Muskat würzen. Eine Schicht Kartoffelscheiben einlegen. Die Mischung auf dem Herd erhitzen, bis sie zu köcheln beginnt. (Zum Erhitzen von Formen aus Keramik oder ofenfestem Glas sogenannte Hitzedämpfer verwenden.)
2. Abwechselnd Kartoffeln und geriebenen Käse lagenweise übereinanderschichten, dazwischen Sahnemischung gießen. Mit Käse abschließen, mit Salz, Pfeffer, Muskat abschmecken.
3. Bei 190 °C backen, bis die Kartoffeln weich sind und eine goldbraune Kruste entsteht.

- Bei Gratins mit Wurzelgemüse gerade genug Flüssigkeit zufügen, daß bei leichtem Druck auf das Gemüse die oberste Schicht knapp bedeckt ist. Milch und Sahne nach Belieben mischen. Die Verwendung von sehr wenig Sahne kann dazu führen, daß die Milch gerinnt und dem Gratin eine eher körnige Konsistenz verleiht. Halb Milch, halb Sahne ist ein guter Kompromiß: Das Gratin wird cremig, aber nicht zu schwer. Für ein kalorienarmes Gratin am besten Brühe statt Milch und Sahne nehmen.

- Je dünner und flächiger das Gratin, desto karamelisierter und knuspriger wird die Kruste (und darum geht es ja beim Gratin).

- Je saftiger das Gemüse, um so dünner sollte das Gratin sein, damit die Flüssigkeit von Zutaten wie z.B. Zucchini besser verdampfen kann. Dadurch wird der Geschmack des Gemüses intensiver. Gratins mit Wurzelgemüse dürfen etwas dicker sein. Faustregel: Zu Beginn sollte das Gratin etwa 2 bis 3 cm dick sein.

- Backen Sie das Gratin bei 190 °C.

- Das Gratin ist gar, wenn es nicht mehr dickflüssig und die Oberfläche goldbraun karamelisiert ist. Die Hitze im Ofen prüfen: Nimmt die Oberfläche zu schnell Farbe, die Temperatur verringern. Wirft die Flüssigkeit keine Blasen oder sitzt das Gemüse im eigenen Saft, die Temperatur heraufschalten.

Zucchinigratin

1. Den Boden einer Gratinform mit gekochter Tomatensauce (Coulis) bedecken.
2. Eine Schicht sautierte Zucchinischeiben in überlappenden Reihen darüber verteilen und mit geriebenem Käse bestreuen.
3. Weitere Zucchinischeiben übereinanderschichten, dabei jede Lage mit Coulis bedecken und mit geriebenem Käse bestreuen.
4. Bei 190 °C im Ofen goldbraun überbacken.

Siehe auch
Gekochte Tomatensauce,
  Seite 50
Gemüse sautieren, Seite 89

Im Glossar
Backen
Gratin
Reduzieren
Sautieren

Gemüse schmoren

Wenngleich kurz gegartes, glänzend grünes Gemüse überaus beliebt ist, entwickeln einige Sorten wie Wirsing, grüne Bohnen, Brokkoli, Grünkohl oder Mangold tatsächlich mehr Geschmack, wenn man sie zugedeckt langsam gart oder schmort. Sie verlieren dadurch zwar etwas von ihrer glänzenden grünen Farbe, aber dies wird durch ein intensiveres Aroma mehr als aufgewogen, besonders wenn man Zutaten wie Knoblauch, scharfe Chillies und Speck zufügt.

Tips und Anmerkungen

• Das Gemüse mit ausreichend Wasser oder Brühe ansetzen, so daß es etwa zu einem Viertel bedeckt ist. Das genügt gerade zum Garen. Zudem wird der Eigengeschmack des Gemüses dadurch bewahrt.

• Auf die Hitzezufuhr achten: Die Flüssigkeit sollte immer leicht köcheln. Prüfen Sie, wieviel Dampf während des Garens entweicht. Ist alle Flüssigkeit verdampft – und nicht vorher –, sollte das Gemüse gar sein. Verdampft die Flüssigkeit zu schnell, die Temperatur verringern oder soviel Flüssigkeit wie nötig zufügen. Verdampft zu wenig, die Temperatur heraufschalten und/oder den Deckel abnehmen.

• Das Gemüse ist gar, wenn die Flüssigkeit vollständig verdampft und das Gemüse weich ist.

Siehe auch
Wurzelgemüse glacieren,
  Seite 76
Geflügelfond, Seite 30
Sardellen filetieren, Seite 236
Paprikaschoten in Juliennes
  schneiden, Seite 13

Im Glossar
Glacieren
Schmoren

Geschmorter Brokkoli

1. Die Stiele von den Röschen trennen und schälen.

2. Die Stiele längs vierteln, übereinanderlegen und quer in Stücke schneiden.

3. Gehackten Knoblauch in kaltgepreßtem Olivenöl bei schwacher Hitze andünsten. Die Brokkolistücke und -röschen zufügen und mischen. Ausreichend Wasser oder Brühe zufügen, so daß das Gemüse etwa zu einem Viertel mit Flüssigkeit bedeckt ist.

4. Zudecken und bei mittlerer Hitze etwa 30 Minuten köcheln lassen, dabei alle 5 Minuten rühren und die Flüssigkeitsmenge kontrollieren; bei Bedarf etwas angießen. Ist nach 30 Minuten noch Flüssigkeit in der Pfanne, ohne Deckel weitere 10 Minuten köcheln lassen, bis alles verdampft ist.

5. Geschmorter Brokkoli, auf Toast serviert oder mit Anchovisfilets und Streifen von gegrillter Paprika garniert, ergibt eine köstliche Bruschetta (italienische Vorspeise).

Wurzelgemüse glacieren

Wurzelgemüse wird oft mit einer speziellen Technik gegart, dem sogenannten Glacieren. Dabei gart man das Gemüse in wenig Flüssigkeit und meist mit einer winzigen Menge an Butter oder Zucker in einem teilweise zugedeckten Topf. Häufig nimmt man zum Abdecken ein rund zugeschnittenes Stück Pergamentpapier oder Alufolie, direkt auf das Gemüse gelegt. Beginnt dieses zu kochen, gibt es seinen schmackhaften Saft an die Schmorflüssigkeit ab (in der Regel Wasser oder Brühe). Während des Garens dickt die Flüssigkeit ein, und sobald das Gemüse weich ist, überzieht es sich mit einer glänzenden, aromatischen Glasur.

Wurzelgemüse, hier Perlzwiebeln, kann man weiß oder braun glacieren. (Meist werden nur Perlzwiebeln braun glaciert, tatsächlich geht es aber mit jedem Wurzelgemüse.) Weiß glacierte Zwiebeln werden lange genug gekocht, damit die Flüssigkeit verdampfen kann. Braun glacierte Zwiebeln gart man etwas länger, bis die Glasur am Topfboden leicht karamelisiert und bräunt. Dann wird wenig Wasser oder Brühe zugefügt, um die karamelisierte Garflüssigkeit zu lösen und die Zwiebeln damit zu glacieren. Anstelle von Wasser oder Brühe kann man den Fond auch mit Sahne ablöschen.

Tips und Anmerkungen

Für das Glacieren von Wurzelgemüse sind das richtige Timing und die richtige Temperatur ausschlaggebend. Bei zu starker Hitzezufuhr oder zu wenig Flüssigkeit verdampft diese, bevor das Gemüse gar ist. In dem Fall mehr Flüssigkeit angießen und die Temperatur verringern. Bei zu viel Flüssigkeit oder zu schwacher Hitze übergart das Gemüse, bevor die Flüssigkeit zu glacieren beginnt. Wenn das Gemüse fast gar ist, die Hitze heraufschalten und Deckel, Backpapier oder Alufolie entfernen, damit die Flüssigkeit verdampfen kann.

Siehe auch
Perlzwiebeln schälen, Seite 5
Gebratenes Gemüse glacieren, Seite 70

Im Glossar
Backpapier und Alufolie zum Abdecken
Glacieren
Schmoren

Braun glacierte Perlzwiebeln

1. Geschälte Zwiebeln nebeneinander in eine Stielkasserolle legen. Ein Stück Butter zugeben und so viel Wasser oder Brühe angießen, daß sie etwa halb bedeckt sind. Mit rund ausgeschnittenem Pergamentpapier oder Alufolie abdecken.

2. Köcheln lassen, bis sich das Fruchtfleisch leicht mit einem Messer einstechen läßt und die Flüssigkeit verdampft und zu einer braunen Glasur geworden ist. Mit wenig Wasser ablöschen und die Glasur am Boden der Kasserolle lösen.

3. Die Flüssigkeit so weit einkochen, daß die Zwiebeln damit glaciert werden.

Gemüse fritieren

Beim Fritieren wird das Gemüse sehr stark erhitzt, es gerät außen knusprig und innen saftig. Wasserreiche Gemüse, wie Zucchini, Auberginen und Pilze, sollten in Semmelbröseln gewendet oder in einen leichten Backteig gehüllt werden, damit sie nicht zuviel Öl aufnehmen. Kartoffeln kann man ohne Backteig oder Hülle fritieren, da sie weniger Wasser enthalten und gut Farbe nehmen.

Auf den nächsten Seiten finden Sie Beispiele für beide Arten von Teigmantel: einen Teigmantel aus Semmelbröseln und einen leichteren Backteig aus Mehl und kohlensäurehaltigem Mineralwasser (oder Wasser). Ersterer ergibt eine sehr feste Kruste, und weil er gut Flüssigkeit aufnehmen kann, eignet er sich für besonders wasserreiche Gemüse wie Tomaten. Flüssige Teige, z. B. aus Mehl und Mineralwasser, umhüllen das Gemüse mit einer knusprigleckeren Kruste. Tempura-Backteig (Seite 122) ergibt eine schmackhafte, aber etwas weichere Kruste als Backteig aus Mehl und Mineralwasser und eignet sich speziell für Gemüse wie Pilze und Tomaten. Da Tempura-Backteig sehr fest ist, nimmt das Gemüse auch nur sehr wenig Fett auf.

3. Die Scheiben während des Backens voneinander trennen, am besten mit einer Küchenzange.
4. Aus dem heißen Fett nehmen, wenn sie gerade begonnen haben, Farbe zu nehmen, und knusprig sind. Auf Küchenkrepp abtropfen lassen.

Fritierte Zucchinischeiben

Wenden Sie diese Methode auch für dünn geschnittene Scheiben von Auberginen, Fenchel, Pilzen und Okraschoten an.

1. Zucchini in dünne Scheiben schneiden und diese nacheinander in Backteig aus Mehl und (kohlensäurehaltigem Mineral-)Wasser gleiten lassen (siehe Seite 78).
2. Die Scheiben auf eine Drahtkelle, einen Schaumlöffel oder in einen Fritierkorb legen und in 180 °C heißes Fett tauchen.

Leichte Backteige

Durch Mischen von Mehl und Wasser erhält man einen guten Allzweck-Backteig zum Fritieren, der eine leichte Kruste ergibt. Kohlensäure macht den Teig noch lockerer und schmackhafter. Rühren Sie nur so lange, bis die Flüssigkeit in das Mehl eingearbeitet und der Teig glatt ist. Zu langes Rühren setzt das Klebereiweiß (Gluten) im Mehl frei, wodurch sich der Teig beim Fritieren zusammenzieht und das Gemüse nicht mehr vollständig umhüllt.

Rühren Sie nur so viel Flüssigkeit in das Mehl, daß ein dicker, glatter Teig entsteht. (Fügt man anfangs zu viel Wasser zu, lösen sich Klümpchen nur mehr schwer auf.) Lassen Sie diesen Vorteig bei Zimmertemperatur mindestens 1 bis 2 Stunden stehen, damit sich das Klebereiweiß im Teig entspannen kann. Rühren Sie kurz vor dem Fritieren vorsichtig kohlensäurehaltiges Mineralwasser unter den Teig, bis er die Konsistenz einer dickflüssigen Vanillesauce besitzt. Backteig mit Kohlensäure muß sofort verbraucht werden, da sich die Kohlensäure schnell auflöst.

Tips und Anmerkungen

- Die meisten Gemüse werden bei 180 °C fritiert.
- Zum Fritieren Oliven- oder Pflanzenöl nehmen statt kaltgepreßtem Olivenöl, das schneller verbrennt.
- Zum Eintauchen des Gemüses am besten Drahtkelle, Fritierkorb oder Schaumlöffel verwenden, um Spritzer von heißem Fett zu vermeiden.
- Speisen ohne Teigmantel oder mit einem leichten Backteig als Hülle nur so lange fritieren, bis sie eine blaßgelbe Farbe haben, da sie sonst an Aroma verlieren. Mit Semmelbröseln panierte Nahrungsmittel fritieren, bis sie goldbraun sind.

Backteig aus Mehl und Mineralwasser

Diesen Teig kann man auch mit stillem statt mit kohlensäurehaltigem Mineralwasser zubereiten, nur wird dann die Teighülle nicht ganz so locker.
1. Das Mineralwasser mit einem Schneebesen in einer kleinen Schüssel unter das Mehl rühren. Mit wenig Wasser zu einem dicken, glatten Teig mischen. Diesen Vorteig 1 bis 2 Stunden ruhen lassen.
2. Kurz vor dem Fritieren Wasser unterrühren, bis ein glatter Teig entsteht, der an dickflüssige Vanillesauce erinnert.

Fritierte Tomaten

Wählen Sie relativ feste Tomaten. Die Tomaten ungeschält
in etwa ½ cm dicke Scheiben
schneiden. Aus jeder Scheibe
die Kerne entfernen.

1. Die Scheiben beidseitig in
Mehl wenden und überschüssiges Mehl sacht abklopfen.

2. Die Tomaten durch verquirltes Ei ziehen, das mit Salz und
Pfeffer gewürzt wurde. Darauf
achten, daß die Scheiben auf
beiden Seiten vollständig mit
Ei bedeckt sind.

3. Die Scheiben beidseitig mit
Semmelbröseln panieren.

4. Die Tomatenscheiben auf
einer Drahtkelle oder in einem
Fritierkorb verteilen und vorsichtig in 180 °C heißes Oliven-
oder Pflanzenöl tauchen.

5. Die Tomaten etwa 3 Minuten fritieren, bis sie goldbraun
sind.

6. Die Scheiben mit der
Drahtkelle oder dem Fritierkorb aus dem heißen Fett
heben und auf Küchenkrepp
abtropfen lassen. Mit Salz bestreuen und sofort servieren.

Siehe auch

Frische Semmelbrösel,
    Seite 164
Panierte Hähnchenbrustfilets,
    Seite 162
Tempura-Backteig, Seite 122
Kartoffelchips und Pommes
    frites, Seite 80

Im Glossar

Drahtkelle
Fritieren
Gluten
Panieren

Kartoffelchips und Pommes frites

Kartoffeln eignen sich besonders gut zum Fritieren. Schneidet man sie dick, werden sie außen knusprig und innen weich, fast wie Kartoffelpüree. Schneidet man sie dünn, werden sie zu knusprigen, köstlichen Kartoffelchips. Am beliebtesten sind Pommes frites, dünnere Strohkartoffeln und Kartoffelchips. Fritiert werden sie im Grunde alle auf die gleiche Weise, nur Strohkartoffeln und Chips garen einfach in heißem Fett, während die dickeren Pommes frites zweimal fritiert werden müssen – zuerst bei mittlerer Hitze, wobei sie garen, ohne Farbe zu nehmen. Anschließend werden sie in noch heißerem Fett fritiert und erhalten dabei ihre goldbraune, knusprige Kruste. (Das zweifache Fritieren ist auch deshalb nötig, da Öl, das ausreichend heiß ist, um die Kartoffeln zu bräunen, rohe Kartoffeln zu schnell zu dunkel werden läßt, bevor sie überhaupt gar sind.)

Kartoffelchips

Kartoffelchips werden wie Strohkartoffeln nur einmal fritiert (siehe Seite 81). Glatte Scheiben bereitet man auf die gleiche Weise zu wie die hier gezeigten Kartoffelwaffeln.

1. Die Kartoffeln mit der gewellten Klinge der Mandoline in dünne Scheiben schneiden (für Chips die flache Klinge der Mandoline oder einen Gemüsehobel verwenden). Nach jedem Schnitt die Kartoffel um 90 Grad drehen. Die Klinge so einstellen, daß die kleinen Löcher den Durchmesser einer Stecknadel haben.

2. Die Kartoffelscheiben auf eine Drahtkelle oder in einen Fritierkorb legen.

3. Die Kartoffeln in 180 °C heißes Fett tauchen und etwa 4 Minuten backen, bis sie goldbraun sind. Aus dem Fett heben und auf Küchenkrepp abtropfen lassen. Mit Salz bestreuen.

Strohkartoffeln: einfaches Fritieren

Strohkartoffeln werden nur einmal fritiert.

1. Mit der Julienne-Klinge der Mandoline die Kartoffeln in 3 bis 4 mm dicke Streifen schneiden oder die Kartoffeln mit der Hand in Juliennes schneiden (siehe Kasten Seite 82).

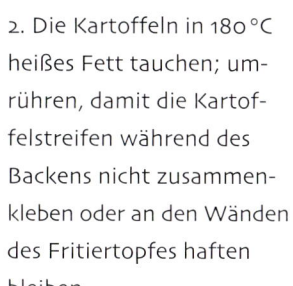

2. Die Kartoffeln in 180 °C heißes Fett tauchen; umrühren, damit die Kartoffelstreifen während des Backens nicht zusammenkleben oder an den Wänden des Fritiertopfes haften bleiben.

3. Wenn die Kartoffeln nach 3 bis 4 Minuten goldbraun sind, die Streifen aus dem Fett nehmen und auf Küchenkrepp abtropfen lassen. Zum Schluß mit Salz bestreuen.

Tips und Anmerkungen

• Die Julienne-Klinge der Mandoline ist ideal für die Herstellung von Strohkartoffeln. Genauso gut können Sie die Kartoffeln aber mit einem Gemüsehobel schneiden und die Scheiben dann von Hand in dünne Streifen schneiden.

• Eine Friteuse eignet sich besonders gut für die Zubereitung von Kartoffelchips und kleinen Mengen Strohkartoffeln oder Pommes frites, da sich mit Hilfe des Thermostats die Temperatur einfach regulieren läßt.

• Für Kartoffelwaffeln benötigen Sie eine Mandoline (siehe Seite 80). Für flach geschnittene Chips genügt ein Gemüsehobel.

• Haben Strohkartoffeln oder Kartoffelchips beim Backen zwar Farbe genommen, sind aber beim Herausnehmen dennoch zu weich, verringern Sie die Temperatur des Öls, um die Fritierzeit zu verlängern. Dadurch kann die Flüssigkeit der Kartoffeln besser verdampfen und die Kartoffeln werden knuspriger.

• Für einfaches Fritieren das Fett auf 180 °C erhitzen. Für zweifaches Fritieren die Kartoffeln zuerst bei 160 °C und ein zweites Mal bei 180 °C backen.

• Für Pommes frites und Strohkartoffeln empfehlen sich überwiegend festkochende Kartoffeln. Auch andere Wurzelgemüse ergeben wunderbare Chips.

Siehe auch

Gemüse in Juliennes schneiden, Seite 13

Im Glossar

Drahtkelle

Fritieren

Gemüsehobel

Pommes frites: zweifaches Fritieren

Die Pommes frites auf den Abbildungen sind 4 bis 6 mm dick und werden in zwei Etappen gegart.

1. Die Seiten und Enden der geschälten Kartoffeln wegschneiden, damit die Pommes frites gleich lang und schön gleichmäßig geschnitten werden können (nach Belieben).

2. Die Kartoffeln in Scheiben von 4 bis 6 mm Dicke schneiden – hier mit einer Mandoline. Geben Sie acht auf Ihre Finger; schneiden Sie kleine Stücke nur mit dem Gemüsehalter fertig!

3. Die Scheiben mit einem großen Küchenmesser in je 4 bis 6 dicke Pommes frites schneiden (alle vier Seiten sollten gleich stark sein).

4. Die Pommes frites mit einer Drahtkelle oder einem Fritierkorb in 160 °C heißes Fett tauchen.

5. Die Kartoffeln etwa 5 Minuten fritieren, dabei anfangs ein- bis zweimal rühren, damit sie nicht zusammenkleben. Werden die Pommes frites zu schnell braun, die Temperatur etwas verringern.

6. Die Pommes frites aus dem Fett heben (sie sollten keine Farbe genommen haben) und eine zwischen die Finger nehmen. Sie sollte sich leicht zerdrücken lassen und im Kern weich wie Püree sein. Eventuell noch kurz ins heiße Fett geben.

7. Das Öl auf 180 °C erhitzen (für eine größere Menge am besten einen Topf mit sehr heißem und einen weiteren mit weniger heißem Fett verwenden). Die Pommes frites darin in 3 bis 4 Minuten goldbraun backen.

8. Die Kartoffeln aus dem heißen Fett nehmen, auf einem mit Küchenkrepp ausgelegten Blech verteilen und salzen.

Gemüse grillen

Grillen verleiht Gemüse einen leicht rauchigen Geschmack. Es erfordert keine große Vorbereitung und läßt sich sehr gut draußen machen. Pilze und andere kleine Gemüsesorten können im ganzen gegrillt werden. Größere Sorten müssen vorher geteilt oder in Spalten geschnitten werden. Alle Gemüse bestreicht man erst leicht mit Olivenöl, wodurch sie mehr Aroma bekommen und besser bräunen. So trocknet das Gemüse weniger schnell aus und haftet nicht am Rost. Gegrilltes Gemüse wird meist als Beilage zu Grillfleisch gereicht. Ebenso gut kann man es mit aromatisiertem oder einfachem Olivenöl anmachen und als Vorspeise servieren. Kann man nicht im Freien grillen, gart man das Gemüse ersatzweise in einer Grillpfanne auf dem Herd.

Gegrillte Zucchini- oder Kürbisstreifen

Zucchini und große Kürbisstücke längs in dünne Streifen schneiden (am besten mit einem Gemüsehobel). So kann man sie leichter wenden und sie fallen nicht durch den Rost. Das Gemüse mit Olivenöl bestreichen und mit Kräutern wie Thymian oder Majoran würzen.

Die Streifen bei starker Hitze in einer Grillpfanne oder auf dem Gartengrill garen. Etwa 5 Minuten von jeder Seite grillen, bis sie gut gebräunt sind.

Verschiedene Grillgemüse

1. Große Gemüsesorten in Scheiben oder Spalten schneiden. Größere Pilzköpfe kann man im ganzen belassen.
2. Die Stücke vor und während des Grillens mit Olivenöl bestreichen, damit sie nicht am Grill haften oder austrocknen. Grillen, bis sie weich sind.
3. Die Gemüsestücke kurz vor dem Servieren nach Belieben mit Kräuteröl oder mit einem Olivenöl, das frische gehackte Kräuter enthält, bestreichen.

Gegrillte Lauch-zwiebeln

Lauch- oder Frühlingszwiebeln, auch Babylauch genannt, sind gegrillt besonders schmackhaft.

1. Die Lauchzwiebeln 10 bis 15 Minuten grillen, bis sie an der Außenseite leicht verbrannt und innen weich sind.

2. Hier werden die gegrillten Lauchzwiebeln mit Öl, das mit Basilikum und getrockneten Steinpilzen aromatisiert wurde, angemacht (siehe rechts).

Tips und Anmerkungen

• Feste, langsam garende Gemüse wie Fenchel oder Kartoffeln dünn schneiden, damit die Hitze in den Kernbereich vordringen kann, bevor das Gemüse übergart und außen verbrennt. Man kann die Stücke auch vorkochen und anschließend gerade so lange grillen, bis sie vollständig durcherhitzt sind. Diese Methode eignet sich besonders, wenn nur wenig Platz auf dem Rost ist und gleichzeitig Fleisch oder Fisch zubereitet werden soll.

• Feste Salatköpfe, wie runden und länglichen Radicchio, Chicorée oder Endivie längs halbieren.

• Große Pilze oder Pilzköpfe, z.B. von Steinpilzen, können im ganzen gegrillt werden. Andere Pilze, kleine Gemüse, wie Silberzwiebeln, und kleinere Gemüsestücke spießt man am besten auf parallele Spieße. So lassen sie sich einfacher wenden und fallen nicht durch den Rost.

• Das Gemüse mit Olivenöl bestreichen und mit Salz und Pfeffer würzen. Beginnt die Oberfläche (z.B. von Auberginen) während des Grillens auszutrocknen, mit etwas Olivenöl bestreichen.

• Gegrilltes Gemüse läßt sich auf vier Arten mit Kräutern aromatisieren: Gehackte frische oder getrocknete Kräuter wie Thymian, Majoran, Bohnenkraut und Oregano vor dem Grillen über das rohe Gemüse streuen. Gehackte frische Kräuter wie Basilikum, Estragon, Schnittlauch, Petersilie und Kerbel mit ausreichend Olivenöl mischen und das Gemüse erst kurz vor dem Servieren damit bestreichen. Während des Grillens das Gemüse mit einem Kräuterpinsel aus getrocknetem Thymian, Rosmarin, Bohnenkraut oder Salbei mit Olivenöl bestreichen. Oder ein tropfnasses Bund getrockneter Kräuter wie Thymian oder Rosmarin auf die glühenden Kohlen legen, so daß der entstehende Rauch das Gemüse aromatisiert.

• Das Gemüse ist gar, wenn es leicht gebräunt ist oder deutliche Grillspuren zeigt und weich ist. Nimmt das Gemüse zu schnell Farbe an, an eine weniger heiße Stelle legen.

Gegrillte Gemüse-Spieße

Servieren Sie Ihren Gästen ganze Spieße oder streifen Sie die gegarten Gemüse von den Spießen ab und richten Sie sie mit weiteren gegrillte Zutaten oder separat auf Tellern oder einer Servierplatte an.

1. Die vorbereiteten Gemüse-stücke auf zwei Spieße zugleich aufspießen, damit sie sich einfacher wenden lassen. Bei der Verwendung von Holzspießen, die Enden in Alufolie einschlagen, damit sie nicht verbrennen. Darauf achten, daß die Stücke dicht zusammengeschoben sind, damit die Spieße nicht verkohlen.

2. Die Spieße etwa 20 cm über den glühenden Kohlen auf den Grillrost legen. Das Gemüse während des Grillens mit etwas Olivenöl bestreichen. Auf der Abbildung rechts dient zum Bestreichen ein Bund getrockneter Thymian, der zusätzliches Aroma verleiht.

Siehe auch
Öl mit getrocknetem Basilikum und Steinpilzen, Seiten 39 und 40

Im Glossar
Gemüsehobel
Grill

Gemüse dämpfen und kochen

Beim Dämpfen werden die Nährstoffe des Gemüses nicht in die umgebende Flüssigkeit abgegeben wie beim Kochen oder Pochieren. Es ist zudem eine sehr schonende Garmethode, so daß auch empfindliche Gemüsesorten, die durch die Bewegungen des aufwallenden Wassers beschädigt werden könnten, ihre Form behalten.

Dämpfgeräte

Dämpfen ist einfach. Die Flüssigkeit, meist Wasser, Brühe (Court bouillon) oder auch Wein, wird schnell zum Kochen gebracht. Dann stellt man das zu dämpfende Gemüse über die kochende Flüssigkeit und deckt den Topf zu.

Im Handel gibt es verschiedene Dämpftöpfe und -einsätze.

• Sehr preisgünstig sind kreisförmige Dämpfeinsätze mit perforierten, beweglichen Metallblättern. Der Einsatz wird einfach in einen Topf mit etwas Flüssigkeit gedrückt, so daß die Enden der Metall-

blätter mit der Topfwand abschließen. Diese Dämpfeinsätze eignen sich besonders für Blattgemüse, kleinere Mengen an grünem oder Wurzelgemüse.

• Ein weiteres Dämpfgerät, das sich gut für größere Mengen eignet,

sieht aus wie ein perforierter Eimer. Es besitzt kleine Füße, die den Einsatz etwa 2 1/2 cm hoch über den Topfboden halten, damit die Flüssigkeit nicht mit dem Gemüse in Berührung kommt. Flüssigkeit 1 bis 1 1/2 cm hoch in einem Topf zum Kochen bringen, das rohe Gemüse im Einsatz verteilen, diesen in den Topf stellen und zudecken (siehe Seite 87).

• Chinesische Bambuskörbchen sind günstig und einfach zu gebrauchen. Sie sehen aus wie Trommeln mit dünnen Leisten, die von einem starken Holz-

ring mit gut schließendem Deckel gehalten werden. Ein Vorteil dieser Einsätze ist, daß man sie während des Garens übereinander

stapeln und größere Mengen oder verschiedene Lebensmittel zugleich dämpfen kann. Erst werden die Körbchen mit langsamer, später die mit schneller garenden Zutaten eingesetzt. Chinesische Bambuskörbchen wurden ursprünglich für den Wok konzipiert, aber mit einem Topf erzielt man ebenso gute Ergebnisse. Achten Sie darauf, daß der Dampf im Topf frei zirkulieren kann.

Grünes Gemüse dämpfen

1. Einen Topf, groß genug für den Dämpfeinsatz, etwa 2 ½ cm hoch mit Wasser füllen. Das Wasser zum Kochen bringen, dann auf mittlere Hitze zurückschalten. Inzwischen das vorbereitete Gemüse (hier Spinat) in den Einsatz legen und diesen in den Topf mit dem kochenden Wasser stellen. Zugedeckt 1 Minute dämpfen.

2. Vom Herd nehmen, den Deckel abnehmen, den Dampf etwas abziehen lassen und den Einsatz aus dem Topf nehmen. Den Spinat sofort weiterverwenden oder mit kaltem Wasser abbrausen bzw. in einer Schüssel mit Eiswasser abschrecken (siehe oben rechts).

3. Überschüssiges Wasser aus dem Spinat drücken.

Grünes Gemüse kochen

Grünes Gemüse schmeckt gedämpft ausgezeichnet, aber oft wird es doch gekocht, weil die Garzeit kürzer ist und die glänzende grüne Farbe eher erhalten bleibt. Grünes Gemüse im offenen Topf in reichlich Salzwasser kochen. Wird das Gemüse nicht gleich serviert, schreckt man es unter fließendem kalten Wasser ab oder taucht es in Eiswasser.

1. Das vorbereitete Gemüse (hier Spinat) in einen großen Topf mit kochendem Salzwasser geben und mit einem großen Kochlöffel unterrühren.
2. Sobald der Spinat nach etwa 30 Sekunden eingefallen ist, in einem Sieb abtropfen lassen und unter fließendem kalten Wasser abschrecken oder in eine Schüssel mit Eiswasser tauchen.
4. Überschüssiges Wasser vorsichtig ausdrücken. Gekochter Spinat wird durch schonendes Andünsten in Butter oder Olivenöl oder mit Sahne wieder erhitzt.

Siehe auch

Gemüse schmoren, Seite 75
Blätter entstielen, Seite 8

Im Glossar

Dämpfen
Kochen
Pochieren

Rahmspinat (und anderes Blattgemüse)

Gekochtes grünes Gemüse wird entweder pur oder mit etwas eingekochter Sahne serviert. (Rahmspinat schmeckt besonders gut, wenn man ihn nur blanchiert und mit sehr wenig Sahne zubereitet.) Damit die Sahne nicht durch überschüssige Flüssigkeit verlängert wird und auf dem Teller verläuft, muß das Gemüse vorher gut abgetropft sein. Die Sahne wird eingekocht, bis sie sehr dick ist, beinahe gerinnt und ölig wird. Die Feuchtigkeit des Gemüses verlängert die eingekochte Sahne wieder etwas.

1. Etwa 2 Eßlöffel Sahne in einem schweren Topf dicklich einkochen. Mit Salz und Pfeffer würzen.
2. Eine Handvoll ausgedrückten, gekochten oder gedämpften und abgeschreckten Spinat (oder anderes Blattgemüse) zufügen und kurz erhitzen, mit einem Holzlöffel durchrühren.

Gemüse sautieren

Sautieren bedeutet Garen bei sehr starker Hitze. Durch Verdampfen der Flüssigkeit und Karamelisieren des Gemüses wird dessen Geschmack konzentriert. Außen aromatisch und innen weich, erhält das Gemüse durch Zugabe von Fett – Butter, Öl oder Schmalz – eine zusätzliche geschmackliche Note.

Kleinere Gemüse oder Gemüsestücke werden in einer großen Pfanne kurzgebraten und durch Schwenken der Pfanne gewendet – mit etwas Routine fällt dies ganz leicht (das Schwenken getrockneter Bohnenkerne ist eine gute Übung). Zudem ist diese Methode schonender als vorsichtiges Rühren, denn dabei können manche Gemüsesorten zerdrückt werden. Gemüsestücke, die zu groß zum Schwenken sind, wie Kartoffeln, Zucchinischeiben oder Auberginen, werden in einer Schicht sautiert, bis sie gebräunt sind, und dann mit einem Spatel oder einer Küchenzange gewendet. Wasserhaltige Gemüse, z. B. Tomatenscheiben, kann man vor dem Sautieren in Mehl wenden oder panieren. Der Teigmantel absorbiert während des Kurzbratens die vom Gemüse abgegebene Flüssigkeit und wird braun. Er verleiht mehr Geschmack und verhindert, daß das Gemüse zu viel Fett aufnimmt.

1. Die geschälten Kartoffeln in einem Topf vollständig mit kaltem Wasser bedecken. Bei niedriger bis mittlerer Temperatur erhitzen, so daß die Kartoffeln nach 15 Minuten zu köcheln beginnen. Mit einem Schaumlöffel herausnehmen oder in ein Sieb abgießen.
2. Die Kartoffeln in einer gußeisernen Pfanne in Pflanzenöl bei mittlerer Hitze sautieren, bis sie etwas Farbe genommen haben. Einige Butterflocken zufügen und die Kartoffeln etwa 15 Minuten bei 180 °C im Ofen braten, bis sie gut gebräunt sind und sich mit einem Messer leicht einstechen lassen.

Sautierte Kartoffelscheiben

1. Geschälte Kartoffeln in etwa ½ cm dicke Scheiben schneiden. Die Kartoffelscheiben mit kaltem Wasser abspülen, um einen Teil der Stärke zu entfernen. Auf einem sauberen Küchentuch abtropfen lassen und trockentupfen (Küchenkrepp würde kleben und zerreißen).
2. Die Kartoffeln in einer Schicht bei mittlerer Hitze in heißer geklärter Butter oder Olivenöl anbraten. Haben sie Farbe genommen, vorsichtig mit einem Spatel wenden.
3. Die Kartoffelscheiben auf einer Servierplatte anrichten und mit Salz bestreuen.

Schloßkartoffeln

Diese französische Variante basiert traditionell auf großen Kartoffeln, die zu kleinen, eiförmigen Kartoffeln tourniert werden. Einfacher und weniger verschwenderisch ist es, ganze, geschälte, kleine festkochende Kartoffeln zu verwenden (hier violette peruanische Kartoffeln).

Sautierter Brokkoli mit Knoblauch

Die meisten Blattgemüse geben zuviel Wasser ab, wenn sie mit heißem Fett in Kontakt kommen. Statt zu braten, dämpft das Gemüse nur. Brokkoliblätter enthalten wenig Wasser und eignen sich eher zum Sautieren. Zwar geben sie noch genug Wasser ab, um zu dämpfen, aber sie werden mit heißem Olivenöl und Knoblauch überzogen (siehe rechts). Zutaten wie gehackter oder geschnittener Knoblauch, Ingwer, Chillies, Würfel von italienischer Pancetta oder Speck eignen sich zum Aromatisieren des heißen Öls, bevor das Gemüse zugefügt wird.

1. Die Blätter und Röschen von den harten Stielen abtrennen, dabei kurze, weiche Stiele an den Röschen und Blättern belassen. Große Röschen längs halbieren oder vierteln.
2. Geschnittenen Knoblauch bei mittlerer Hitze in Olivenöl kurz hellbraun anbraten.
3. Zuerst die Röschen, später die Brokkoliblätter zufügen und

rühren, bis die Röschen weich und die Blätter eingefallen sind.
4. Bei mittlerer Hitze etwa 5 bis 10 Minuten weitergaren, bis das Gemüse die gewünschte Konsistenz hat. Für sehr weich gegartes Gemüse etwas Wasser oder Brühe zugießen und das Gemüse 5 bis 10 Minuten länger garen.

Sautierte Auberginen

Bei dieser Zubereitung werden die Auberginen längs geschnitten; man kann sie aber auch quer in runde Scheiben schneiden.

1. Die Stielenden wegschneiden und die Auberginen nach Belieben schälen. Die Auberginen, wie in der Abbildung gezeigt, mit einem Gemüsehobel oder einem Messer schneiden.
2. Die Auberginenscheiben in Mehl wenden, überschüssiges Mehl abklopfen und die Scheiben in verquirltem Ei wenden, das mit Salz, Pfeffer und frischen Thymianblättern gewürzt ist.
3. Die Auberginenscheiben bei mittlerer Hitze in Olivenöl oder Butter sautieren, bis sie auf einer Seite goldbraun sind. Die Scheiben mit einer Küchenzange oder einem Spatel behutsam wenden und goldbraun fertig braten. Auf Küchenkrepp abtropfen lassen.

Sautierte Zucchini mit Petersilie und Knoblauchzehen

Aromatisieren Sie das Gemüse am Ende der Garzeit mit einer Mischung aus Petersilie und Knoblauch (Persillade).

1. Die Zucchinischeiben bei starker Hitze in Olivenöl schwenken, bis sie goldbraun werden und zu duften beginnen. Einige Löffel Persillade vorsichtig unterrühren.

2. Die Zucchini 1 bis 2 Minuten schwenken, bis sie nach Knoblauch duften. Sofort servieren.

Tips und Anmerkungen

- Gemüse wird in ganzer oder geklärter Butter, Oliven-, Pflanzenöl oder Schmalz sautiert. Das Fett sollte mit den Zutaten harmonieren. Für sautierte Zucchini als typisch südfranzösische oder italienische Zubereitung empfiehlt sich Olivenöl. Zum Sautieren bei starker Hitze Öl oder geklärte Butter verwenden, da ganze Butter bei hohen Temperaturen verbrennt. Für Zutaten, die nicht mehliert oder paniert werden, Öl oder geklärte Butter erhitzen, bis das heiße Fett in der Pfanne kleine Wellen wirft. Paniertes Gemüse in geklärter Butter sautieren. Bei ganzer Butter könnte die enthaltene Molke dunkel werden und der Teigmantel bekäme kleine schwarze Flecken.

- Um auch ohne geklärte Butter auf das Butteraroma nicht verzichten zu müssen, das Gemüse erst in einer kleinen Menge Öl sautieren und kurz vor Ende der Garzeit einige Butterflocken zufügen.

- Wasserreiche Gemüse wie Zucchini, Auberginen und Pilze kann man bei starker Hitze kurzbraten, ohne daß sie dabei verbrennen. Festere Gemüse, wie Kartoffeln und andere Wurzelgemüse bei mittlerer oder mittlerer bis starker Hitze sautieren.

- Mehliertes oder paniertes Gemüse bei mittlerer Hitze sautieren, da Mehl schon bei geringerer Temperatur Farbe nimmt als Gemüse. Hier kann man auch ganze Butter nehmen.

- Kartoffeln im ganzen, in Scheiben oder in Würfel geschnitten sautieren. Scheiben lassen sich nur schwer schwenken, da sie durch die Stärke leicht zusammenkleben. Darum nacheinander mit einem Spatel wenden. Kartoffelwürfel lassen sich leichter und schneller sautieren, sehen aber nicht ganz so schön aus. Große Stücke oder ganze Kartoffeln müssen vor dem Kurzbraten blanchiert werden, Wurzelgemüse in der Regel nicht, wird aber oft glaciert oder geröstet.

- Pilze bei sehr starker Hitze sautieren, so daß das Wasser, das sie dabei abgeben, verdampft, sobald die Pilze in die heiße Pfanne gegeben werden. Man gibt immer nur eine gute Handvoll hinein, damit die Temperatur nicht zu sehr sinkt und die Pilze nicht zu viel Flüssigkeit abgeben können. Wildpilze enthalten deutlich weniger Wasser und sind geschmacksintensiver als Zuchtpilze.

- Zum Sautieren von Gemüse gerade so viel Fett verwenden, daß sich ein dünner Spiegel auf dem Pfannenboden bildet. Für in Mehl gewendetes oder paniertes Gemüse nimmt man mehr Fett, da der Teigmantel einen Teil des Fettes absorbiert.

- Während des Garens sollte man das Gemüse stets im Auge behalten, damit es außen nicht frühzeitig zu dunkel wird und das Öl nicht verbrennt, bevor das Gemüse innen gar ist. Wird es außen zu schnell dunkel, die Hitze reduzieren.

Ganze Artischocken

1. Die Stiele der Artischocken bis zu den kleinen Blättern am oberen Stielende entfernen.

2. Ganze Artischocken in leicht köchelndem Wasser garen, das einen Spritzer Olivenöl enthält, damit sie nicht schwarz werden. Die Artischocken während des Garens mit einem feuchten Küchentuch bedecken oder mit einem Teller beschweren, so daß sie gleichmäßig garen. Etwa 25 bis 30 Minuten kochen, bis sich die Artischocken mit einem Gemüsemesser leicht einstechen lassen.

Artischocken vorbereiten

Artischocken werden mit 1 Eßlöffel Olivenöl in reichlich kochendem Wasser gegart, das sie um etwa 5 cm überdeckt. Sie sind gar, wenn sich die Artischockenböden mit einem Gemüsemesser ohne Widerstand einstechen lassen. In einem Aluminiumtopf gekocht oder an der Luft färben sich Artischocken schwarz. Man beschwert sie mit einem Deckel oder legt ein sauberes Küchentuch auf die kochenden Artischocken, damit sie im Wasser bleiben. Um Schwarzwerden zu verhindern, reibt man rohe Artischocken auch mit Zitronensaft ein; das Öl im Kochwasser schützt ebenfalls davor. Gekochte ganze Artischocken werden gern mit selbstgemachter Mayonnaise (Aïoli paßt besonders gut) oder Vinaigrette serviert.

Man kann Artischocken auch von Blättern und Stielen befreien (tournieren). Die gegarten Artischockenböden werden dann im ganzen, als Gefäß für kleinere Gemüse wie Erbsen, oder in Ecken geschnitten als Gemüse gereicht. Babyartischocken schmecken etwas milder als große Artischocken und lassen sich einfacher zubereiten, da das »Heu«, das auf den Böden sitzt, noch sehr klein ist und nicht entfernt werden muß.

Babyartischocken

Für Eintopf schneidet man die Stiele komplett weg. Für eine Gemüsebeilage kann man die Stiele schälen und an den Artischocken belassen, wobei die groben Fasern entfernt werden.

1. Schwarze und vertrocknete Stielenden sowie die oberen Blatthälften wegschneiden.

2. Die Artischockenböden gegen die Klinge eines sehr scharfen, kleinen Messers drehen, so daß die äußeren dunkelgrünen Blätter entfernt werden.

3. Die kleinen Blätter am Boden wegschneiden. Die Artischocken in einer Schüssel mit Öl und Zitronensaft anmachen. Etwa 30 Minuten kochen.

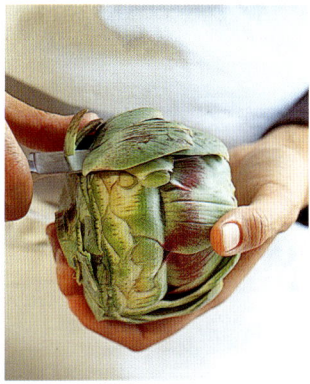

Artischocken tournieren

Die Stiele großer Artischocken kann man abtrennen, kochen und in einer kleinen Schale als Beilage reichen. Man kann sie auch kleinschneiden und für Zucchinigratin oder Füllungen verwenden.

1. Will man den Stiel verwenden, die harte äußere Schicht abschälen und die groben Fasern mit einem Gemüsemesser entfernen. Den Stiel mit Zitronensaft einreiben.

2. Die Artischocke gegen die Klinge eines sehr scharfen Gemüsemessers drehen und die Klinge senkrecht zum Artischockenboden halten, bis das hellgrüne Fleisch an den Seiten sichtbar wird.

3. Die groben Blätter am Boden wegschneiden, dabei die Klinge leicht angewinkelt an den Boden halten und die Artischocke drehen.

4. Die Artischocke senkrecht halten und die letzten dunkelgrünen Stellen am Boden wegschneiden.

5. Die oberen Blätter der Artischocke entfernen, den

Boden aber nicht zu kurz abschneiden. Besser ein kurzes Stück der dunkelgrünen Blätter belassen und erst später entfernen.

6. Die Artischocke erneut gegen die Klinge des Gemüsemessers drehen, dabei die letzten grünen Blätter oben wegschneiden. Den Boden mit Zitronensaft einreiben, damit er nicht schwarz wird. Böden werden wie ganze Artischocken gekocht, aber den Deckel zum Beschweren oder das Küchentuch kann man ruhig weglassen, da sie nicht so sehr an die Oberfläche drängen wie ganze Artischocken.

Das Heu von gekochten Artischockenböden entfernen

Man kann zwar das »Heu« aus den rohen Böden herausschneiden, es ist jedoch einfacher, die Böden zuerst etwa 20 Minuten zu kochen und dann das Heu mit einem Löffel zu entfernen.

1. Mit einem Löffel das Heu aus dem Artischockenboden vorsichtig herauskratzen und dabei darauf achten, daß die Böden nicht verletzt werden.

2. Die vom Heu befreiten Böden werden im ganzen verwendet – z.B. als dekoratives Gefäß für gebutterte Erbsen oder frische Bohnenkerne – oder in Eckchen geschnitten und als Gemüse gereicht.

Siehe auch
Gemüse grillen, Seite 83
Zucchinigratin, Seite 74
Mayonnaise, Seite 41
Aïoli, Seite 43
Vinaigrette, Seite 37

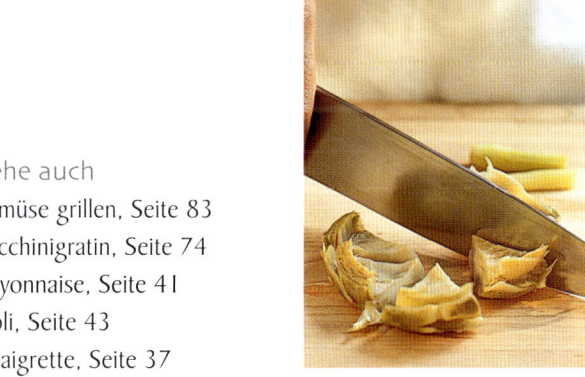

Kartoffeln und anderes Gemüse oder Obst pürieren

Ein Püree ist eine Zubereitungsart, bei der die Zutaten zerstampft oder durch ein Sieb gedrückt werden, um sie glatt und weich zu machen, wie z. B. bei Kartoffelpüree. Wenn man das gekochte Gemüse durch ein feines Trommelsieb streicht, erhält das Püree eine sehr feine und glatte Konsistenz. Man kann aber auch eine Kartoffelpresse oder einen Kartoffelstampfer verwenden. Mit der Kartoffelpresse lassen sich beinahe ebenso gute Ergebnisse erzielen wie mit dem Trommelsieb. Beim Kartoffelstampfer bleiben zwar einige Stücke im Püree zurück, aber dafür läßt er sich ganz einfach verwenden. Gekochte Kartoffeln sollte man nie in einer Küchenmaschine oder einem Mixer pürieren, denn durch die starke Rührkraft dieser Geräte wird die Stärke in den Kartoffeln zu sehr strapaziert und das Resultat ist womöglich ein gummiartiges, klebriges Püree.

In der Küchenmaschine kann man die meisten Gemüse und Früchte, bis auf sehr harte Sorten, sehr gut pürieren. Weitere Pürierhilfen für feste wie weiche Gemüse sind feinmaschige Siebe oder ein Passiergerät (auch Flotte Lotte genannt).

Kartoffelpüree mit der Kartoffelpresse zubereiten

1. Die geschälten und gekochten Kartoffeln noch heiß durch die Kartoffelpresse drücken, dabei die Presse über eine Schüssel halten.
2. Die beiden Griffe der Presse zusammendrücken, so daß die Kartoffeln durch die kleinen Löcher gepreßt werden.

Kartoffelpüree mit dem Kartoffelstampfer zubereiten

1. Geschälte und gekochte Kartoffeln mit Sahne und Butter (siehe rechts) oder mit Milch, Brühe oder Garflüssigkeit zerstampfen.
2. Kartoffeln kann man auch mit anderen Gemüsesorten wie Sellerie, Knoblauch oder Fenchel mischen und pürieren. Auf dem Bild rechts wird kurz vor dem Servieren Pesto unter das Püree gerührt.

Tips und Anmerkungen

- Gemüsepürees sollten, außer für Suppen oder Saucen, dick genug sein, um ihre Form zu behalten, ohne auf dem Teller auseinander zu fließen. Ansonsten läßt sich ihre Konsistenz beliebig variieren.

- Für Kartoffelpüree die gekochten Kartoffeln durch eine Kartoffelpresse oder ein Trommelsieb drücken. Dann mit heißer Milch oder Sahne (mit Salz, Pfeffer und Muskat gewürzt) und einigen Butterflocken mit einem Schneebesen zu einem lockeren und glatten Püree rühren, dabei so wenig rühren wie gerade nötig.

- Für andere Pürees, wie Kürbis oder Wurzelgemüse, das gekochte Gemüse unter Zugabe von etwas Flüssigkeit und Butter pürieren, mit Salz und Pfeffer würzen.

- Für Früchtepürees die gekochten Früchte pürieren und mit Zucker und Zitronensaft abschmecken.

- Gemüse- und Früchtepürees lassen sich in einem Topf bei schwacher Hitze wieder erhitzen. Dabei ständig rühren, damit das Püree nicht am Topfboden ansetzt.

Apfelmus mit einem Passiergerät herstellen

1. Geschnittene Äpfel mit 1 Eßlöffel Zitronensaft mischen, damit sie nicht braun werden. Die Apfelstücke anschließend in einen schweren Topf füllen und etwa 100 ml Wasser zugießen. Durch den entstehenden Wasserdampf garen die Äpfel, ohne anzubrennen.

2. Den Topf zudecken und die Äpfel, je nach Sorte, bei mittlerer Hitze 10 bis 15 Minuten garen, bis sie weich sind. Dabei öfters nachsehen, ob sich noch Flüssigkeit im Topf befindet. Nach Bedarf etwas Wasser angießen.

3. Den Deckel abnehmen und unter Rühren weitergaren, bis alle Flüssigkeit verdampft ist.

4. Das Passiergerät auf eine Schüssel setzen. Die Apfelstücke ins Passiergerät geben und durchdrücken. Das Mus nach Geschmack mit etwas Flüssigkeit verlängern und mit Puderzucker und Zitronensaft abschmecken.

Mit einem feinmaschigen Trommelsieb Kürbispüree herstellen

1. Den Kürbis quer in zwei Hälften teilen.

2. Die Kerne mit einem Eßlöffel herauskratzen und wegwerfen. Die Kürbishälften mit der Schnittfläche nach oben auf ein Backblech setzen und bei 190 °C im Ofen backen, bis sie gar sind.

3. Das Trommelsieb auf eine saubere Arbeitsfläche oder ein Blech legen. Das Kürbisfleisch mit einem Löffel aus der Schale lösen und auf das Sieb legen. Mit einer Plastikteigkarte, einem Spatel oder dem Rücken eines Eßlöffels das Kürbisfleisch durch das Sieb drücken.

Mit Rundsieb und feinmaschigem Trommelsieb Maronen pürieren

Statt gegarte Maronen in der Küchenmaschine zu pürieren, wodurch ein Teil der schwarzen Stellen auf den Maronen mit in das Püree gelangt, kann man die Maronen auch durch ein Rund- oder Trommelsieb drücken. Dabei lassen sich die schwarz gewordenen Stellen gut vorher entfernen. Hier (siehe links und rechts) werden die Maronen zuerst durch ein Rund- und dann durch ein Trommelsieb gedrückt. Maronenpüree paßt zu Wild oder Fleisch in Rotweinsauce.

1. Die geschälten Maronen in einem Topf mit etwas Brühe, Portwein oder Wasser zugedeckt schmoren. Die gegarten Maronen mit einem Schaumlöffel in ein grobmaschiges Rundsieb auf einer Schüssel füllen. Die Schmorflüssigkeit aufbewahren.
2. Die Maronen mit dem Rücken einer Kelle durch das Sieb drücken.
3. Von der Unterseite des Siebes das Püree lösen und in die Schüssel geben.
4. Für sehr feines Püree die durchgedrückten Maronen mit einem Holzspatel durch ein feinmaschiges Trommelsieb drücken.
5. Von der Unterseite des Siebes das Püree lösen und zum restlichen Püree geben.

6. Das Püree mit der beiseite gestellten Schmorflüssigkeit, etwas Brühe und nach Belieben mit Butter oder Sahne verlängern, bis es die Konsistenz eines weichen, lockeren Kartoffelpürees bekommt.
7. Glattrühren; mit Salz und weißem Pfeffer abschmecken.

Siehe auch
Mit Gemüsepüree binden, Seite 286
Kartoffeln kochen, Seite 89
Pesto, Seite 99
Geflügelfond, Seite 30
Gemüsepüree für Gemüseflan verwenden, Seite 97
Pürierte Gemüsesuppe, Seite 100
Maronen schälen, Seite 4

Im Glossar
Pürieren (auch zur Information über Püriergeräte)
Schmoren

Gemüseflans

Ein Gemüseflan ist eine Art gebackener Pudding, der mit Ei zusammengehalten wird. Eine Quiche ist ein Flan mit einer Kruste. Flans eignen sich großartig, um Reste von gekochtem Gemüse oder Suppen anderweitig zu verwerten. Gemüseflans kann man mit ganzem Ei, Eigelb oder Eiweiß zubereiten, je nachdem, wie reichhaltig die Flans ausfallen sollen. Meist werden sie mit Sahne oder Milch hergestellt, damit sie nicht griesig, sondern cremig und weich werden. Flans bäckt man in einem Wasserbad (Bain-marie), damit sie schön gleichmäßig garen. Außerdem verhindert das Garen im Bain-marie, daß die Flans zu heiß werden und gerinnen.

Möhrenflan

1. Heißes Möhrenpüree mit Milch, Sahne oder beidem und verquirltem Ei verrühren (siehe Möhrensuppe, Seite 100; aber ohne Kartoffeln).

2. Ein Backblech mit hohem Rand dreifach mit Backpapier auslegen, damit die Aufläufe nicht zu starker, direkter Hitze ausgesetzt sind. Die gebutterten Förmchen mit der Masse füllen, auf das Blech stellen und dieses bis zur Hälfte der Förmchen mit heißem Wasser aufgießen. Das Wasser bei starker Hitze zum Kochen bringen, dann das Blech mit den Förmchen in den Ofen schieben und bei 180 °C etwa 45 Minuten backen, bis die Flans fest geworden sind.

3. Einen kleinen Teller umgekehrt auf ein Förmchen legen und alles um 180 Grad wenden. Dann den Flan mit einer ruckartigen Bewegung auf den Teller gleiten lassen.

4. Das Förmchen abnehmen.

Tips und Anmerkungen

- Für eine Flanmasse aus Resten von gekochtem Gemüse das Gemüse pürieren und das Püree mit Sahne oder Milch (oder beidem) verlängern, bis die Masse die Konsistenz einer dicken Samtsuppe erhält.

- Auf 200 ml gewürzte Suppe oder verlängertes Gemüsepüree 1 Ei, 2 Eiweiß oder 2 Eigelb zufügen. Je mehr Eigelb, desto reichhaltiger die Flanmasse.

- Heißes Püree oder Suppe in die Eier rühren, nicht umgekehrt, sonst könnte das Ei ausflocken und gerinnen.

- Die Flans bei 180 °C im Wasserbad garen, bis die Masse sich nicht mehr bewegt, wenn man die Förmchen leicht schüttelt.

- Für eine Quiche aus Flanmasse die Masse auf einem vorgebackenen Teigboden aus Mürb- oder Blätterteig verteilen und etwa 40 Minuten bei 150 °C backen.

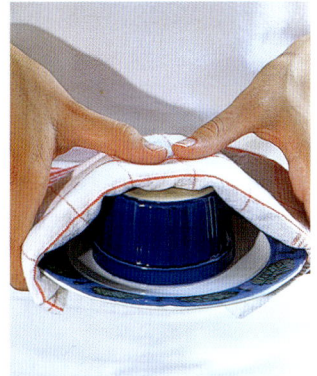

Siehe auch

Gemüse pürieren, Seite 94
Garprobe, Seite 66
Pürierte Möhrensuppe,
 Seite 100

Im Glossar

Bain-marie
Pürieren

Gemüsesuppen

Die Mehrzahl der besten Gemüsesuppen in aller Welt haben eine Zubereitungsart gemeinsam: Gehacktes Gemüse wird in Wasser oder Brühe gekocht. Man nimmt dafür verschiedene Gemüsesorten, je nachdem, was der Markt gerade zu bieten hat. Manchmal kommen noch stärkehaltige Zutaten wie Reis oder Nudeln hinzu und machen die Suppe gehaltvoller.

Es gibt zwei Methoden, um eine einfache Gemüsesuppe in den Rang eines Feinschmecker-Gangs zu erheben. Die eine ist, Speck- oder Schinkenwürfel (aus rohem Schinken) in einem Topf anzuschwitzen, bevor man das Gemüse zugibt. Verwendet man Würfel aus rohem Schinken, der nur wenig Fett abgibt, fügt man beim Andünsten ein wenig Olivenöl hinzu. Nach der zweiten Methode rührt man eine würzige, aromatische Mischung kurz vor dem Servieren unter die Suppe oder reicht sie separat, wobei sich jeder Gast selbst bedient. Die Mischung kann sehr einfach sein, wie etwa zerstoßener Knoblauch oder gehackte Petersilie. Es gibt aber auch aufwendigere Beispiele für diese Variante. Sehr bekannt sind die ligurische Minestrone con pesto und die provenzalische Soupe au pistou. Bei diesen Gemüsesuppen werden am Schluß Pasten aus zerstoßenem Knoblauch, Basilikum, Parmesan (oder Pecorino) und Pinienkernen (für den italienischen Pesto) oder Tomaten (für die französische Pistou) zugefügt.

Viele der Methoden, mit denen Cremesuppen geschmacklich und farblich verfeinert werden, lassen sich auf Suppen mit verschiedenen Einlagen anwenden. Milde, aromatische Gemüsesorten werden in wenig Fett angedünstet (z. B. in Würfeln aus rohem Schinken, siehe Abbildung oben rechts), bevor man die Flüssigkeit zugießt. Grüne und schnell garende Gemüse kommen mehr zum Ende der Garzeit dazu. Gemüsesorten mit einer harten Schale, wie etwa Kürbis, werden vorgekocht, bevor man sie in die Suppe gibt.

Gemüsesuppe mit Einlagen

1. Reste von rohem Schinken (z. B. Pancetta) in 5 mm große Würfel schneiden.
2. Die Schinkenwürfel in etwas Olivenöl in einem schweren Topf bei schwacher bis mittlerer Hitze etwa 10 Minuten andünsten. Bei Pancetta nur sehr wenig Olivenöl nehmen, da sie ausreichend Fett abgibt.

3. Gehacktes Gemüse, wie Lauch, Zwiebeln, Knoblauch, Möhren, weiße Rüben, Petersilienwurzel und/oder Kartoffeln, zufügen und 5 bis 10 Minuten köcheln lassen, bis das Gemüse leicht gar ist.
4. Weiche oder schnell garende Gemüse, wie Tomaten und vorgekochte weiße Bohnen (siehe rechts), zufügen. Brühe oder Wasser angießen und aufkochen. Grünes Gemüse, wie geschnittene Bobbybohnen, zufügen und weitere 5 bis 10 Minuten kochen, bis alles gar ist.

5. Die Suppe in vorgewärmte tiefe Teller schöpfen. Hier wird vorher ein Knoblauch-Croûton in die Teller gelegt. So kommt die Gemüseeinlage besonders zur Geltung. Für die Croûtons Baguettescheiben grillen oder in einer Pfanne goldbraun backen und mit einer halbierten Knoblauchzehe einreiben.
6. Ein Schälchen Pesto separat reichen und nach Belieben davon über die Suppe löffeln.

Pesto

Bei diesem Grundrezept für Pesto werden Knoblauch und Basilikum in einem Mörser zu einer Paste zerstoßen und diese mit geriebenem Parmesan und Olivenöl gemischt. Man kann Pesto auch in der Küchenmaschine zubereiten und die Zutaten pürieren (siehe Seite 39). Ligurischer Pesto wird traditionell mit Pinienkernen, französisches Pistou mit Tomaten zubereitet.

1. Dünne Knoblauchscheiben mit grobem Salz (das Salz hilft, den Knoblauch zu zerkleinern) in einen Mörser geben und zu einer glatten Paste zerstoßen.

2. Je eine Handvoll Basilikumblätter zufügen und fein zerstoßen. Dann Olivenöl und frisch geriebenen Parmesan untermischen.

Siehe auch
Geflügelfond, Seite 30
Gemüserahmsuppen,
  Seite 100

Gemüserahmsuppen

Früher wurden Gemüserahmsuppen meist mit einer Mehlschwitze (Roux) gebunden und dann mit Sahne oder Butter verfeinert. Eine leichtere Suppe erhält man, indem man das gekochte Gemüse mit Brühe, Wasser oder Milch püriert. Die Milch darf beim Kochen nicht gerinnen, was sich aber durch Zugabe von püriertem Gemüse vermeiden läßt. Anschließend kann man die Suppe mit Butter oder Sahne verfeinern.

Bei fast allen Suppen dieser Art werden zuerst geschmacksintensive Gemüse, wie Lauch oder Zwiebeln, in wenig Butter angedünstet, so daß sich ihr Aroma entfaltet, bevor der Ansatz mit Flüssigkeit aufgegossen wird. Grüne Gemüse, wie Spinat, Brokkoli, Erbsen oder Mangold, kommen erst kurz vor Ende der Garzeit in die Suppe, damit sie ihre Farbe behalten. Einige Gemüse, wie Spargel, kann man zweifach kochen: Die Stangen etwa 10 Minuten garen und dann pürieren; die Spargelspitzen blanchieren und kurz vor dem Servieren als Einlage in die Suppe geben. Zum Pürieren eignen sich Passiergerät, Mixer, Pürierstab oder Sieb. Bei der Küchenmaschine sollte man darauf achten, daß die Flüssigkeit nicht durch das Loch unter der Klinge hinausläuft.

Pürierte Kartoffel-Lauch-Suppe

1. Geschnittenen Lauch in Butter bei mittlerer Hitze etwa 20 Minuten leicht andünsten, bis er weich und glasig ist.
2. Geschälte und geschnittene Kartoffeln zufügen. Brühe, Milch oder Wasser angießen und die Suppe köcheln lassen, bis die Kartoffeln weich sind.
3. Die Suppe pürieren, indem man sie durch ein grobmaschiges Sieb (siehe rechts) streicht oder durch ein Passiergerät drückt. Für eine noch glattere Konsistenz die Suppe erneut durch ein feinmaschiges Sieb passieren. Nach Belieben mit Sahne, Crème double oder Butter verfeinern.

Pürierte Möhren-suppe

Mit praktisch jedem Gemüse läßt sich die Kartoffel-Lauch-Suppe variieren.
1. Möhren oder andere langsam garende Gemüse gleichzeitig mit der Flüssigkeit und den Kartoffeln zufügen.
2. Möhrensuppe schmeckt besonders gut, wenn man sie mit Butter statt Sahne verfeinert.

Siehe auch
Geflügelfond, Seite 30
Misosuppe, Seite 143

Im Glossar
Andünsten
Püree

Früchte rösten und backen

Rösten und backen verstärkt den Geschmack von Obst – eine exzellente Technik für die meisten Früchte, mit Ausnahme von Beeren und Kiwis, die sehr empfindlich sind und schnell zu Brei verkochen.

Sehr saftiges Obst, wie Birnen und Pfirsiche, gibt beim Rösten und Backen viel Flüssigkeit ab. Der Saft wird im Topf reduziert und mit Zucker und Butter karamelisiert. Man kann diesen Fond, ähnlich dem Bratensaft (Jus) oder dem Bratensatz von Fleisch, auch mit Sahne ablöschen. Anschließend kocht man die Sauce erneut etwas ein, bis sie glatt ist. Bei Fruchtsaucen aus gebackenen oder gebratenen Früchten bleibt die Butter in der Sauce, da sie der Sauce auch Bindung verleiht. Für eine sehr feine, glatte Konsistenz wird die Sauce durch ein feinmaschiges Sieb passiert, um die beim Backen oder Rösten entstandenen schwarzen Partikel zu entfernen.

Bananen und Äpfel geben weniger Flüssigkeit ab. Deshalb kann man sie auch wie Gratin zubereiten. Bananen oder in Scheiben bzw. Ecken geschnittene Äpfel mit Butterflocken und Zucker bestreuen und goldbraun braten oder backen. Die Sauce läßt sich weiter verfeinern, wenn man sie kurz vor dem Servieren mit Rum flambiert.

Gebackene Birnenhälften mit Sahne

Birnen schälen

1. Mit einem spitzen Sparschäler am Blütenansatz der Birne schräg einstechen und die Birne so drehen, daß sich der Blütenansatz danach leicht entfernen läßt.
2. Die Birne gegen die Klinge des Sparschälers drehen und schälen.

Birnenhälften entkernen

3. Die geschälten Birnen längs halbieren und die Hälften mit einem Gemüsemesser oder Kugelausstecher entkernen.
4. Die Fasern zwischen Kerngehäuse und Stiel mit einem Gemüsemesser mit herausschneiden.

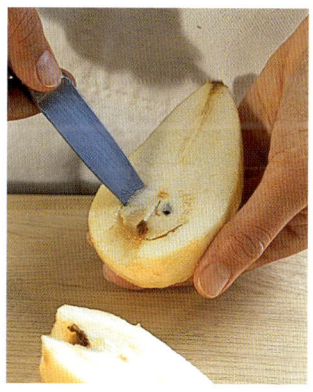

7. Die Birnenhälften auf eine Servierplatte, in eine flache Auflaufform oder auf Teller verteilen. Den Topf bei mittlerer bis hoher Temperatur erhitzen und Sahne einrühren.

8. Die Sauce unter Rühren aufkochen, bis sich der Karamell auflöst und eine glatte Sauce entsteht. Diese durch ein feines Sieb abseihen und nach Belieben über die heißen Birnen gießen (siehe Abbildung Seite 101).

Birnen backen

5. Die Birnenhälften in einem schweren, breiten Topf verteilen, der groß genug ist, um die Hälften in einer Lage aufzunehmen. Butterflocken und Zucker gleichmäßig darüber verteilen.

6. Die Birnen bei 190 °C 30 bis 45 Minuten backen, bis sie weich sind, der Saft haselnußbraun karamelisiert ist und die Butter obenauf schwimmt.

Tips und Anmerkungen

• Bei saftigen Früchten wie Birnen nimmt man für 6 Birnen 200 g Zucker, 200 g Butter und 150 ml Sahne oder Crème double. Die Birnen kochen, bis der Saft karamelisiert und die Birnen weich sind.

• Bei Bananen und ähnlichen Früchten braucht man für 4 Bananen etwa 100 g Butter, 100 g Zucker und 100 ml braunen Rum.

Gebackene Bananen mit Rum

1. Über die geschälten und längs halbierten Bananen Zucker und Butterflocken verteilen. Bei 180 °C etwa 30 Minuten backen, bis die Bananen Farbe genommen haben und der Zucker leicht karamelisiert ist.
2. Braunen Rum in einem kleinen Topf zum Kochen bringen und anzünden. Sind die Flammen ausgegangen, den flambierten Rum über die Bananen gießen und servieren. Man kann den Rum natürlich auch erst am Tisch anzünden.

Siehe auch
Sauce (Jus) zu gebratenem
   Fleisch, Seite 187

Im Glossar
Ablöschen
Braten
Bindemittel
Flambieren
Gratin
Jus

Früchte pochieren

Pochieren eignet sich hervorragend für Früchte, die noch nicht vollreif oder zu fest sind, gerade keine Saison oder noch nicht genug natürliche Süße entwickelt haben. Die Früchte werden in Wasser, Wein, Weinbrand, Whiskey oder Rum (oder in Mischungen daraus) und fast immer mit Zucker pochiert. Der Zucker ist auch für das Pochieren von überreifen, süßen Früchten notwendig, denn ohne ihn würde den Früchten der eigene Zucker entzogen. Man kann die Pochierflüssigkeit auch mit Gewürzen wie Zimt, Nelken oder Vanille aromatisieren. Nach dem Pochieren wird die Flüssigkeit oft eingekocht, wodurch sich der Geschmack konzentriert. Sie wird zu den Früchten serviert.

Eine sehr schmackhafte Variante, um die unterschiedlichsten Früchte zu pochieren, ist, die Früchte in gezuckertem Wasser (Läuterzucker) zu garen, die Flüssigkeit anschließend einzukochen und abkühlen zu lassen und dann mit einem Obstbrand oder anderem Alkohol, der den Geschmack der Früchte unterstreicht, zu parfümieren. Birnen werden häufig in Rotwein und Zucker pochiert; man kocht die Flüssigkeit ein und reicht sie kalt als Sauce zu den Früchten.

Pochierte Erdbeeren und Aprikosen

Bei dieser Zubereitung werden Erdbeeren und Aprikosen getrennt in leichtem Läuterzucker pochiert. Der Läuterzucker jeder Frucht wird anschließend eingekocht, um den Geschmack zu intensivieren. Nach dem Abkühlen die beiden Saucen mit passendem Obstbrand parfümieren.

1. Die Früchte getrennt in zwei Töpfe füllen und knapp mit Wasser bedecken. Zucker zufügen und unter dem Siedepunkt garziehen.

2. Mit einem Schaumlöffel die Früchte in eine Schüssel umfüllen. Die Pochierflüssigkeit auf ein Drittel einkochen und abkühlen lassen. Dann mit Obstbrand oder anderem Alkohol, wie Rum, Weinbrand oder Whiskey, parfümieren.

3. Jede Frucht in ihrem eigenen, parfümierten Läuterzucker mindestens 1 Stunde bis mehrere Tage im Kühlschrank durchziehen lassen. In Stilgläsern oder kleinen Schüsseln servieren und nach Belieben mit Eiskrem kombinieren.

Pochierte Birnen in Rotwein

Ganze Birnen entkernen

1. Die Birnen vom Blütenansatz mit einen spitzen Sparschäler, einem Gemüsemesser oder einem Apfelausstecher entkernen.

Birnen pochieren

2. Die entkernten und gekochten Birnen in einem Topf vollständig, aber knapp mit Rotwein bedecken. Großzügig mit Zucker bestreuen.

3. Nur köcheln lassen und garziehen, bis man die Birnen mit einem spitzen Messer leicht einstechen kann.

4. Die Birnen abtropfen lassen und die Garflüssigkeit einkochen, bis sie die Konsistenz von dünnem Sirup bekommt.

5. Die Birnen halbieren und jede Hälfte fächerförmig einschneiden. Heiß oder kalt in flachen Schüsseln anrichten und mit der Sauce begießen.

Tips und Anmerkungen

• Der Pochierflüssigkeit nur mäßig viel Zucker zugeben, damit sie beim Einkochen nicht zu süß wird.

• Zum Parfümieren der Pochierflüssigkeit den Alkohol (Eaux-de-vie, Obstbrand, Rum, Whiskey, Weinbrand) erst zufügen, wenn die Früchte pochiert, die Flüssigkeit eingekocht und abgekühlt ist. Die Flüssigkeit ruhig dicklich-süß einkochen – sie wird durch die Zugabe von Alkohol verlängert und weniger süß.

• Je nach natürlicher Süße der Früchte die Zuckermenge in der Pochierflüssigkeit variieren:

Für 6 Birnen einen Sud aus 1 l Rotwein und 200 g Zucker herstellen und mit einer aufgeschlitzten Vanillestange sowie 2 Zimtstangen (nach Belieben) aromatisieren. Für eine schöne rote Farbe der Birnen vor dem Garen Grenadinesirup zugeben. Die ausgekühlten Birnen 2 Tage im Kühlschrank ziehen lassen.

Für alle anderen Früchte rechnet man 2 Tassen Wasser und 100 g Zucker.

Siehe auch
Erdbeeren entstielen,
  Seite 28
Birnen schälen,
  Seite 101

Im Glossar
Obstschnaps
Pochieren

Fisch und Schalen-tiere

Großen Fisch pochieren

Pochieren ist eine ausgezeichnete Methode, um großen Fisch im ganzen zu garen, gerade, wenn man ihn kalt servieren möchte, denn zum Pochieren benötigt man kein Fett, das sich auf dem ausgekühlten Fisch in fester Form absetzen würde. Durch Pochieren läßt sich die Haut des Fisches leicht abziehen, und das Fleisch bleibt glatt und unversehrt. Auch Eigengeschmack, Farbe und Aussehen kommen bei dieser Methode sehr gut zur Geltung.

Fisch wird traditionell in Court bouillon pochiert, einem mit Weißwein aromatisierten Garfond. Für schnell zubereitete Court bouillon erhitzt man ein Bouquet garni, Wasser, Weißwein und Salz in dem Topf, in dem auch der Fisch pochiert werden soll.

Als Gefäß empfiehlt sich ein Fischkessel oder eine große, tiefe Bratpfanne. Ein Fischkessel ist ein langer, schmaler Topf mit zwei Griffen, einem perforierten Einsatz und einem Deckel. Er ist praktischer als eine Bratpfanne, da man den Fisch problemlos aus dem Kessel heben kann, ohne daß er zerfällt. Dank der Form des Fischkessels benötigt man nur sehr wenig Pochierflüssigkeit.

Zum Pochieren eignen sich besonders Lachs, Lachsforelle (siehe rechts), Streifenbarsch und viele andere Speisefische.

Pochieren im Fischkessel

Hier wird eine Lachsforelle in einer zuvor abgeseihten und abgekühlten Court bouillon pochiert.

1. Die vorbereitete Lachsforelle in den Fischkessel legen und mit ausreichend kühler Court bouillon bedecken. Bei mittlerer Hitze zum Köcheln bringen.
2. Den Fisch unterhalb des Siedepunktes garziehen (pochieren). Mit dem Einsatz aus dem Fischkessel heben und auf dem Rand des Kessels absetzen. Um die Haut abziehen zu können, schneidet man sie hinter den Kiemen ein.

3. Die Haut mit den Fingern abziehen und wegwerfen. Den Fisch auf eine Servierplatte wenden und die Haut auf der anderen Seite abziehen. Ist der Fisch sehr groß und schwer zu handhaben, die Haut der unteren Seite erst beim Servieren entfernen.

Fisch vorlegen

1. Zwei Eßlöffel oder ein Fischmesser an dem dunklen Streifen hineindrücken, der in der Bauchmitte vom Kopf bis zum Schwanzende verläuft. Das obere Filet entlang dem Streifen halbieren.
2. Die Filethälften mit einem Löffel in Stücke trennen. Hier wird das Filet in 6 Stücke unterteilt (größere Fische in noch mehr Stücke unterteilen).
3. Die Filetstücke auf vorgewärmte Teller legen.
4. Die Mittelgräte abheben und von dem unteren Filet trennen.
5. Die Mittelgräte direkt hinter dem Kopf anbrechen und mit dem Kopf seitlich an den Rand der Vorlegeplatte legen.
6. Alle im unteren Filet verbliebenen Gräten entfernen.
7. Das untere Filet in Stücke teilen und die Haut entfernen, wenn sie nicht schon zuvor abgezogen wurde. Servieren.

Siehe auch
Court bouillon, Seite 113
Bouquet garni, Seite 31
Kleinen Fisch pochieren,
 Seite 110

Im Glossar
À la nage
Court bouillon
Pochieren

Tips und Anmerkungen

- Fischkessel sind in unterschiedlichen Größen erhältlich: Je größer der Fisch, desto größer sollte auch der
Fischkessel sein. Von zu großen Fischen beim Fischhändler Schwanz und Kopf abschneiden lassen.

- Den Fischkessel am besten auf zwei Herdplatten
oder Gasflammen erhitzen.

- Fisch in Court bouillon oder in Salzwasser mit einem
Schuß Weißwein und einem Bouquet garni pochieren.

- Den Fisch in die kalte Flüssigkeit einlegen, damit die
Außenseite nicht früher als das Innere gar ist. Kleinere
Fische in heißer Flüssigkeit pochieren (siehe Seite 110).

- Fisch etwa 7 bis 10 Minuten pro 2½ cm Dicke pochieren. Die Garzeit wird ab dem Moment gerechnet, wo
die Flüssigkeit zu köcheln beginnt. Nach 7 Minuten
beginnt man, den Gargrad zu überprüfen. Dazu den
Einsatz herausheben und auf den Rand des Fischkessels setzen. Dann einen kurzen Schnitt parallel zur
Mittelgräte machen und prüfen, ob das Fleisch gar
ist. Es sollte sich leicht von der Mittelgräte lösen und
nicht mehr durchscheinend sein. Der Garpunkt läßt
sich auch mit einem Fleischthermometer ermitteln,
das man an der dicksten Stelle, am oberen Rücken
hinter dem Kopf, entlang der Mittelgräte einsticht.
Der Fisch ist perfekt gar, wenn er 57 °C erreicht hat.

- Die Haut von pochiertem Fisch hat meist eine unan-
genehme Konsistenz und sollte abgezogen werden,
sobald der Fisch gar ist, sonst klebt sie.

Kleinen Fisch pochieren

Kleinere Fische werden aus den gleichen Gründen pochiert wie große, denn das Pochieren läßt den natürlichen Eigengeschmack des Fisches unverändert, und man benötigt kein Fett. Für kleinere Fische braucht man nicht unbedingt einen Fischkessel. Man kann ebenso gut eine tiefe Pfanne oder ein Backblech verwenden – tief genug, um den Fisch vollständig mit Flüssigkeit aufzunehmen. Kleinere Fische werden mit Mittelgräte oder entgrätet und gefüllt pochiert.

Eingewickelt in ein Mulltuch, läßt sich ein ganzer Fisch leicht aus der Pochierflüssigkeit heben. Durch das Tuch behält ein entgräteter und gefüllter Fisch auch besser seine Form, da sich die Seiten nicht aufstellen und keine Füllung austreten kann.

Forelle wird gerne gefüllt und pochiert, aber diese Garmethode eignet sich für alle kleinen oder entgräteten Fische, wie Seebarsch und Red Snapper. (Fisch am besten vom Rücken her entgräten oder, falls er bereits ausgenommen ist, vom Bauch her.)

Pochieren im Topf

Hier wird eine gefüllte Forelle in Salzwasser und Weißwein pochiert, das zuvor mit einem Bouquet garni gekocht wurde.

1. Die Bauchhöhle der entgräteten Forelle mit Kräutern einreiben oder mit Duxelles füllen.
2. Die Forelle in eine doppelte Lage Mulltuch einwickeln.
3. Das Mulltuch an beiden Enden mit Küchengarn binden.
4. Die Forelle in einer ovalen Sautierpfanne, bedeckt mit ausreichend köchelnder Flüssigkeit, bei schwacher Hitze garziehen.
5. Die gegarte Forelle auf ein Schneidebrett legen.
6. Die Enden des Mulltuchs abschneiden und die Forelle aus dem Tuch nehmen.

Tips und Anmerkungen

- Entgräteten und gefüllten Fisch vor dem Pochieren in ein Mulltuch wickeln. Dies ist bei Fisch mit Mittelgräte nicht unbedingt notwendig, erleichtert aber das Herausheben.

- Fisch in Court bouillon oder in Salzwasser mit einem Schuß Weißwein und einem Bouquet garni pochieren.

- Der Topf sollte groß genug sein, um den Fisch im ganzen aufzunehmen.

- Im Gegensatz zu größeren Fischen hier zuerst die Garflüssigkeit erhitzen, dann den Fisch einlegen.

- Die Pochierflüssigkeit sollte den Fisch gerade vollständig bedecken. Reicht die Flüssigkeit nicht ganz aus, den Fisch alle 30 Sekunden heiß übergießen.

- Entgräteter und gefüllter Fisch gart schneller als Fisch mit Mittelgräte. Nach etwa 7 Minuten pro 2½ cm Dicke des Fisches beginnt man, den Gargrad zu prüfen.

- Die Haut des Fisches entfernen, solange der Fisch noch heiß ist, auch wenn er kalt serviert werden soll. Denn sobald der Fisch auskühlt, wird die Haut klebrig.

Forelle vorlegen

Die Forelle mit einer leichten Sauce servieren. Man kann sie auch auf einer großen Servierplatte mit etwas Pochierflüssigkeit anrichten.

1. Den Kopf vom Körper abtrennen.

2. Die Haut mit den Fingern abziehen.

3. Den Schwanz abschneiden. Mit einem kleinen Messer oder einem Eßlöffel alle kleinen Gräten entfernen, die sich entlang dem Rücken ertasten lassen. Dann die Forelle leicht schräg in zwei Hälften teilen.

4. Pochierte Forelle schmeckt besonders gut mit einer Safran-Buttersauce (siehe unten).

Siehe auch

Forelle vom Bauch her entgräten, Seite 226

Fisch vom Rücken her entgräten, Seite 228

Court bouillon, Seite 113

Pilze hacken, Seite 14

Beurre blanc, Seite 48

Großen Fisch pochieren, Seite 108

Kleinen Fisch pochieren und à la nage servieren, Seite 112

Garprobe, Seite 66

Im Glossar

Beurre blanc

Pochieren

Pilzfüllung (Duxelles)

Für diese Füllung kann man auch Pilzstiele verwenden, die sich tiefgekühlt gut aufbewahren lassen.

1. Etwa 1 Eßlöffel Butter in einer großen Bratpfanne zerlassen und gehackte Pilze oder Pilzstiele zufügen. Bei mittlerer Hitze andünsten, bis die Pilze die meiste Flüssigkeit abgegeben haben. Dann die Temperatur erhöhen und weiter dünsten, bis die Flüssigkeit vollständig verdampft ist.

2. Mit Petersilie oder anderen gehackten Kräutern bestreuen.

3. Sahne zugießen und nach Belieben leicht dicklich einkochen.

Fischsteaks und -filets, kleinere Fische und Schalentiere pochieren

Kleinere Teile vom Fisch oder Schalentiere, wie Jakobsmuscheln, Garnelen, Flußkrebse und Hummer, bieten sich zum Pochieren an. Bei der Zubereitung à la nage wird der Fisch in der Garflüssigkeit (Court bouillon) und mit den Gemüsen aus dem Garfond serviert. Die Pochierflüssigkeit dient als leichte, schmackhafte, fettfreie Sauce, mit der sich der Eigengeschmack des Fisches voll und ganz erschließt. Da die Pochierflüssigkeit mit den Gemüsen serviert wird, schneidet man diese zuvor in eine dekorative, ansehnliche Form, meist in Juliennes.

Tips und Anmerkungen

- Fischsteaks und -filets sowie kleinere ganze Fische 7 bis 10 Minuten pro 2½ cm Dicke pochieren. Nach etwa 7 Minuten beginnt man den Gargrad zu prüfen, indem man die Konsistenz des Fisches ertastet oder einen kleinen Schnitt in die Mitte der dicksten Stelle des Steaks oder Filets macht. Das Fleisch sollte fast nicht mehr durchscheinend sein.

- Die Fische und Fischteile in Court bouillon oder in Salzwasser mit einem Schuß Weißwein und einem Bouquet garni pochieren.

- Die Sautierpfanne oder der Topf sollte groß genug sein, um den Fisch in einer Lage aufzunehmen.

- Die Pochierflüssigkeit zum Köcheln bringen, bevor kleine Fische, Steaks oder Filets hineingelegt werden.

- Lachssteaks nach Belieben vor dem Pochieren entgräten und zu Medaillons binden. So läßt sich der Fisch einfacher essen und sieht sehr dekorativ aus.

- Fisch und Meeresfrüchte à la nage zu servieren, ist eine gute Alternative zu vielen schweren Saucen. Als Kompromiß die Pochierflüssigkeit mit der gleichen Menge an Beurre blanc oder einer ihrer Varianten mischen. Dadurch bekommt die Flüssigkeit ein intensives Butteraroma und wird leicht sämig. Dies ist bekömmlicher, als Fisch oder Meeresfrüchte mit reiner Beurre blanc zu servieren. Diese leichtere Beurre blanc in tiefen Tellern um den Fisch schöpfen.

Pochierte Lachsmedaillons

Lachssteak entgräten und zu einem Medaillon binden

1. Alle dünneren Gräten mit einer kleinen Pinzette aus den Steaks herausziehen. Mit einem kleinen, scharfen Messer entlang der Innenseite der Gräten an der Bauchhöhle schneiden.

2. Mit dem Messer an den kürzeren Gräten entlangschneiden, die zum Rücken hinaufführen. Dabei bis zum Rücken schneiden, ohne die Haut zu durchtrennen.

3. Diese Schnitte auf der anderen Seite des Steaks wiederholen, so daß die Mittelgräte ganz frei liegt.

4. Etwa 5 cm von der Haut an einem der Bauchlappen unten ablösen und wegschneiden, und den Bauchlappen nach innen zur Mitte des Steaks einrollen.

5. Den zweiten Bauchlappen um das Lachssteak legen und das Steak mit Küchengarn zu einem Medaillon binden.

Court bouillon

Court bouillon ist eine Gemüsebrühe mit Weißwein. Gehackte und in Scheiben geschnittene aromatische Gemüse (siehe Abbildung oben) und ein Bouquet garni zugedeckt 20 Minuten in einem Topf mit Wasser kochen. Dann Salz und 250 ml Weißwein auf etwa 2 l Brühe zufügen und die Court bouillon weitere 20 Minuten kochen. Anschließend durch ein Sieb abgießen und Gemüse sowie Bouquet garni entfernen. Als Faustregel pro 2 l Wasser jeweils 2 große Möhren und Zwiebeln oder auch nur Lauch nehmen. Die wichtigsten Gemüse für die Brühe sind Zwiebeln oder Lauch. Bei Bedarf die Court bouillon mit Wasser verlängern.

Um Fisch und Meeresfrüchte à la nage zu servieren, die Gemüse in Scheiben oder Juliennes schneiden (siehe rechts). Die Court bouillon wie oben kochen und abseihen, nur die Gemüse beiseite legen. Juliennes erst 5 Minuten vor Ende der Garzeit zufügen. Erst kurz vor dem Servieren wieder erhitzen. Man könnte die vorgegarten Gemüse auch mit dem Fisch oder den Meeresfrüchten in der Court bouillon belassen, aber der entstehende Schaum würde womöglich an den Gemüsen haften bleiben und sie eher unansehnlich machen. Die Gemüsemenge hängt unter anderem von der Anzahl der Portionen ab.

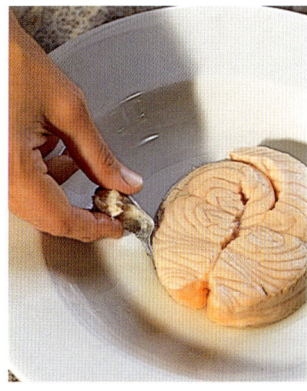

Lachsmedaillons pochieren

6. Die Medaillons in eine Stielkasserolle oder einen Topf legen, in die/den alle Medaillons nebeneinander passen. Dann genug köchelnde Court bouillon angießen, daß alle Medaillons vollständig bedeckt sind. Um die Medaillons, wie hier, à la nage zu servieren, die Court bouillon mit Gemüsejuliennes zubereiten und die Juliennes aufbewahren. Andernfalls eine normale Court bouillon mit gehacktem Gemüse zubereiten, das nach dem Kochen entfernt wird.
7. Mit einem Schaumlöffel die Lachsmedaillons auf große Suppenteller verteilen. Küchengarn und Haut mit den Fingern entfernen.
8. Für Medaillons à la nage die heißen Gemüsejuliennes um die Medaillons verteilen und Court bouillon über den Fisch schöpfen. Sofort servieren.

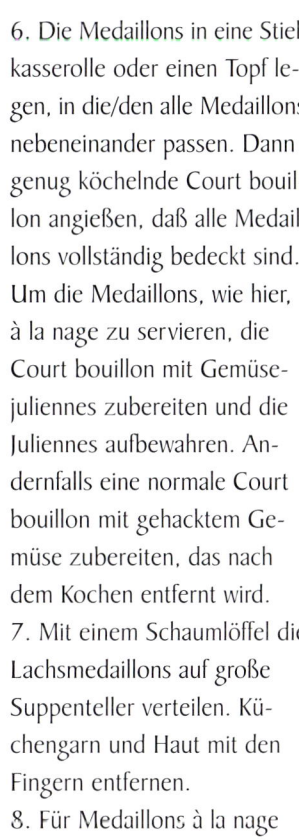

Siehe auch

Gemüse in Juliennes schneiden, Seite 13
Bouquet garni, Seite 31
Beurre blanc, Seite 48
Kleinen Fisch pochieren, Seite 110
Großen Fisch pochieren, Seite 108
Garprobe, Seite 66

Im Glossar

À la Nage
Pochieren

113

Fischfilets en papillote

Fischfilets en papillote zuzubereiten, vereint die Vorzüge von Backen, Schmoren und Dämpfen. Die Filets werden mit Kräuterbutter, manchmal Gemüse und meist mit einer Flüssigkeit wie Weißwein in einem luftdicht verschlossenen Päckchen aus Backpapier oder Alufolie gebacken. Durch die Ofenhitze verwandelt sich die Flüssigkeit in Dampf, und je nach Flüssigkeitsmenge werden die Filets nicht nur gedämpft, sondern auch geschmort. Der Fisch überzieht sich mit dem Geschmack von Butter und Kräutern. Fischfilets en papillote sind einerseits eine effektvolle und sehr professionelle Zubereitung und andererseits eine überraschend praktische und saubere Angelegenheit. Die Päckchen werden in der Regel erst am Tisch geöffnet, so daß den Gästen das Aroma des heißen Fisches verführerisch in die Nase steigt.

Lachs en papillote

1. Einen rechteckigen Bogen Backpapier ausschneiden, einmal übereinanderschlagen, falten und wieder öffnen. Ein Stück Lachsfilet in die Mitte der rechten Papierhälfte legen und mit angedünsteten Lauchjuliennes belegen.

2. Eine Scheibe Estragonbutter darauf legen und das Filet mit etwas Weißwein beträufeln.

3. Die Ränder der belegten Papierhälfte mit leicht geschlagenem Eiweiß bepinseln. Bei Alufolie erübrigt sich dieser Schritt.

4. Die linke Papierhälfte genau über die rechte schlagen. Die Ränder mit den Fingern fest andrücken und das Päckchen damit luftdicht verschließen. Die verschlossenen Ränder noch einmal mit Eiweiß bestreichen.

5. Die Ränder mehrmals ineinanderfalten, dabei mit den Fingern jede Falte fest andrükken. Bei 190 °C 7 bis10 Minuten pro ½ cm Filetdicke backen oder bis das Päckchen vollständig aufgebläht ist.

6. Das »Kissen« mit einer Schere bei Tisch oder in der Küche aufschneiden.

7. Das Lachsfilet und die Garflüssigkeit in vorgewärmten, tiefen Tellern anrichten und servieren oder die ungeöffneten Päckchen auf großen Tellern servieren und von den Gästen selbst öffnen lassen.

Siehe auch
Kräuterbutter, Seite 47
Lauch in Juliennes schneiden, Seite 20
Lachs filetieren, Seite 224

Im Glossar
Andünsten
Backen
Dämpfen
Schmoren

Fisch im Ofen schmoren

Ganzen Fisch, Filets oder Steaks in wenig aromatischer Flüssigkeit zu schmoren, ist einfach und praktisch. Der Fisch gibt während des Garens im Ofen sein Aroma an die Flüssigkeit ab, so daß man daraus schnell delikate Saucen zubereiten kann.

Die Technik ist einfach: Ein Backblech oder eine Pfanne, die groß genug ist, um den Fisch aufzunehmen, wird gebuttert. Der Backblech- oder Pfannenboden wird mit gehackten, aromatischen Zutaten, wie Schalotten, Knoblauch, kleinen Gemüsewürfeln (Brunoises) oder feingehackten rohen Pilzen, bestreut. Der Fisch wird darauf gelegt (Filets oder Steaks immer nebeneinander legen) und mit Salz und Pfeffer gewürzt. Dann kommt genug Flüssigkeit – Wein, Fischfond oder konzentrierter Rotwein-Fischfond – hinzu, so daß der Fisch zur Hälfte bedeckt ist. Das Blech oder die Pfanne wird lose mit einem Stück Backpapier oder Alufolie abgedeckt und auf den Herd gestellt. Wenn die Flüssigkeit köchelt, schiebt man das Blech oder die Pfanne in den Ofen und schmort den Fisch, bis er gar ist. Man kann die aromatischen Zutaten auch weglassen, Flüssigkeit angießen, den Fisch abdecken und schmoren. Der fertige Fisch wird herausgehoben und mit dem ungebundenen oder gebundenen Schmorsaft serviert (siehe Kasten, Seite 117).

Flunder mit Weißwein und Schalotten schmoren

1. Den Boden einer ofenfesten, ovalen Pfanne großzügig mit gehackten Schalotten bestreuen und die enthäutete Flunder darauf legen.
2. Wein und Fischfond angießen, bis der Fisch zur Hälfte mit Flüssigkeit bedeckt ist.
3. Die Pfanne auf den Herd stellen und die Flüssigkeit bei starker Hitze zum Köcheln bringen. Ein oval ausgeschnittenes Stück Backpapier oder Alufolie auf den Fisch legen und alles bei 190 °C schmoren,

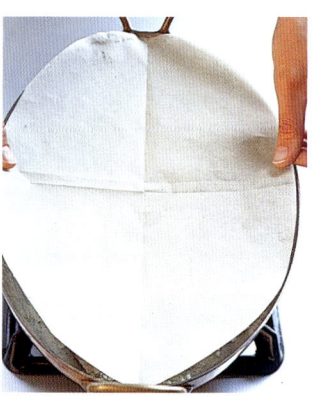

bis der Fisch gar ist, dabei 7 bis 10 Minuten pro 2 ½ cm Dicke des Fisches rechnen.
4. Die Pfanne bei mittlerer Hitze auf den Herd stellen, das Backpapier entfernen und mit einem breiten Spatel oder Bratenwender die Flunder auf eine vorgewärmte Platte oder einen großen Teller legen.

5. Butter unter die kochende Flüssigkeit in der Pfanne schlagen.
6. Die Sauce mit Salz und Pfeffer abschmecken und über den Fisch löffeln. Im Ganzen servieren oder die Flunder am Tisch vorlegen (siehe Seite 127).

Red Snapper mit Rotwein-Fischfond geschmort

1. Den geschuppten und gesäuberten Fisch in eine ovale Auflaufform legen, die groß genug ist, um den Fisch ganz aufzunehmen. Den Red Snapper mit kochend heißem, konzentriertem Rotwein-Fischfond übergießen und bei 180 °C in den Ofen schieben.

2. Den Fisch schmoren, bis er gar ist. Dabei alle paar Minuten mit Fond begießen. Den Fisch auf einen Teller legen.

3. Butter unter die heiße Schmorflüssigkeit in der Auflaufform schlagen oder die Flüssigkeit in einen kleinen Topf gießen und die Butter hineinschlagen. Mit Salz und Pfeffer abschmecken.

4. Der Fisch kann im ganzen oder, wie hier, filetiert serviert werden. Die fertige Sauce über den Fisch löffeln.

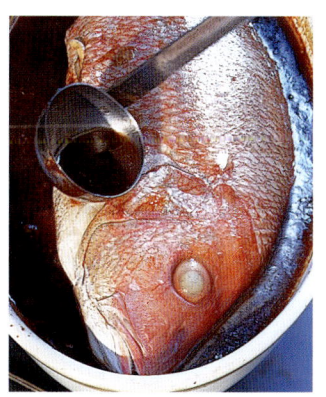

Tips und Anmerkungen

- Die Haut von Filets vor dem Garen abziehen, da sie beim Schmoren gummiartig wird.

- Ganze Plattfische, wie Seezunge und Flunder, vor dem Garen schuppen und säubern. Bei fast allen Plattfischen wird zumindest die obere, dunkle Haut abgezogen. Die Haut von rohen Flundern läßt sich nur schwer abziehen, deshalb sollte man sie in Streifen entfernen oder den Fisch nach dem Garen enthäuten.

- Im Gegensatz zu gebratenen ganzen Fischen (siehe Seite 118) muß man Fische, die im ganzen geschmort werden sollen, vorher schuppen und säubern.

- Die Flüssigkeit muß köcheln, bevor der Fisch in den Ofen kommt. Ist sie anfangs kalt, gart die Oberseite des Fisches schneller als die Seite, die auf dem Boden des verwendeten Kochgeschirrs liegt.

- Große, runde Fische, wie Red Snapper, ohne Deckel schmoren und öfters mit Garflüssigkeit begießen.

- Am einfachsten serviert man die Garflüssigkeit als Brühe, die in großen, tiefen Tellern um den Fisch gelöffelt wird. Man kann sie aber auch leicht einkochen und mit kalten Butterstücken aufschlagen oder mit anderen Zutaten binden, die unter die Flüssigkeit geschlagen werden, wie etwa Sahne, Gemüsepürees und Mehlbutter (Beurre manié). Eventuell die Sauce – besonders, wenn sie mit Sahne verfeinert wird – noch einkochen, damit sie ausreichend bindet.

Siehe auch

Plattfisch säubern und enthäuten, Seiten 230 und 234

Runden Fisch ausnehmen und vorbereiten, Seite 220

Filet enthäuten, Seite 233

Gegarte Seezunge oder Flunder filetieren, Seite 127

Konzentrierter Rotwein-Fischfond, Seite 33

Im Glossar

Backpapier und Alufolie zum Abdecken

Beilage

Bindemittel

Mirepoix

Monter au beurre

Schmoren

Ganzen Fisch braten

Sehr schmackhaft läßt sich Fisch zubereiten, wenn man ihn im ganzen brät. Haut und Gräten bleiben dabei erhalten, Geschmack und Saft bleiben im Fisch. Gebratener Fisch und überhaupt ganze Fische werden bei uns nicht allzu häufig zubereitet, da viele nicht wissen, wie man sie ißt. Dennoch sind Geschmack und Konsistenz eines im ganzen zubereiteten Fisches unvergleichlich. Sehr gut zum Braten eignen sich Red Snapper, Seebarsch (Wolfsbarsch, Seewolf, Loup de mer oder Bar), Streifenbarsch (Striped Bass, Gestreifter Sägebarsch), Seesaibling und Lachsforelle.

Im ganzen gebratenen Fisch kann man mit kaltgepreßtem Olivenöl sowie einigen Tropfen Zitronensaft oder gutem Weinessig beträufelt servieren, oder man reicht Olivenöl und Essig bzw. Zitronenspalten separat dazu.

Ganzen Fisch braten und zerlegen

1. Den vorbereiteten Fisch (hier geschuppter Seebarsch) mit Olivenöl einreiben und mit Salz und Pfeffer würzen. Den Fisch bei 220 °C in den Ofen schieben und etwa 7 bis 10 Minuten pro 2 ½ cm Dicke braten.

2. Mit einem Fischmesser und einer Gabel oder mit zwei Eßlöffeln die Haut entlang der Rückengräte durchtrennen.

3. Während der Fisch mit der Gabel oder einem der Löffel gehalten wird, mit dem Messer oder dem anderen Löffel die dünnen Gräten der Rückenflosse herausstreifen und in die Bratpfanne drücken.

4. Mit dem Messer oder einem Löffel die Haut des oberen Filets in der Mitte entlang dem Rückgrat durchtrennen, dabei mit Messer oder Löffel bis zum Rückgrat durchdrücken. Die Haut der Länge nach vom Schwanz bis zum Kopf durchtrennen, um das obere Filet in zwei Hälften zu teilen.

5. Die Haut hinter dem Kopf durchtrennen, um den Kopf vom oberen Filet zu trennen.

6. Bei sehr großen Fischen das obere Filet nochmals quer halbieren.

7. Mit dem Messer oder einem Löffel die zwei Stücke des Filets abheben.

8. Mit Hilfe des Messers und der Gabel alle kleinen Gräten entlang der Rückenflosse entfernen.

9. Die Filethälfte quer in zwei Stücke schneiden und mit dem Messer oder einem Löffel abheben.

10. Das Messer unter das Rückgrat schieben.

11. Das Rückgrat vorsichtig abheben und beiseite legen.

12. Den Kopf abtrennen.

13. Alle noch am unteren Filet haftenden Bauchgräten vorsichtig entfernen.

14. Das untere Filet wie das obere Filet in vier Stücke teilen.

15. Die Filetstücke auf einer vorgewärmten Platte oder auf Tellern servieren.

Mit Schuppen gebratenen ganzen Fisch enthäuten

Die meisten im ganzen gebratenen Fische kann man mit den Schuppen braten, außer man möchte die knusprige Haut mitessen.

1. Mit einem kleinen Messer oder einem Fischmesser die Haut am Rücken des Fisches entlangfahren und dabei durchschneiden.

2. Die Haut in einem Stück abziehen. Die Rückengräte entfernen. Den Fisch tranchieren (siehe Seite 119).

Siehe auch

Ganzen runden Fisch säubern und schuppen, Seite 220

Garprobe, Seite 66

Im Glossar

Braten

Tips und Anmerkungen

• Fische bis zu einem Gewicht von 2½ kg bei 220 °C braten. Fische, die 2½ kg und mehr wiegen, bei 180 °C braten. Die niedrige Temperatur verhindert, daß die Haut verbrennt und der Fisch außen austrocknet, bevor die Hitze den Fisch ganz durchdrungen hat.

• Zur Garprobe den Fisch an seiner dicksten Stelle, meist am Rücken hinter dem Kopf, mit einem Fleischthermometer parallel zur Rückengräte einstechen. Der Fisch ist gar, wenn die Innentemperatur 57 °C beträgt. Oder mit einem Messer entlang der Rückengräte in das Rückenfleisch hinter dem Kopf stechen und das Fleisch etwas zur Seite schieben. Haftet es noch fest an der Gräte und ist es noch durchscheinend, muß der Fisch weiter garen. Läßt sich das Fleisch leicht von der Rückengräte wegdrücken und haftet kaum noch, ist der Fisch gar. Nicht länger als bis zu diesem Punkt garen, sonst trocknet das Fleisch aus.

• Pro Portion rechnet man etwa 500 g ganzen Fisch.

• Ganzer Fisch muß vor dem Garen gesäubert, aber nicht unbedingt geschuppt werden: Die Schuppen helfen, den aromatischen Fleischsaft besser zu halten, und erleichtern das Abziehen der Haut in einem Stück. Soll die Haut vor dem Servieren entfernt werden, kann man sich das Schuppen sparen. Fische, die mit der Haut serviert werden sollen, vor dem Garen schuppen.

Fisch und Meeresfrüchte fritieren

Fritieren hat den Vorteil, daß Fisch oder Meeresfrüchte sehr heiß, knusprig und aromareich aus dem heißen Öl kommen. Keine andere Garmethode bietet einen so angenehmen und deutlichen Kontrast zwischen dem saftigen Inneren und der zarten, knusprigen Kruste. Magere, weißfleischige Fischfilets eignen sich besonders gut zum Fritieren, genauso wie Garnelen, Kalmare und Baby-Oktopus.

Fisch oder Meeresfrüchte werden zum Fritieren in Mehl gewendet, mit Semmelbröseln paniert oder in einen Backteig aus Mehl und Wasser (oder kohlensäurehaltigem Mineralwasser) oder Tempura-Backteig gehüllt. Mehl ergibt eine feine Kruste, die man kaum bemerkt: Man schmeckt mehr vom Fisch. Semmelbrösel und Backteige dagegen ergeben eine feste, knusprige Außenhülle. Für besonders knusprig fritierten Fisch oder Meeresfrüchte empfiehlt sich ein Teigmantel aus Semmelbröseln, Backteig oder Tempura-Backteig, wobei letzterer am knusprigsten gerät.

Tempura-Backteig unterscheidet sich grundlegend von anderen Fritier-Backteigen, die auf Mehl basieren. Während andere Backteige geschlagen oder gemixt werden, bis sie absolut glatt sind (meist werden sie noch durch ein Sieb passiert) und anschließend ruhen müssen, damit sich das Klebereiweiß (Gluten) vor dem Fritieren entspannen kann, wird Tempura-Backteig unmittelbar vor dem Fritieren gemixt. Die Zutaten werden sehr kurz zusammengemixt (und enthalten deshalb auch Klumpen), so daß sich der Kleber im Mehl nicht ausbilden kann.

121

Fritierte Flunder-Goujonettes

Goujonettes (dt.: Gründlinge) sind schmale Fischstreifen, die aus einem größeren Filet geschnitten werden und wie kleine, fritierte Fische aussehen sollen. Fritierte Goujonettes serviert man als ersten Gang mit Sauce tartar oder gribiche oder mit Balsamessig beträufelt wie Fish-and-chips.

1. Ganze, enthäutete Filets teilt man längs entlang dem dünnen, knorpeligen Streifen in der Mitte des Filets.

2. Den Streifen wegschneiden und wegwerfen.

3. Die Filets quer zur Faser diagonal in 1½ cm dicke und etwa 8 cm lange Streifen schneiden. Die Streifen aus dem Ende der Filets sind entsprechend kürzer.

4. Unmittelbar vor dem Fritieren die Goujonettes in Mehl wenden.

5. Dann die Streifen auf einem Trommelsieb oder in einem großen Durchschlag wenden, um überschüssiges Mehl zu entfernen.

6. Sobald die Goujonettes mehliert sind, die Streifen etwa 10 Sekunden bei 190 °C fritieren. Genau auf die Zeit achten, denn Goujonettes sind sehr schnell gar. Auf Küchenkrepp abtropfen lassen und sofort servieren.

Garnelen-Tempura

In Japan wird Garnelen-Tempura meist mit einem einfachen Dip aus Dashi, Mirin (süßem Kochwein), Sojasauce und Ingwer serviert. Die kleinen Schwanzflossen beim Schälen nicht entfernen.

1. Mit Eßstäbchen Eigelbe und Eiswasser leicht verquirlen. Die Eigelbe müssen dabei nicht vollständig glattgerührt werden. Dann das Mehl auf einmal zugeben und einige Sekunden rühren, bis der Teig zu einer homogenen Masse (mit Klümpchen) wird.

2. Die Garnelen jeweils unmittelbar vor dem Fritieren in den Teig tauchen.

3. Die Garnelen mit einer Zange am Schwanzende halten und in 190 °C heißes Fett tauchen. Etwa 1 Minute fritieren.

4. Die Garnelen wie hier mit einer Drahtkelle, einem Schaumlöffel oder einem Fritierkörbchen aus Draht herausnehmen. Auf Küchenkrepp abtropfen lassen und sofort servieren.

Tips und Anmerkungen

- Fisch und Meeresfrüchte bei 190 °C fritieren.

- Fisch von mageren, weißfleischigen Fischen, wie Kabeljau, Schellfisch, Seezunge und Flunder, kann man in dünne Streifen (Goujonettes) schneiden. Sind die Filets dicker als 2 cm, schneidet man sie horizontal in zwei Schichten.

- Goujonettes kann man einige Stunden im voraus schneiden und kaltstellen, aber erst unmittelbar vor dem Fritieren in Mehl wenden.

- Die Zutaten für Tempura-Backteig nicht zu lange rühren. Der Teig darf ruhig Mehlklümpchen enthalten, die an der Seitenwand der Schüssel hängenbleiben. In Japan wird Tempura-Backteig gern mit Eßstäbchen gerührt, damit er nicht zu stark bearbeitet wird.

- Fritierten Fisch oder fritierte Meeresfrüchte sofort und sehr heiß servieren.

Siehe auch

Mit Semmelbröseln panieren, Seite 162
Leichte Backteige, Seite 78
Garnelen schälen und entdarmen, Seite 131
Flunder filetieren, Seite 230
Sauce gribiche, Seite 43
Dashi, Seite 143

Im Glossar
Fritieren
Goujonettes
Panieren

Fisch und Meeresfrüchte grillen

Grillen ist die einzige gebräuchliche Garmethode über offenem Feuer. Es verleiht Fisch und Meeresfrüchten einen leichten Räuchergeschmack und eine knusprige, schmackhafte Kruste. Zum Grillen eignen sich besonders ganze Fische, festfleischige Steaks oder Filets, Garnelen und Jakobsmuscheln. In der kalten Jahreszeit kann man mit Hilfe einer Grillpfanne auch auf dem Küchenherd grillen. Diese Pfanne ähnelt einer schweren Pfanne aus Gußeisen, hat aber einen gerillten Boden, der fast die gleiche Wirkung erzielt wie ein richtiger Grill. Weichtiere, wie Austern und Muscheln, werden manchmal in der Schale gegrillt, was aber weniger zu empfehlen ist. Auch wenn die Hitze bewirkt, daß sich die Schalen öffnen, leidet dadurch der Eigengeschmack der Weichtiere.

Wichtig ist, daß Fisch und Meeresfrüchte nicht am Grillrost haften. Ganze Fische, wie Red Snapper, Gabelmakrele oder Seebarsch, müssen vorsichtig gewendet werden, damit sie nicht auseinanderfallen. Festfleischige Steaks von Thunfisch, Schwertfisch und Hai eignen sich besonders gut zum Grillen, da sie nicht zerfallen, nicht kleben und gegrillt äußerst schmackhaft sind.

Gegrillte Garnelen

Gegrillte Garnelen schmecken ganz köstlich, wenn die Schale nicht entfernt wird und sie erst bei Tisch geschält werden. Noch köstlicher sind die Garnelen, wenn man sie mit Kopf grillt.

Die Garnelen leicht salzen und in der Schale etwa 5 Minuten grillen, bis die Schale vollständig rosa geworden ist. Sehr heiß servieren.

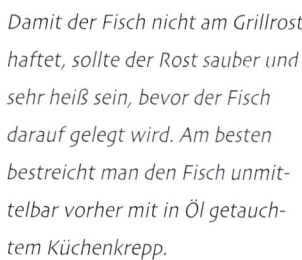

Damit der Fisch nicht am Grillrost haftet, sollte der Rost sauber und sehr heiß sein, bevor der Fisch darauf gelegt wird. Am besten bestreicht man den Fisch unmittelbar vorher mit in Öl getauchtem Küchenkrepp.

Ganzen Fisch in der Grillpfanne grillen

In der Grillpfanne bekommen Fisch und Meeresfrüchte einen leichten Räuchergeschmack, und man benötigt kaum Fett. Das Fleisch von Makrelen und Gabelmakrelen ist besonders fest und fettreich und eignet sich daher sehr gut zum Grillen. Gabelmakrelen sind schuppenfrei, man sollte sie aber vor dem Grillen säubern.

Den Schwanz wegschneiden, so daß der Fisch in die Grillpfanne paßt, dann mit Olivenöl einreiben. Bei starker Hitze etwa 5 Minuten grillen, dann den Fisch um 90 Grad drehen und weitere 5 Minuten grillen, damit der Fisch Grillstreifen bekommt. Wenden und weitere 8 Minuten (je nach Dicke auch länger) grillen, bis er gar ist.

Tips und Anmerkungen

• Ganzen Fisch kann man auch ungeschuppt grillen. Durch diesen natürlichen Schutz haftet der Fisch nicht am Grillrost, und der delikate Fleischsaft geht nicht verloren. Die Haut nicht mitessen.

• Um ganzen Fisch geschuppt zu grillen, legt man ihn in einen verschließbaren Grillkorb. Anstatt den Fisch selbst zu wenden, dreht man einfach den Grillkorb um. Der Grillkorb hat auf jeder Seite »Stützen«, durch die man ihn direkt auf die glühenden Kohlen stellen kann. Oder die Stützen einklappen und den Grillkorb direkt auf den Rost legen.

• Eine weitere Methode, Fisch zu grillen, besteht darin, die Filets mit der Hautseite auf grobes Salz zu drücken (siehe rechts). Das Salz bildet eine Schutzschicht zwi-

schen Fisch und Grillrost und verhindert, daß die Haut am Rost haftet. Überschüssiges Salz kann abgeklopft werden, oder man entfernt die Haut unmittelbar vor dem Servieren. Bei Lachsfilet sollte man die salzige Haut ruhig dranlassen, denn sie ist besonders knusprig und lecker.

• Fischsteak oder -filet nicht mit einem Pfannenwender vom Rost heben, um weder Haut noch Fleisch zu verletzen. Statt dessen mit zwei Stäbchen oder einer zweizackigen Fleischgabel unter den Fisch fahren, ihn vorsichtig anheben und einen Spatel zum Wenden darunterschieben, oder den Fisch auf einen Teller oder eine Platte heben. Für Meeresfrüchte, wie Garnelen, am besten eine Grillzange nehmen.

Siehe auch
Runden Fisch vorbereiten,
  Seite 220
Fisch zerlegen, Seite 118
Garnelen säubern, Seite 131
Haut und Schuppen entfernen, Seite 120

Im Glossar
Grillen (auch zum Thema
  Grillpfannen)

Fisch und Meeresfrüchte knusprig sautieren

Durch Sautieren erhalten Fisch und Meeresfrüchte eine knusprige, goldbraune Kruste. Sie werden in Butter (am besten in geklärter Butter, die bei höheren Temperaturen nicht verbrennt) oder Öl bei starker Hitze gebraten, so daß die Außenseite schnell bräunt, bevor das Innere übergart. Um kleinere Meeresfrüchte, wie Jakobsmuscheln oder Garnelen, besser wenden zu können, nimmt man eine Pfanne mit abgeschrägtem Rand, die sich leicht schwenken läßt. Ganze Fische, Fischfilets und -steaks würden bei dieser Methode Schaden nehmen, daher werden sie auf einer Seite gebräunt und anschließend mit Hilfe eines Pfannenwenders vorsichtig gewendet.

Fischsteaks, dickere Filets und kleinere ganze Fische, wie Seezunge oder Forelle, kann man sehr gut sautieren, da sie innen in der gleichen Zeit gar sind, wie sie außen goldbraun braten. Dünne Filets von besonders empfindlichen Fischen, wie Flunder, zerfallen, wenn man sie nur um Sekunden zu lange gart. Darum sollte man beim Sautieren von dünnen Filets unbedingt am Herd bleiben.

Die meisten Filets brät man mit Haut, da sie das Filet zusammenhält. Zudem ist eine knusprige Haut sehr schmackhaft und dekorativ. Ausnahmen bilden Fische, deren Haut dick und ledrig ist, wie Zackenbarsch. Fischhaut klebt leicht, daher sollte man eine beschichtete oder eine andere nicht haftende Pfanne verwenden. Die Haut der Filets zieht sich bei Hitzezufuhr zusammen, wodurch sich die Filets aufstellen können. Um dies zu vermeiden, brät man sie zuerst auf der Fleischseite ein bis zwei Minuten an, so daß das Fleisch auf der Hautseite bereits fest ist. Dann wird das Filet gewendet und mit dem Rücken eines Pfannenwenders auf den Pfannenboden gedrückt, damit die Haut gleichmäßig bräunt.

Die Zubereitung à la meunière eignet sich ausgezeichnet für fast alle kleineren ganzen Fische oder für Filets. Der Fisch wird mehliert und in Butter (vorzugsweise geklärter Butter) sautiert. Das Mehlieren empfiehlt sich besonders für Plattfische wie Seezunge, da das Mehl den Bräunungsvorgang beschleunigt und der Fisch so nicht zu lange gegart wird (Mehl und andere Teighüllen bräunen schneller als der Fisch selbst). Sobald der Fisch gar ist, hebt man ihn aus der Pfanne und legt ihn auf eine Servierplatte oder auf Teller und beträufelt ihn mit Zitronensaft. Die zum Braten verwendete Butter wird weggeschüttet, und der Fisch wird mit frischer Butter überzogen, die man in der gleichen Pfanne zerläßt, bis sie aufzuschäumen und leicht zu bräunen beginnt (Beurre noisette).

Mit Haut sautierte Red-Snapper-Filets

1. Die kleinen Gräten am Kopfende des Filets eventuell mit einer Zange herausziehen, was jedoch umständlich ist und zudem oft das Fleisch verletzt. Besser die Filets entlang jeder Seite des Grätenkammes einschneiden und so alle Gräten auf einmal entfernen.

2. Die Filets in zwei gleichgroße Stücke ähnlicher Form schneiden.

3. Die Filets mit Salz und Pfeffer würzen und mit der Fleischseite nach unten in heißem Öl oder heißer Butter 1 bis 2 Minuten braten.

4. Die Filets wenden und mit dem Rücken eines Pfannenwenders auf den Boden der Pfanne drücken, während die Hautseite brät. So zieht die Haut sich nicht zusammen und bräunt gleichmäßig. Die Filets, falls nötig, erneut wenden und auf der Fleischseite fertig braten. Aus der Pfanne heben und auf eine Servierplatte oder vorgewärmte Teller legen. Nach dem Sautieren kann man den Bratensatz mit gutem Weinessig, Olivenöl und Kräutern ablöschen. Oder Butter wie bei Seezunge à la meunière in der Pfanne aufschäumen lassen. Der Bratensatz kann aber auch mit Wein und/oder Fischfond abgelöscht und die Sauce mit Sahne oder Butterflocken gebunden werden.

Tips und Anmerkungen

• Die weiße Haut von Plattfischen vor dem Sautieren schuppen. Die dunkle Haut auf der Oberseite entweder ebenfalls schuppen oder abziehen.

• Große Filets in kleinere Stücke schneiden und portionieren. Plattfischfilets, die seitlich in der Mitte zusammengehalten werden, voneinander trennen und den Mittelstreifen entfernen. Fischsteaks entgräten und nach Belieben zu Medaillons binden.

• Fisch und Meeresfrüchte je nach Dicke bei mittlerer bis starker Hitze sautieren. Je dünner die Filets, desto größer die Hitze. Mehlierte oder in einen Teigmantel gehüllte Fische bei mäßigerer Hitze braten, da die Hülle schneller bräunt als der Fisch selbst.

• Man rechnet 7 bis 10 Minuten Garzeit pro 2½ cm Dicke des Fisches oder Filets.

• Am besten in einer beschichteten oder nicht haftenden gußeisernen Pfanne sautieren.

• Empfindliches Sautiergut mit einem großen Pfannenwender wenden, der ganze Stücke aufnehmen kann.

Seezunge à la meunière

1. Die gesäuberte und vorbereitete Seezunge mit Salz und Pfeffer würzen und in Mehl wenden. Überschüssiges Mehl abklopfen. Den Fisch bei mittlerer Hitze in Öl oder geklärter Butter mit der Oberseite (deren Haut dunkler ist) nach unten braten.

2. Den Fisch nach etwa 5 Minuten wenden, wenn er auf der ersten Seite goldbraun ist, und weitere 5 Minuten braten. Den Fisch im ganzen servieren oder zuvor filetieren und auf Tellern anrichten (siehe Seite 127). Den Fisch mit Zitronensaft beträufeln.

3. Das Fett, in dem die Seezunge gebraten wurde, weggießen, die Pfanne mit einem Stück Küchenkrepp auswischen und frische Butter darin zerlassen (oder die Butter separat erhitzen). Die Butter, sobald sie aufschäumt und hellbraun wird, über den Fisch gießen. Sofort servieren.

Fertige Seezunge oder Flunder filetieren

1. Mit einem Fischmesser und einer Gabel oder zwei Eßlöffeln den Grätensaum (Flossensaum) entlang dem Rand abtrennen.

2. Ein Messer oder einen Löffel an der Mittelgräte zwischen den beiden Filets ansetzen und die Filets von der Gräte leicht ablösen.

3. Mit dem Fischmesser oder Löffel zwischen die Filets und die Hauptgräten fahren und die Filets behutsam abheben.

4. Die Filets an den inneren Rand einer vorgewärmten Servierplatte legen.

5. Die Mittelgräte mit dem Fischmesser oder Löffel von den unteren Filets abheben.

6. Den Kopf von der Mittelgräte abtrennen und die Gräten an den Rand legen.

7. Den Grätensaum mit dem Messer oder Löffel entfernen.

8. Die unteren Filets abheben und in die Mitte der Servierplatte legen.

9. Die oberen Filets über die unteren legen.

Siehe auch
Butter klären, Seite 46
Heiße Vinaigrette, Seite 38
Fischfond, Seite 32
Blaukrabben sautieren, Seite 138
Plattfisch vorbereiten, Seite 230
Streifenbarsch filetieren, Seite 222
Frische Semmelbrösel, Seite 164
Grätensaum, Seite 230

Im Glossar
Kurzbraten
Monter au beurre
Panieren
Sautieren

Kalmare und andere Tintenfische garen

Kalmare und andere Cephalopoden, wie Krake (Oktopus) und Sepia, werden nicht wie die meisten Fische und Meeresfrüchte zubereitet, da sie beim Kochen sehr fest werden. Kalmar wird entweder sehr kurz gegart – keinesfalls länger als 1 bis 2 Minuten, sonst wird er zäh –, oder sehr lange, bis er wieder weich wird. Beim Kurzgaren unterscheidet sich Kalmar nicht von anderen Fischen und Meeresfrüchten. Man kann ihn fritieren, sautieren oder rührbraten. Kalmar eignet sich auch sehr gut für einen schnellen Eintopf. Zuerst wird er in etwas Öl oder Butter kurz angebraten, dann kommt etwas aromareiche Flüssigkeit, wie Weißwein, hinzu. Während der Kalmar gart (1 bis 2 Minuten), kocht die Flüssigkeit zu einer leichten Sauce ein. Diese Technik nennt man auch Kurzschmoren.

Krake (Oktopus) und Sepia garen länger als Kalmar, da sie dicker und fester sind. Sepia kann genau wie Kalmar geschmort werden, nur sollte man ihn 35 Minuten zugedeckt kochen, bevor man ihn im offenen Topf (siehe rechts) weitere 45 bis 60 Minuten schmort. Krake (Oktopus) wird genau wie Rinderschmortopf zubereitet.

Zum Langzeit-Garen oder Schmoren benötigt Kalmar 45 bis 60 Minuten. Er wird mit aromatischen Gemüsen und Flüssigkeit zugedeckt geschmort. Ein körper- und bouquetreicher Rotwein eignet sich ausgezeichnet zum Schmoren von Kalmar, Sepia und Krake (Oktopus), da Rotwein den Geschmack von Cephalopoden besonders unterstreicht. Die meisten Eintöpfe werden zugedeckt gegart, nur Kalmare schmort man meist im offenen Topf, da sie viel Flüssigkeit abgeben und relativ schnell gar sind. So kann die Flüssigkeit während des Schmorens besser einkochen.

Kalmare werden in Flossen, Fangarme (Tentakel) und Körpermantel getrennt. Der Körpermantel wird vor dem Garen meist in Ringe geschnitten.

Geschmorter Kalmar mit Rotwein

Kalmar kann mit jeder Flüssigkeit geschmort werden. Hier werden Rotwein und gehackte Tomaten verwendet. Sehr gut passen dazu Aïoli und gegrillte Baguettescheiben.

1. Einen aromatischen Ansatz zubereiten: Gehackte Schalotten, Knoblauch und andere aromatische Gemüse in wenig Olivenöl bei mittlerer Hitze etwa 10 Minuten andünsten, bis das Gemüse leicht karamelisiert.

2. Die geschnittenen Kalmare zufügen und so viel Flüssigkeit, in diesem Falle geschälte und entkernte Tomaten, angießen, daß die Kalmare bis zur Hälfte bedeckt sind.

3. Ein Bouquet garni zugeben und die Kalmare vollständig mit Rotwein bedecken.

4. Zum Kochen bringen und etwa 45 Minuten köcheln lassen, bis die Kalmare weich sind und nur noch wenig Flüssigkeit übrig ist.

5. Nach Belieben mit getoastetem Brot und Aïoli servieren.

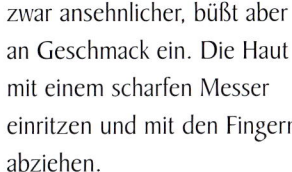

zwar ansehnlicher, büßt aber an Geschmack ein. Die Haut mit einem scharfen Messer einritzen und mit den Fingern abziehen.

7. Den Körpermantel in Ringe schneiden (oder füllen).

8. Sehr lange Tentakel durch den Ring in mehrere Stücke schneiden.

Kalmar säubern

1. Die Tentakel dicht unter dem Auge abschneiden, aber nicht zu weit unten, damit sie durch einen schmalen Ring verbunden bleiben.

2. Die Tentakel leicht zurück-biegen; die Kauwerkzeuge (Schnabel) und allen in der Mittelöffnung verbliebenen Sand herausdrücken.

3. Sämtliche Innereien aus dem Körpermantel ziehen. Dazu mit den Fingern in den Mantel fah-ren. Den Mantel kalt abbrausen.

4. Das schmale, transparente Fischbein herausziehen.

5. Die Flossen abschneiden und in Streifen schneiden.

6. Durch Abziehen der vio-letten Haut wirkt der Kalmar

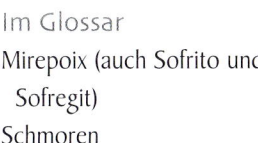

Siehe auch

Ragout ohne vorheriges Bräunen, Seite 210

Tomaten entkernen und hacken, Seite 36 und 50

Aïoli, Seite 43

Fisch und Meeresfrüchte fritieren, Seite 121

Fisch und Meeresfrüchte sautieren, Seite 125

Fisch und Meeresfrüchte rührbraten, Seite 130

Im Glossar

Mirepoix (auch Sofrito und Sofregit)

Schmoren

Fisch und Meeresfrüchte im Wok rührbraten

Rührbraten funktioniert ähnlich wie Sautieren und Kurzbraten. Diesen Garmethoden ist gemeinsam, daß die Zutaten schnell bei hoher Temperatur in wenig Fett gebraten werden. Durch die abgerundete, sich nach oben öffnende Seitenwand des Woks wird das Rühren und Wenden der Zutaten mit einem Löffel, Holzlöffel oder einem Paar Eßstäbchen vereinfacht. Man erhitzt bei hoher Temperatur in einem Wok eine kleine Menge an Öl, gerade genug, um die Nahrungsmittel damit zu überziehen. Dann fügt man aromatische Zutaten, wie Knoblauch, Ingwer und/oder Chillies, hinzu und brät sie unter Rühren etwa eine Minute, damit das Öl ihr Aroma annimmt. Diese Zutaten kann man mit einem Schaumlöffel herausnehmen, wenn sie braun werden, oder in dem heißen Öl lassen. Dann kommen z. B. Fisch oder Meeresfrüchte portionsweise dazu, wobei Zutaten mit längerer vor denen mit kürzerer Garzeit zugefügt werden. Dabei wird schnell bei starker Hitze gerührt. Sobald alles gar ist, gießt man Brühe oder andere aromatische Flüssigkeiten hinzu und erhält so eine Sauce, die die Zutaten überzieht. In der chinesischen Küche wird meist mit Wasser angerührte Speisestärke in die Sauce gerührt, damit sie dicker wird. Kokosmilch ist eine wunderbare Zutat für rührgebratene Gerichte der asiatischen und vor allem der thailändischen Küche.

Alle festfleischigen Fische und Meeresfrüchte, wie Jakobsmuscheln, Garnelen, Kalmare und Flußkrebsschwänze, eignen sich zum Rührbraten. Besonders zarte Filets sollte man dagegen nicht auf diese Art zubereiten: Sie fallen zu leicht auseinander. Ein Wokring, der auf eine Gasflamme des Herdes gestellt wird und den Boden des Topfes stützt, erleichtert die Handhabung dieses Kochgeräts.

Garnelen mit Cashewkernen

1. Erdnuß- oder Pflanzenöl in einem Wok erhitzen. Aromatische Zutaten, wie Ingwer und Knoblauch (siehe rechts), zum Aromatisieren des Öls zufügen und mit einem Schaumlöffel herausnehmen, sobald sie braun werden.

2. Garnelen, Cashewnüsse, gehackte Jalapeño-Chillies und Paprika gleichzeitig zugeben, dabei schnell rühren. Alles garen, bis die Zutaten fertig sind. Sofort servieren.

Garnelen schälen und entdarmen

Ist der Darm von Garnelen mit dunklen Rückständen gefüllt, muß er entfernt werden. Am besten bei mehreren Garnelen prüfen, ob der Darm sauber ist.

1. Die Köpfe der Garnelen, falls noch vorhanden, durch Herausdrehen entfernen; eventuell einfrieren und für Suppen, Saucen und Fonds verwenden.

2. Nach Belieben die Garnelenschwänze schälen. Sollen die Garnelen bei Tisch mit dem Schwanzende angefaßt werden, die Schale an den kleinen Schwanzflossen belassen.

3. Um den Darm der Garnelen zu entfernen, die Schwänze mit einem kleinen Messer am Rücken einschneiden.

4. Den Darm mit dem Messer oder den Fingern vorsichtig herausziehen.

Siehe auch
Fischfond, Seite 32
Garnelenfond, Seite 34
Kokosmilch, Seite 29

Im Glossar
Bindemittel
Sautieren

Meeresfrüchte dämpfen

Hummer und Weichtiere, wie Miesmuscheln, Venusmuscheln und Herzmuscheln, dämpft man, indem man sie direkt in einen Topf mit etwas Flüssigkeit legt. Dazu ist nicht unbedingt ein Dämpfeinsatz oder ein kleines Blech erforderlich. Mies-, Venus- und Herzmuscheln werden häufig in mit Schalotten, Knoblauch und Petersilie aromatisiertem Weißwein gedämpft. Nach dem Dämpfen dient die Garflüssigkeit als Brühe für die Meeresfrüchte, zu der knusprige Baguettescheiben gereicht werden, oder man verwendet sie als Basis für eine Sauce. Die nach Meer duftende und schmeckende Garflüssigkeit läßt sich auch mit Olivenöl oder Butter verfeinern und dient so als Sauce zu den Meeresfrüchten oder für Pastagerichte.

Miesmuscheln öffnen sich nach etwa 5 Minuten, Herzmuscheln nach etwa 7 und Venusmuscheln nach etwa 10 Minuten. Hummer sind gar, wenn sie intensiv rot sind, meist nach etwa 12 Minuten. In vielen Rezepten ist eine längere Garzeit angegeben, aber selbst wenn der Hummer nur leicht übergart ist, schmeckt das Fleisch schon fest und trocken.

Hummer kann man genauso wie Weichtiere dämpfen: In einem großen zugedeckten Topf, der eine kleine Menge an kochender Flüssigkeit enthält, meist mit Kräutern und/oder Schalotten gewürztem Wein oder Wasser. Werden mehrere Hummer gleichzeitig in einem großen Topf gedämpft, plaziert man nach etwa 6 Minuten die oberen Hummer unten auf dem Topfboden und die unteren oben. Vorsicht: An dem heißen Dampf kann man sich leicht verbrennen!

Miesmuscheln mit Weißwein und Petersilie

1. Flüssigkeit und aromatische Zutaten, hier Weißwein, Schalotten und Petersilie, in einen Topf geben, der auch groß genug für alle Miesmuscheln ist, nachdem sie sich geöffnet haben. Zum Köcheln bringen.
2. Die Miesmuscheln in den Topf geben, zudecken und die Hitze erhöhen. Etwa 5 Minuten dämpfen, bis sich alle Muscheln geöffnet haben. Mit einem Schaumlöffel herausnehmen.
3. Die beiden Schalenhälften auseinandernehmen und mit einer Hälfte das Muschelfleisch aus der anderen herauslöffeln und essen.

Tips und Anmerkungen

- Weichtiere (Mies-, Herz- und Venusmuscheln) zugedeckt in etwa 1 bis 2 cm Flüssigkeit dämpfen, bis sie sich geöffnet haben.

- Ganze Hummer zugedeckt in etwa 1 bis 2 cm Wasser oder Weißwein dämpfen, bis sie intensiv rot sind. Dann ist das Fleisch gerade noch leicht durchscheinend. Nach Belieben 2 bis 3 Minuten weiterdämpfen. Darauf achten, daß immer ausreichend Flüssigkeit im Topf ist.

Miesmuscheln säubern

Eventuell an den Schalen von wilden Miesmuscheln haftende Seepocken oder Schmutz mit einer steifen Bürste wegschrubben oder mit dem Rücken eines stumpfen Messers wegkratzen. Da heute die meisten Miesmuscheln aus sogenannten Muschelgärten stammen und daher meist sehr sauber sind, muß man sie vor dem Garen meist nur kalt abspülen. Der »Bart« – das kleine Knäuel von Fasern, an dem sich die Muschel festhält – wird meist vor dem Garen herausgezogen. Doch einfacher lassen sich die Bärte nach dem Garen aus den bereits geöffneten Muscheln entfernen. Allerdings muß man Miesmuscheln nicht unbedingt entbarten, außer man serviert sie im ganzen in der Schale. Miesmuscheln aus Zuchtbetrieben (siehe Abbildungen) haben dünne Bärte, die man eigentlich nicht zu entfernen braucht.

Miesmuscheln säubern

1. Die Miesmuscheln unter fließendem kaltem Wasser abspülen, dabei mit den Händen in einem Durchschlag ständig wenden. Sind die Muscheln sehr schmutzig, schrubbt man sie mit einer steifen Bürste oder kratzt die Schalen mit dem Rücken eines Messers ab.
2. Die »Bärte« mit den Fingern herausziehen. Lassen sie sich nur sehr schwer enternen, greift man sie mit Hilfe eines Küchentuches und zieht sie heraus.

Siehe auch
Hummer töten, Seite 135

Im Glossar
Dämpfen

Austern öffnen

Im großen und ganzen unterscheidet man zwei Arten von Austern: längliche Austern, wie amerikanische Blue points und französische Fines de claires, sowie runde, relativ flache Austern, wie französische Belons und englische Colchester. Längliche Austern lassen sich am einfachsten mit einem speziellen Austernmesser öffnen, mit dem man am Scharnier (Schloß) einsticht. Runde Austern hingegen werden meist durch die Seite geöffnet. Die Auster zum Öffnen auf eine feste Arbeitsfläche legen.

Längliche Austern öffnen

1. Die Auster in einem gefalteten Küchentuch mit einer Hand festhalten, mit der anderen Hand das Austernmesser ebenfalls mit einem Tuch fest umfassen. Mit der Klinge in das Scharnier der Auster stechen und die obere Schale lösen.
2. Mit dem Messer rundherum unter die obere Schale fahren. Dabei gegen die obere Schale drücken, ohne die Auster zu verletzen. Die Auster von der oberen Schale wegschneiden.

3. Die obere Schale abheben. Mit dem fest gegen die Innenseite der unteren Schale gedrückten Messer die Schale entlangfahren, um den Muskel, der die Auster an der Schale hält, zu durchtrennen.

Runde Austern öffnen

1. Mit einem Austernmesser in die Seite der Auster fahren. Meist dauert es ein wenig, bis man die Öffnung zwischen den beiden Schalen gefunden hat. Dann das Messer gegen die Unterseite der oberen Schale gedrückt halten und mit dem Messer rundherum fahren, um die Auster zu lösen. Dabei nicht in die Auster schneiden.
2. Mit dem Messer an der unteren Schale entlangfahren, um den Muskel zu durchtrennen, der die Auster an der Schale hält.

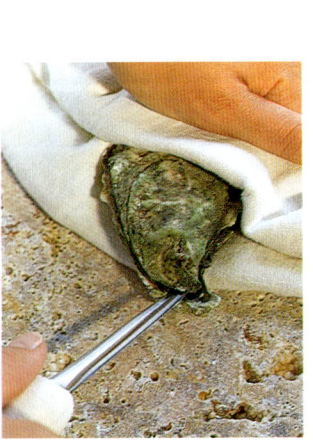

Hummer vorbereiten

Soll der Hummer einfach nur gedämpft und im ganzen serviert werden, genügt es, ihn kurz kalt abzuspülen. Bei aufwendigeren Rezepten jedoch muß man den Hummer meist aufbrechen und das gegarte Fleisch aus der Schale lösen oder den Hummer aufschneiden, wenn er noch roh ist. Dann wird er entweder der Länge nach gespalten oder quer in Stücke geschnitten.

Hummer auswählen

Für zahlreiche Rezepte braucht man den Rogen des weiblichen Hummers. Um das Geschlecht zu bestimmen, dreht man den Hummer um und betrachtet die kleinen Flossen zwischen Körper und Schwanz. Die kleinen Flossen von weiblichen Tieren sind beweglich und weich, die von männlichen Tieren sind hart.

Hummer töten

Hummer wird mit dem Kopf voran in kochendes Wasser getaucht und dadurch sofort getötet. Andere Verfahren sind in Deutschland gesetzlich verboten!

Rohen Hummer halbieren

Nachdem der Hummer tot ist, schneidet man ihn vom Kopf bis zum Schwanz in zwei Hälften. Mit den Fingern den kleinen Magensack aus dem Körper jeder Hummerhälfte entfernen. (Der Magensack fühlt sich fest an, wenn man mit den Fingern die Innenseite des Körpers entlangfährt.) Gelegentlich enthält der Darm, der im Schwanzfleisch verläuft, dunkle Rückstände. Den dunklen Darm dann vorsichtig entfernen.

Rohen Hummer in Stücke schneiden

Hummer wird oft roh für Suppen und Eintöpfe aufgeschnitten oder um an die Leber und den Rogen zu kommen. Die helle, graugrüne Leber kommt bei männlichen wie auch bei weiblichen Tieren vor, der dunkelgrüne bis schwarze Rogen hingegen nur bei weiblichen Tieren. Sowohl Leber als auch Rogen dienen, durch ein Sieb gedrückt, zum Würzen, Färben und Binden von Saucen.

1. Vom toten Hummer dicht am Körper die Scheren abdrehen.
2. Mit einer Hand den Körper gut festhalten, mit der anderen den Schwanz herausdrehen.
3. Mit dem Zeigefinger in den Körper fahren, Rogen und Leber herausholen und in ein Sieb über einer Schüssel mit 1 Teelöffel Weinessig oder Cognac geben.
4. Rogen und Leber mit dem Rücken einer Kelle durch das Sieb drücken (hier ist die Leber dargestellt). Man kann die Leber auch mit den Fingerspitzen durchdrücken.

5. Schließlich den Kopf längs halbieren.
6. Den Magensack aus jeder Hälfte entfernen und wegwerfen. Den restlichen Rogen und die restliche Leber herausnehmen und durch das Sieb drücken.

Gekochtes Hummerfleisch aus der Schale lösen

Mit dieser Schäl- und Ausbrechmethode kann man gekochten Hummer besonders schnell verarbeiten. Sie ist auf jede Zubereitung mit gekochtem Hummerfleisch anwendbar.

1. Die Hummerscheren dicht am Körper abdrehen.
2. Körper und Schwanz mit beiden Händen festhalten und den Schwanz herausdrehen.
3. Die Flossen am Schwanzende abbrechen.
4. Den Schwanz auf die Seite legen; mit dem Handballen leicht darauf drücken, bis die Schale knackt und bricht, aber ohne das Fleisch zu verletzen.

5. Den Schwanz umgedreht auf ein Küchentuch legen, die Seiten wegdrücken und das Fleisch herauslösen.

6. Das Schwanzfleisch längs halbieren oder in Würfel bzw. Scheiben schneiden.

7. Die »Daumen« der Scheren behutsam hin- und herbewegen und schließlich aus den Scheren herauslösen. Das kleine, wie eine Feder geformte Stück Knorpel in der Schere sollte mit dem Daumen herauskommen.

8. Die Schere mit der dornigen Seite nach oben halten. Mit einem großen Küchenmesser kurz und kräftig 1 bis 2 cm tief in die Schere eindringen, ohne dabei das Fleisch zu verletzen. Am besten ein älteres Messer nehmen, da die harte Schale die Klinge beschädigen könnte, oder ein Küchenbeil, wenn man gut damit umgehen kann.

9. Durch Hin- und Herbewegen des Messers die Scherenschale aufbrechen.

10. Mit einem großen Küchenmesser das kleine Gelenk gleich hinter der Schere aufbrechen.

Siehe auch
Hummer dämpfen, Seite 132

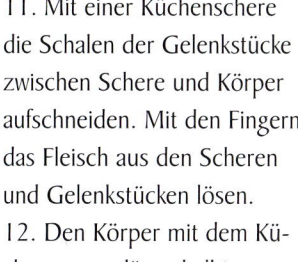

11. Mit einer Küchenschere die Schalen der Gelenkstücke zwischen Schere und Körper aufschneiden. Mit den Fingern das Fleisch aus den Scheren und Gelenkstücken lösen.

12. Den Körper mit dem Küchenmesser längs halbieren.

13. Den Magensack aus jeder Hälfte entfernen.

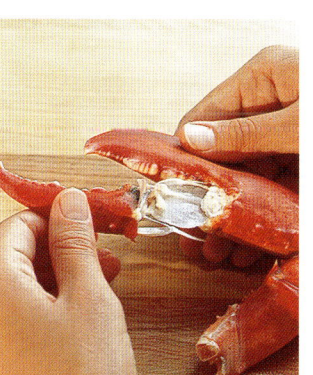

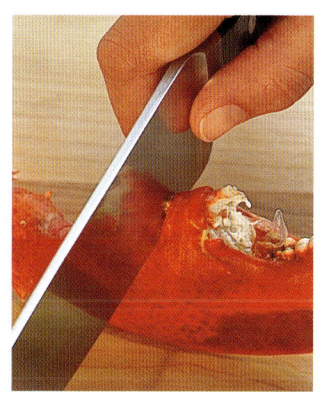

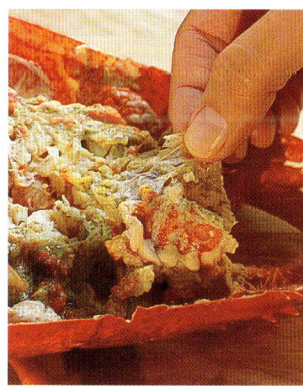

Blaukrabben vorbereiten

Die meisten Krabben werden gesäubert und aufgebrochen angeboten; neben Taschenkrebsen gibt es nur Blaukrabben (Soft-shell crabs) lebend. Sie sind leicht verderblich und sollten nicht länger als 1 bis 2 Stunden vor dem Garen aufgebrochen werden.

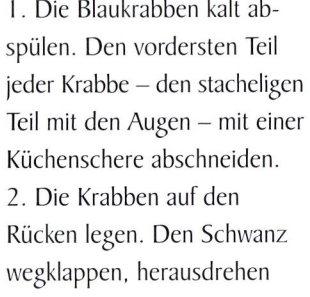

1. Die Blaukrabben kalt abspülen. Den vordersten Teil jeder Krabbe – den stacheligen Teil mit den Augen – mit einer Küchenschere abschneiden.
2. Die Krabben auf den Rücken legen. Den Schwanz wegklappen, herausdrehen und wegwerfen.

3. Die Krabben wieder umdrehen und die Schale auf jeder Seite abziehen.
4. Die rauhen Lamellen auf jeder Seite der Krabben entfernen.

Blaukrabben kurzbraten

Eine Hülle aus Mehl gibt Blaukrabben ein knuspriges Aussehen. Nach dem

Säubern und unmittelbar vor dem Kurzbraten die Blaukrabben mit Mehl bestäuben. Butter oder Olivenöl in einer beschichteten oder gußeisernen Pfanne bei mittlerer Temperatur erhitzen. Die Blaukrabben von jeder Seite etwa 3 Minuten lang knusprig braten.

Flußkrebse kochen

Wie Hummer sollten auch Flußkrebse lebend gekauft werden. Vor dem Garen selektiert man tote Tiere aus. Flußkrebse faßt man am besten von hinten am Körper und hält sie zwischen Daumen und Zeigefinger, so daß sie nicht mit ihren Scheren zwicken können.

Flußkrebse werden etwa 5 Minuten in kochendem Wasser gegart. In der mediterranen Küche kommen oft Kräuter und Gewürze in das Kochwasser, in der französischen Küche verwendet man eine Court bouillon. Hier werden die Flußkrebse sautiert, und die Schalen ergeben die Grundlage für eine Sauce.

Sautierte Flußkrebse

Die Flußkrebse mit Möhren und Zwiebeln sautieren, da die Schalen und das Gemüse anschließend für eine Sauce verwendet werden. Andernfalls das Gemüse weglassen.

Die Krebse in einem Durchschlag kalt abspülen. Gehackte Möhren und Zwiebeln in Olivenöl in einem schweren Topf andünsten. Die lebenden Flußkrebse darin bei starker Hitze etwa 7 Minuten rühren, bis sie korallenrot sind.

Saucen, Bisques und Buttermischungen

Aus Krustentieren – Flußkrebsen, Garnelen, Hummer oder Krabben – lassen sich exzellente Saucen und Suppen (Bisques) zubereiten. Die Basis bildet immer ein Fond von gegarten Schalen, in unterschiedlichen Flüssigkeiten gekocht. Meist liegt der einzige Unterschied zwischen Sauce und Bisque in der Konsistenz: Bisques sind in der Regel dünner als Saucen, da man sie mit dem Löffel ißt und sie deshalb nicht gebunden werden müssen. Saucen sollen oft eine Zutat überziehen und fallen deshalb sämiger aus. Manchmal werden gekochter Reis oder Semmelbrösel (Mie de pain) in eine Bisque gemischt, um sie dickflüssiger zu machen. Saucen sind konzentrierter, da ihr Geschmack mit den übrigen Zutaten harmonieren oder in Kontrast stehen muß. Saucen werden eher mit Butter oder Sahne verfeinert als Suppen – eine Frage der Menge, die man davon ißt. Jedenfalls eignet sich jedes Rezept für eine Bisque auch für eine Sauce , wenn man nur den Reis wegläßt und weniger Flüssigkeit nimmt, den Fond einkocht und am Schluß etwas Sahne zufügt oder Butter unter die Sauce schlägt. Umgekehrt kann man jede Sauce in eine Bisque verwandeln, indem man sie mit Flüssigkeit verlängert, etwas gekochten Reis oder Semmelbrösel zufügt, den Fond nicht einkocht und weniger bzw. keine Butter verwendet.

Für einen Fond von Krustentieren werden ganze Krustentiere mit gehackten, aromatischen Gemüsen, meist Möhren und Zwiebeln, und einem Zweig Thymian sautiert. Sobald die Schalen korallenrot werden, löst man das Fleisch aus den Schalen und kocht die aufgebrochenen Schalen anschließend in Flüssigkeit aus. Die meisten Fonds dieser Art werden mit Tomaten zubereitet, denn Tomaten unterstreichen nicht nur den Geschmack, sondern geben dem Fond auch eine schöne Farbe. Da viel an Geschmack und Farbe der Schalen fett-, aber nicht wasserlöslich ist, werden einige Fonds mit Sahne zubereitet, so daß das in der Sahne enthaltene Fett den Geschmack und die Farbe der Schalen aufnimmt und durch die natürliche Emulsion an die restliche Flüssigkeit weitergibt.

Buttermischungen (Hummerbutter), die unter Suppen oder Saucen geschlagen werden, erhält man durch langsames Kochen der aufgebrochenen Schalen in der Butter.

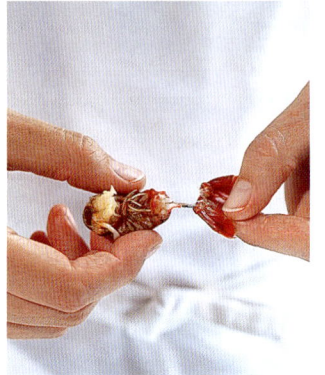

Gekochte Krebs-schwänze auslösen

Bei Flußkrebsen sitzt das meiste Fleisch im Schwanz-teil. Die Scheren enthalten eine sehr kleine Menge an Krebsfleisch und lassen sich nur mit einiger Mühe auf-brechen.

1. Den Schwanz bei allen gekochten Flußkrebsen vor-sichtig aus dem Körper her-ausdrehen.

2. Die Schwanzflossen gut festhalten, von dem restlichen Panzer lösen und herauszie-hen. Der Darm sollte mit herauskommen. Oder den Darm ähnlich wie bei Garne-len entfernen.

3. Den Schwanz zwischen Daumen und Zeigefinger zu-sammendrücken, bis die Schale hörbar knackt.

4. Den Panzer aufbrechen und das Schwanzfleisch auslösen. Ist der Darm nicht mit heraus-gekommen (siehe Schritt 2), drückt man mit dem Daumen auf die dünne Schicht Fleisch, die den Darm seitlich abdeckt, bis sie sich öffnet, und zieht den Darm vorsichtig mit den Fingern heraus.

Aus den Schalen eine Krebssauce zubereiten

Hier werden Körper und Schalen von sautierten Flußkrebsen (siehe Seite 139) für die Zubereitung einer Sauce verwendet.

1. Die Scheren von den Flußkrebsen abknipsen. Sie sind sehr hart und würden das Messer der Küchenmaschine beschädigen. Das Schwanzfleisch herauslösen (siehe Seite 140) und das Fleisch beiseite legen. Die Körper- und Schwanzschalen etwa 1 Minute in der Küchenmaschine zerkleinern.

2. Die Scheren mit dem Ende eines französischen Nudelholzes oder einem Holzhammer zerstoßen.

3. Die Schalen samt Scheren mit gehackten Tomaten, Cognac und Sahne in einen schweren Topf füllen. Zum Kochen bringen und unter gelegentlichem Rühren etwa 45 Minuten köcheln lassen, bis die Flüssigkeit orangefarben wird.

4. Die Sauce durch ein grobes Sieb gießen, dabei fest gegen die Schalen drücken, um möglichst viel Flüssigkeit herauszubekommen. Dann die Sauce durch ein feinmaschiges Sieb oder ein Mulltuch abseihen. Ist die Sauce zu dünn, leicht dicklich einkochen.

5. Hier werden Krebsschwänze und Sauce zu einer Lachsmousseline serviert.

Siehe auch
Garnelen entdarmen,
  Seite 131
Lachsmousseline, Seite 276
Fond von Krustentieren,
  Seite 34

Im Glossar
Mousseline
Reduzieren

Eingelegte Anchovis

Die besten Anchovis werden aus Sardellen hergestellt und kommen meist in Salz eingelegt in den Handel. Die hier gezeigten Anchovis müssen erst noch gewässert und filetiert werden. Da in Salz eingelegte Anchovis oft in größeren Mengen angeboten werden, wässert man sie am besten alle gleichzeitig und legt sie zur weiteren Verwendung erneut in kaltgepreßtem Olivenöl ein. Im Kühlschrank halten sie sich dann etwa 4 Wochen. Ganze, in Salz eingelegte Anchovis gibt es in manchen Feinkostgeschäften auch offen in kleineren Mengen zu kaufen, aber man sollte sich vergewissern, daß es sich dabei nicht um Konservenware handelt.

Anchovis wässern und erneut einlegen

1. Um das Salz auf den Anchovis aufzulösen, die Konserve einige Minuten in kaltes Wasser stellen, dann das Salz unter fließendem Wasser abspülen.

Siehe auch
Frische Sardinen säubern,
  Seite 236

2. Die Konserve umdrehen und den Inhalt in eine Schüssel mit kaltem Wasser schütten. Etwa 10 Minuten einweichen, dann die Anchovis voneinander trennen.

3. Die Anchovis weitere 20 Minuten in eine Schüssel mit frischem, kaltem Wasser legen.

4. Die Köpfe abtrennen (ähnlich wie bei frischen Sardinen) und die Filets mit den Daumen oder Zeigefingern behutsam von der Mittelgräte ablösen.

5. Die Filets 5 Minuten in frisches, kaltes Wasser legen, dann auf Küchentüchern abtropfen lassen (kein Küchenkrepp dafür verwenden, da es anhaften und zerreißen würde).

6. Die Filets in Einmachgläser legen und mit kaltgepreßtem Olivenöl vollständig bedecken. Dabei auf die Filets drückcn, damit möglichst viel zurückgebliebene Luft austreten kann; nach Bedarf mit kaltgepreßtem Olivenöl aufgießen.

Misosuppe

Miso-Suppe besteht aus einer Brühe von Meeresalgen und Fisch-flocken (Dashi) sowie einer Paste aus fermentierten Sojabohnen. Sie unterscheidet sich in Art und Zubereitung gänzlich von europäischen Suppen und erinnert mehr an das Aufbrühen von Tee.

Dashi entsteht durch Einweichen von getrocknetem Riesensee-tang (Kombu) und hauchdünn geschnittenen Bonitoflocken in heißem Wasser. Dashi wird anschließend durch ein Sieb abgegossen und mit Misopaste verrührt, wodurch die Suppe Aroma bekommt, ohne allzu salzig zu werden. Man gibt verschiedene Einlagen in die Suppe, z.B. Tofuwürfel, Schalentiere, Gemüse, Meeresalgen, Zitronenzesten oder Nudeln. Schnell garende Einlagen, wie Schalentiere, Tofu, Zitronenzesten, Blattgemüse oder feingeschnittene Juliennes, werden direkt in der Suppe erhitzt, Nudeln dagegen separat gekocht und auf die Schüsseln verteilt.

Misopaste gibt es in zahlreichen Varianten, von mild und hellbraun bis sehr würzig, salzig und von so intensiv dunkelrotbrauner Farbe, daß sie schon fast schwarz aussieht. Wer zum ersten Mal Miso-Suppe zubereitet, nimmt am besten eine mittelwürzige Paste.

Dashi

Dashi ist die Grundlage für japanische Suppen und Saucen.
1. Einen Streifen Kombu in einem Topf mit kaltem Wasser bei niedriger bis mittlerer Temperatur erhitzen. Der Seetang sollte etwa 15 Minuten köcheln, damit er sein Aroma abgibt.
2. Den Seetang herausnehmen, bevor das Wasser zu kochen beginnt.
3. Die Brühe erneut zum Kochen bringen, eine Handvoll feingeschnittener Bonitoflocken zufügen und den Topf vom Herd nehmen. Die Flocken etwa 1 Minute in der Brühe ziehen lassen.
4. Die fertige Dashi-Brühe durch ein Sieb abgießen.

Misosuppe

1. Ausreichend Dashi in wenig Miso rühren, so daß eine glatte, dickflüssige Paste entsteht.
2. Die Paste zurück in die Dashi-Brühe gießen und wieder zum Kochen bringen.
3. Die Misosuppe in vorgewärmte Schüsseln mit verschiedenen Einlagen schöpfen.

Tips und Anmerkungen

• Für 1 l Brühe nimmt man einen etwa 35 cm langen Seetangstreifen, entweder gefaltet oder gebrochen, so daß er in den Topf paßt.

• Auf etwa 2 l Dashi rechnet man 2 bis 4 Eßlöffel Misopaste.

Geflügel und Eier

Hähnchen braten

Als Ganzes im Ofen gebraten und mit dem Bratensaft serviert, läßt sich ein Hähnchen am einfachsten, schnellsten und schmackhaftesten zubereiten. Sie benötigen dazu weder einen Bräter noch einen Rost – unter dem der abtropfende Fleischsaft im Bräter leicht anbrennt und für die Sauce verlorengeht. Gut geeignet ist dagegen eine Back- oder Auflaufform, in die das Geflügel gerade hineinpaßt. Es ist auch nicht nötig, das Hähnchen während des Bratens zu begießen, da das langsam schmelzende Fett der Haut das Fleisch ohnehin feucht hält. (Das Fett tropft ins Bratgefäß und wird später abgeschöpft.) Das Fleisch der Brust gart schneller als das der Schenkel und sollte daher während der ersten 15 Minuten im Ofen mit einem mehrlagigen Stück gefetteter Alufolie abdeckt werden.

Für den Garprozeß beim Braten ist es nicht unbedingt notwendig, das Hähnchen zu binden, jedoch empfiehlt es sich, weil die Handhabung dadurch erheblich erleichtert wird. Außerdem sieht das Geflügel ansprechender aus, wenn es erst am Tisch tranchiert wird. Mit etwas Übung ist ein Hähnchen schon in weniger als einer Minute in Form gebunden.

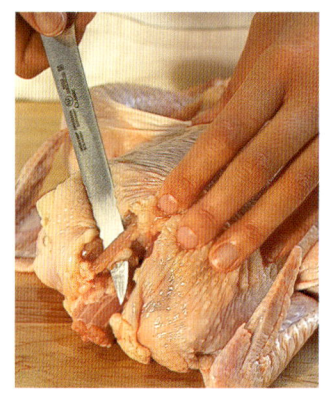

Hähnchen zum Braten vorbereiten

1. Um das Tranchieren zu erleichtern, den Gabelknochen entfernen: Die Haut hochziehen und mit dem Messer an der Unterseite des Gabelknochens entlangfahren.

2. Weiter um den Gabelknochen herum- und auch darunter entlangschneiden, bis der Knochen ausgelöst ist.

3. Den Gabelknochen herausziehen.

4. Zum Binden des Hähnchens (nach Belieben) ein 75 cm langes Stück Küchengarn mittig etwa 3 cm weit unter das Schwanzende schieben.

5. Die Fadenenden über den Unterschenkeln kreuzen und

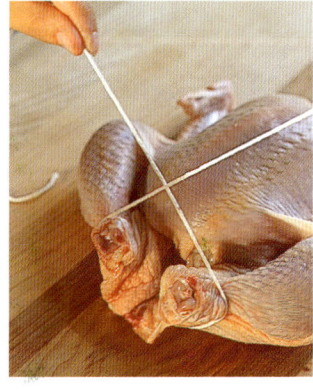

Tips und Anmerkungen

- Ein 1,6 kg schweres Hähnchen oder eine Poularde muß bei 200 bis 220 °C 45 bis 60 Minuten braten. Bei größeren Hähnchen die Garzeit etwas verlängern.

- Kleines Haus- und Wildgeflügel wird während der relativ kurzen Garzeit im Ofen nicht sehr braun. Solches Geflügel zunächst in der Pfanne auf dem Herd bei starker Hitze rundherum kräftig anbraten, bevor es zum Garen in den Ofen kommt. Küken und Tauben im Ofen bei 220 °C etwa 20 bis 30 Minuten braten.

- Nach der auf Seite 148 beschriebenen Methode erhalten Sie die einfachste aller Saucen zu Geflügel – ungefähr einen Eßlöffel Bratensaft oder Jus pro Person. Die Anleitung für eine Jus, die mit geröstetem Gemüse aromatisiert ist, finden Sie im Glossar.

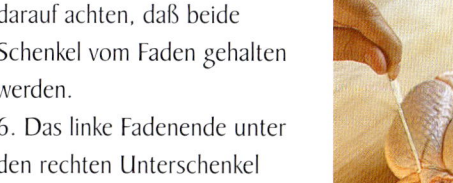

darauf achten, daß beide Schenkel vom Faden gehalten werden.

6. Das linke Fadenende unter den rechten Unterschenkel führen und das rechte Ende unter den linken Unterschenkel, so daß sich die Fäden kreuzen.

7. Fest ziehen, bis die Unterschenkel sich berühren.

8. Die Fadenenden über die Brust und die Flügelansätze nach hinten führen.

9. Das Hähnchen mit dem Halsende nach oben hinstellen und die Fadenenden um die Flügelansätze herumführen.

10. Das Hähnchen mit der Brust nach unten legen. Die Fadenenden fest über die Flügel ziehen und auf dem Rücken verknoten. Die Flügelenden so unter den Faden schieben, daß sie auf dem Rücken liegen bleiben.

Brathähnchen

1. Den Ofen auf 220 °C vorheizen. Das gebundene Hähnchen in einen Bräter oder eine ovale Auflaufform legen. Die Brust – nicht jedoch die Keulen – mit einem dreilagigen Stück Alufolie locker abdecken; die zum Hähnchen gerichtete Seite zuvor mit Butter bestreichen. (Die Folie verzögert den Garprozeß und verhindert, daß das Brustfleisch austrocknet.) Das Hähnchen 15 Minuten braten. Danach ohne Folie weiterbraten, bis ein Fleischthermometer, zwischen Brust und Keule ins Fleisch gesteckt, 60 °C anzeigt.

Das Küchengarn entfernen, das ganze Hähnchen mit Alufolie locker abdecken und 20 Minuten an einem warmen Ort, etwa im Ofen bei niedrigster Temperatur, ruhen lassen. (Den Ofen nach dem Braten bei geöffneter Klappe eine Weile abkühlen lassen.)
2. Den Stiel eines Holzlöffels in die Öffnung des Hähnchens schieben und das Geflügel auf eine Platte (oder ein Brett mit einer Auffangrinne) heben. Dabei das Hähnchen geneigt halten und die Flüssigkeit aus der Bauchhöhle in das Bratgefäß fließen lassen.

3. Die Flüssigkeit, die sich auf der Tranchierplatte gesammelt hat, in das Bratgefäß gießen. Das Gefäß geneigt halten und das Fett abschöpfen.
4. Das Hähnchen tranchieren und die Jus in einer Sauciere separat dazu reichen oder die einzelnen Fleischportionen damit überziehen.

Gebratene oder pochierte Hähnchen tranchieren

1. Mit einer Gabel in die Öffnung des Hähnchens greifen, um es während des Tranchierens festzuhalten. Die Haut zwischen Brust und Schenkel durchschneiden und den Oberschenkel abtrennen, bis das Messer auf den Knochen trifft, der den Schenkel mit dem Rumpf verbindet.

2. Den Schenkel nach außen biegen, bis der Oberschenkelknochen aus der Gelenkpfanne springt.

3. Den Schenkel dort, wo er noch mit dem Rücken verbunden ist, mit dem Messer so abtrennen, daß möglichst wenig Fleisch am Rücken bleibt.

4. Direkt über einem Flügel in die Brust schneiden und das Gelenk zwischen Flügel und Rumpf lokalisieren. (Es sitzt tiefer, als es von außen den Anschein hat.) Den Flügel von der Brust weg biegen und mit einem Schnitt durchs Gelenk abtrennen.

5. Mit dem Messer an einer Seite des Brustbeins möglichst dicht am Knochen entlangschneiden und das Brustfleisch vom Knochen weg schieben.

6. Weiter am Brustbein entlangschneiden und das Fleisch mit dem Messer vom Knochen wegschieben. Dann die Brusthälfte vom Rumpf abtrennen. Das Hähnchen herumdrehen und die zweite Brusthälfte auf die gleiche Weise vom Knochen losen.

Siehe auch
Gemüse rösten und backen, Seite 70
Die Innentemperatur von Geflügel ermitteln, Seite 167

Im Glossar
Braten
Entfetten
Jus
Sauce

149

Hähnchen mit Gemüse pochieren

Pochieren ist eine sehr gute Garmethode für Geflügel. Sie kommt ohne zusätzliches Fett aus und liefert eine aromatische Brühe, die als delikate, fettarme Sauce dient. Wurzel- und Knollengemüse (Möhren, Lauch, weiße Rüben), in größere Stücke geschnitten, garen langsam mit. Möhren längs halbieren bzw. dritteln und vom harten Innenteil befreien, weiße Rüben in Viertel oder Sechstel schneiden. Damit das Hähnchen seine ansehnliche Form behält und sich nach dem Garen leicht aus dem Topf heben läßt, empfiehlt es sich, vorher den Gabelknochen zu entfernen und das Geflügel zu binden.

Tips und Anmerkungen

- Beginnt die Flüssigkeit zu köcheln, muß ein 1,6 kg schweres Hähnchen noch 35 bis 45 Minuten garen.
- Das Hähnchen mit kalter Brühe oder kaltem Wasser aufsetzen, damit die Flüssigkeit nicht trübe wird.
- Das Hähnchen im offenen Topf in schwach köchelnder Flüssigkeit garziehen.
- Das fertig gegarte Hähnchen mit einer Gabel am Bindfaden aus der Flüssigkeit heben.

Hähncheneintopf (Poule au pot)

1. Das gebundene Hähnchen in einen ausreichend großen Topf legen (es sollte gerade hineinpassen und ganz mit Flüssigkeit bedeckt werden). Aromatische Gemüse wie Möhren und Rüben zufügen.
2. Lauch waschen und längs halbieren. Mit Küchengarn zusammenbinden, damit er nicht auseinanderfällt und beim Abschäumen stört.
3. Ein Bouquet garni in den Topf geben und alles mit Brühe oder Wasser bedecken. Die Flüssigkeit 35 bis 45 Minuten schwach köcheln lassen; zwischendurch aufsteigendes Fett und Schaum abschöpfen.
4. Das Hähnchen auf eine Platte legen. Zur Garprobe mit einem Spieß in den dicksten Teil des Oberschenkels stechen. Das Fleisch ist gar, wenn der austretende Saft klar und nicht mehr rosa ist.
5. Die Haut des Hähnchens abziehen und wegwerfen.
6. Das Hähnchen tranchieren und mit dem Gemüse auf Suppentellern anrichten. Die Brühe darüberschöpfen.

Siehe auch
Hähnchen binden, Seite 146
Möhren zerkleinern und entstrunken, Seite 21
Bouquet garni, Seite 31
Gebratene Hähnchen tranchieren, Seite 149

Im Glossar
Pochieren

Hähnchen zerlegen

Für Ragouts und Sautés, zum Fritieren und Grillen muß ein Hähnchen portioniert werden. Kann man zum Essen die Finger zu Hilfe nehmen, brauchen Sie nur die Flügel abzutrennen und das Hähnchen in vier Teile zu zerlegen (zwei Keulen, zwei Brusthälften und die beiden Flügel mit einem Stück vom Rücken). Für förmlichere Anlässe sollten Sie das Geflügel in sechs Teile zerlegen: Schneiden Sie die beiden äußeren Flügelenden weg und belassen Sie den fleischigeren oberen Abschnitt an der Brust (so wird dieser gut eßbare Teil des Flügels verwertet und sieht ansprechend aus (siehe Kasten, Seite 153). Teilen Sie die Keulen in Ober- und Unterschenkel. Um das Hähnchen in acht Teile zu zerlegen, werden zusätzlich die Brusthälften halbiert. Mit diesen acht Portionen können Sie bei vier Personen jedem ein Stück helles und ein Stück dunkles Fleisch anbieten. Rücken und Flügelspitzen des Hähnchens kann man einfrieren und für einen Fond verwenden.

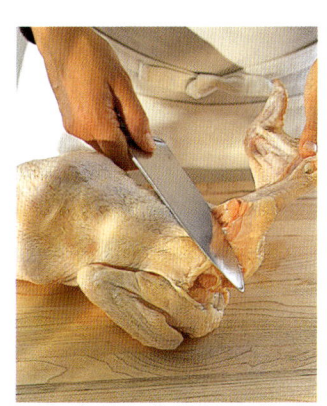

Hähnchen in vier Teile zerlegen (plus Flügel oder Flügelspitzen und Rücken)

1. Den Bürzel abschneiden (nach Belieben).
2. Alle größeren Fettstücke aus der Bauchöffnung entfernen.
3. Die Flügel vom Rumpf wegziehen und jeweils das Gelenk, das sie mit dem Rumpf verbindet, durchschneiden.
4. Eine Keule nach vorn ziehen, damit beim Abtrennen des Schenkels die Brust gut mit Haut bedeckt bleibt.
5. Die Haut zwischen Keule und Brust bis zum Rücken hinunter durchschneiden; dabei dem Verlauf des Fettstreifens

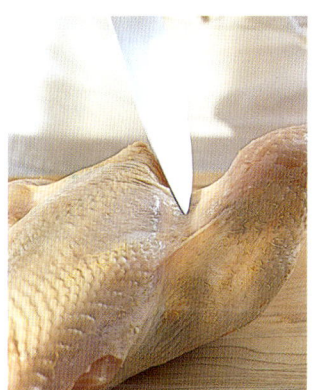

am äußeren Rand des Oberschenkels folgen.

6. Unter den Oberschenkelknochen fassen, der mit dem Rumpf verbunden ist, und den Schenkel nach außen biegen, bis der Kugelknochen aus der Gelenkpfanne springt.

7. Mit dem Messer direkt am Rückenknochen entlangschneiden und dabei gleichzeitig mit der anderen Hand den Schenkel nach außen ziehen. Darauf achten, daß Sie unter dem kleinen Fleischstück am Rücken (der »Auster«) schneiden, so daß es mit dem Schenkel verbunden bleibt.

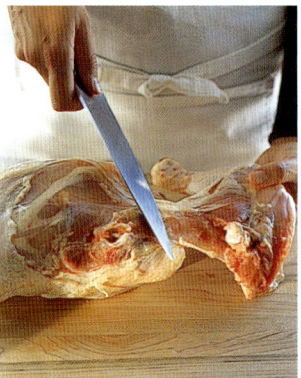

11. Das Hähnchen mit dem Halsende nach oben hochkant auf das Schneidebrett stellen. Mit einem schweren Küchenmesser sämtliche Rippen des Brustkorbs mit ein paar schnellen Hieben durchtrennen; dabei das Messer zum Rücken gerichtet halten, um nicht versehentlich das Brustfleisch zu beschädigen.

12. Den Rücken vom Brustkorb wegbiegen.

13. Die Verbindungsstellen zwischen Brust und Rücken durchschneiden und die Brust vom Rücken trennen.

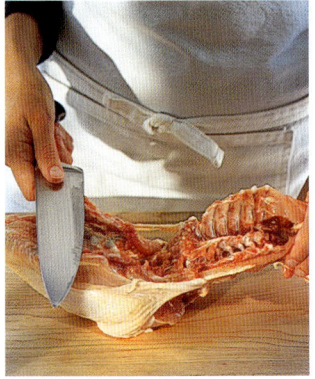

8. Weiter am Rückenknochen entlangschneiden und dabei den Schenkel vom Rumpf wegziehen, bis er abgetrennt ist.

9. Auf der anderen Seite des Hähnchens ebenso verfahren.

10. Dann die zweite Keule abtrennen.

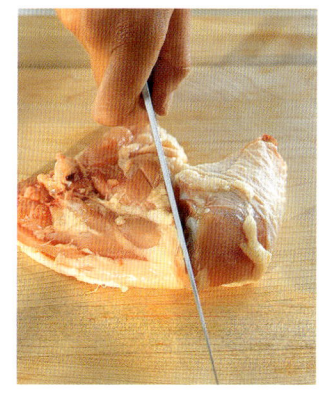

14. Die Brust mit der Hautseite nach unten auf das Schneidebrett legen und die Messerklinge durch die Mitte des Brustbeins stechen. Ziehen Sie das Messer dann zu sich hin und durchtrennen Sie so den hinteren Teil der Brust.

15. Die Brust um 180 Grad drehen und durch einen weiteren Schnitt halbieren.

16. Für eine Mahlzeit im ungezwungenen Rahmen die Flügelspitzen jeweils unter den oberen Abschnitt des Flügels stecken, damit die Flügel kompakter sind.

17. Falls gewünscht, die Enden der Unterschenkel durch einen kräftigen Hieb mit dem Küchenmesser abhacken. Dazu das hintere Ende der Klinge benutzen, um das Messer nicht zu ruinieren.

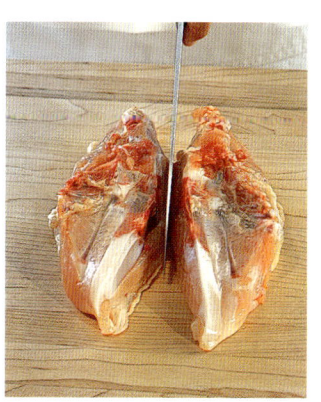

Hähnchen in sechs Teile zerlegen (plus Flügel)

Zunächst das Hähnchen, wie auf den Seiten 151 und 152 gezeigt, in vier Teile portionieren. Dann eine Keule mit der Hautseite nach unten auf das Schneidebrett legen. Das Gelenk zwischen Unter- und Oberschenkel lokalisieren und mit dem Küchenmesser durchtrennen. Die andere Keule auf die gleiche Weise teilen.

Hähnchen in acht Teile zerlegen (plus Flügel)

Zunächst das Hähnchen, wie oben beschrieben, in sechs Teile zerlegen. Dann die Brusthälften mit dem Küchenmesser quer halbieren; dazu die Messerklinge fest herunterdrücken, um den Knochen zu durchtrennen.

Siehe auch
Hähnchen schmoren,
  Seite 154
Hähnchen sautieren,
  Seite 157
Hähnchen grillen, Seite 161
Hähnchen fritieren, Seite 160

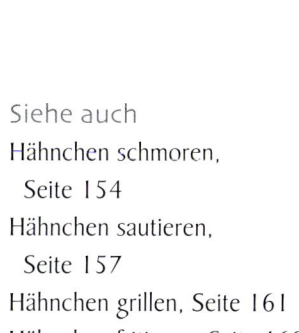

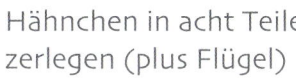

153

Hähnchenbrust auf amerikanische Art

In guten amerikanischen Restaurants wird das obere Ende der Hähnchenflügel mitunter an der Brust belassen (die Abschnitte ergeben einen Fond). Dazu den Flügel vom Rumpf wegziehen und das zweite Gelenk durchschneiden. Mit einem schweren Küchenmesser oder einem Küchenbeil den Rest des Gelenks abhacken.

Hähnchen schmoren

Für ein Ragout aus Hühnerfleisch werden Hühnerteile zunächst in etwas Butter, Olivenöl oder anderem Fett angebraten. Dann gießt man Brühe, Wein oder Essig dazu und schmort das Fleisch in der zugedeckten Pfanne, bis es gar ist. Die Schmorflüssigkeit wird meist zu einer Sauce gebunden; Sie können sie aber auch flüssig wie eine Brühe zum Fleisch reichen. Eine Gemüsegarnitur kann zusammen mit dem Fleisch oder auch getrennt gegart und erst zum Schluß zugegeben werden. Während bei Hühnerragout das Fleisch in einer Flüssigkeit gart, die schließlich zu einer Sauce gebunden wird, garen die Hühnerteile bei einem Sauté ausschließlich in Fett (Butter oder Öl). Erst nachdem man sie aus der Pfanne genommen hat, gießt man die Flüssigkeit für die Sauce an. Geschmortes Hühnerfleisch ist milder im Geschmack als sautiertes, und die Haut der Hühnerstücke ist nicht knusprig, sondern weich. (Hühnerschmorgerichte haben wegen der zarten, mageren Beschaffenheit von Hühnerfleisch eine kürzere Garzeit als Schmorgerichte mit anderen Fleischsorten.)

Ragouts bieten zahllose Variationsmöglichkeiten für kreatives Kochen. Durch Verwendung unterschiedlicher Flüssigkeiten und Garnituren läßt sich das hier beschriebene Grundrezept für Hühnerragout nahezu endlos abwandeln. Der Geschmack des Gerichts hängt aber nicht nur von der Wahl der Zutaten ab, sondern auch von der Art, wie das Hühnerfleisch gegart wird. Für ein Frikassee (helles Ragout) brät man die Hühnerteile nur so lange an, bis die Haut gar, aber noch nicht gebräunt ist. Das Ragout erhält dadurch eine helle Sauce mit delikatem Hühnergeschmack. Für ein dunkles Ragout wird das Fleisch braun gebraten, bevor die Flüssigkeit dazukommt. Der dabei entstehende karamelisierte Bratensatz intensiviert den Geschmack des Hühnerfleisches und ergibt eine dunklere, kräftigere Sauce. Dunkle Ragouts vertragen auch aromatischere Zutaten wie Rotwein oder Essig, die nicht braun gebratenes Hühnerfleisch geschmacklich überlagern würden.

Wenn Sie ein feinaromatisches, helles Hühnerragout mit einer Sahne- oder Kräutersauce wünschen, empfiehlt sich ein Frikassee. Bevorzugen Sie kräftigeren, konzentrierteren Geflügelgeschmack, ist ein dunkles Ragout oder ein Hähnchen-Sauté das richtige.

Hühnerfrikassee mit Weinessig

Dieses Schmorgericht wird mit einer Garnitur aus glaciertem gemischtem Gemüse serviert.

1. Die Hühnerteile von beiden Seiten in Butter leicht anbraten, bis die Haut nicht mehr roh aussieht. So viel Flüssigkeit (hier Sherryessig) zugießen, daß das Fleisch zu einem Viertel bedeckt ist.

2. Die Pfanne zudecken und das Hühnerfleisch bei schwacher bis mittlerer Hitze etwa 15 Minuten köcheln lassen, bis es sich auf Fingerdruck hin fest anfühlt. Die Hühnerteile auf Teller oder eine Servierplatte heben und warm stellen.

3. Die Pfanne geneigt halten, so daß sich die Flüssigkeit auf einer Seite sammelt. Das Fett an der Oberfläche abschöpfen und weggießen.

4. Die Schmorflüssigkeit leicht einkochen, damit sie dickflüssiger wird. Süße Sahne zugießen und die Flüssigkeit weiter reduzieren, bis sie die Konsistenz einer Sauce hat.

5. Die Rippen und andere kleine Knochen aus der Innenseite der Brusthälften auslösen.
6. Den kleinen Knochen am Flügelende jeder Brusthälfte herausschneiden.
7. Mit glaciertem Mischgemüse anrichten. Die Sauce mit Salz und Pfeffer würzen und das Fleisch damit überziehen.

Tips und Anmerkungen

- Hähnchenschmorgerichte auf dem Herd oder im Ofen garen und die Flüssigkeit während des Garens nur schwach köcheln lassen.

- Die Hähnchenteile in Butter anbraten, wenn die Sauce mit Sahne verfeinert wird; bei Verwendung von Zutaten der mediterranen Küche, wie Tomaten, das Fleisch in Olivenöl anbraten.

- Die Hähnchenbrust ist einfacher zu essen, wenn Sie sie nach dem Garen entbeinen und den kleinen Knochen am Flügelende der Brust herausschneiden. (Mit Knochen garen Brust und Keulen ähnlich lange, und das Brustfleisch wird aromatischer.)

- Bei hellem wie bei dunklem Ragout nimmt man zum Anbraten der Fleischstücke 2 bis 3 Eßlöffel Fett. Denken Sie daran, dieses Fett wie auch das aus der Haut ausgebratene Fett nach dem Garen abzuschöpfen.

Gebratene Speckstreifen

Für viele französische Gerichte benötigt man Streifen von ungeräuchertem – sogenanntem grünem – durchwachsenem Speck. Man kann auch gewöhnlichen Räucherspeck nehmen. Dieser muß jedoch vor der Weiterverarbeitung blanchiert werden, um den Räuchergeschmack abzumildern. Andernfalls würde er das delikate Aroma von Speisen wie Boeuf à la bourguignonne oder Coq au vin überlagern.

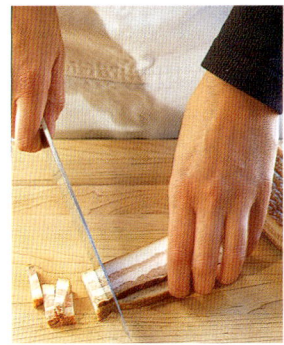

1. Dicke Scheiben von durchwachsenem Speck quer in Streifen schneiden.

2. Bei Räucherspeck die Streifen in einem Topf mit kaltem Wasser bedecken und das Wasser zum Kochen bringen. Die Speckstreifen mit einem Schaumlöffel herausheben oder in einem Durchschlag abtropfen lassen.

3. Den Speck ohne zusätzliches Fett knusprig anbraten.

Hähnchen in Rotwein

Traditionell wird für Coq au vin ein zerlegter etwa einjähriger Hahn 3 Stunden in Rotwein geköchelt und die Schmorflüssigkeit schließlich mit dem Blut des Vogels gebunden. Heutzutage sind solche Hähne kaum noch zu bekommen, und man verwendet statt dessen meist Hähnchen. Da deren zartes Fleisch schnell gart, wird das Gericht wie ein dunkles Ragout zubereitet. Die Garnitur aus Zwiebeln, Speckstreifen und sautierten Pilzen wird separat gegart und erst am Ende zum Fleisch gegeben.

1. Das Hähnchen in acht Teile zerlegen und mit aromatischen Gemüsen (hier Möhren und Zwiebeln) und Rotwein bedeckt für mindestens 4 Stunden oder über Nacht in den Kühlschrank stellen. Die Fleischstücke aus der Marinade nehmen und diese durchseihen. Die Gemüse und die Flüssigkeit getrennt aufbewahren.

2. Die Speckstreifen blanchieren (siehe Kasten, Seite 155) und in einer Stielkasserolle kräftig anbraten, dann mit einem Schaumlöffel herausnehmen und für die Garnitur aufbewahren. Die Hühnerteile in der Kasserolle mit dem verbliebenen Fett anbraten, danach aus dem Topf nehmen.

3. Das Fett in der Kasserolle bis auf einen Eßlöffel weggießen. Das Gemüse aus der Marinade nehmen und in dem restlichen Fett bei mittlerer Hitze etwa 10 Minuten bräunen. Dann mit Mehl bestäuben und die Mischung etwa 2 Minuten rühren.

4. Die Marinadenflüssigkeit unterrühren und erhitzen, bis sie schwach köchelt.

5. Die Hähnchenteile in die Kasserolle legen. Ein Bouquet garni zufügen, den Topf zudecken und das Fleisch auf dem Herd oder im vorgeheizten Ofen bei 170°C etwa 20 Minuten garen, bis es sich fest anfühlt. Die Schmorflüssigkeit durchseihen und einkochen. Dann Schaum und Fett abschöpfen; das geht am besten, wenn Sie die Kasserolle halb von der Kochstelle nehmen.

6. Die Hähnchenteile mit dem Speck, glacierten Zwiebeln und sautierten Pilzen (hier Wildpilze) anrichten und mit der Sauce überziehen.

Siehe auch

Hähnchen zerlegen, Seite 151
Wurzelgemüse glacieren, Seite 76
Bouquet garni, Seite 31
Geflügelfond, Seite 30
Hähnchen sautieren, Seite 157

Im Glossar

Beilage
Bindemittel
Blanchieren
Entfetten
Frikassee
Schmoren

Hähnchen sautieren

Hähnchen-Sautés haben einen sehr intensiven Geschmack, da das Fleisch ausschließlich auf dem Herd bei mittlerer bis hoher Temperatur in wenig Fett – Butter oder Olivenöl – gart. Auf diese Weise sautierte Hähnchenstücke sind köstlich karamelisiert, knusprig und sehr aromatisch. Sie können sowohl ohne Sauce serviert werden als auch, wie hier, mit einer Sauce aus dem gelösten Bratensatz. Mit klassischen und phantasievollen Beilagen läßt sich ein Hähnchen-Sauté üppiger gestalten oder aromatisch variieren (siehe Kasten, Seite 159).

Tips und Anmerkungen

- Zum Sautieren von Hühnerfleisch 2 bis 3 Eßlöffel Butter, Olivenöl oder auch ausgelassenes Entenfett bzw. durchwachsenen Speck verwenden. Das Bratfett sollte zum Charakter des Gerichts und der Beilage passen (nehmen Sie z. B. Olivenöl zu mediterranen Zutaten wie Tomaten und Butter für Sahnesaucen).

- Das Hähnchen-Sauté mit der knusprigen Haut nach oben servieren. Sautieren Sie die Teile zuerst auf der Hautseite, um das Risiko des Ansetzens zu mindern und die Stücke nicht noch einmal wenden zu müssen.

- Zur Garprobe mit dem Finger auf die dickste Stelle der Portionsstücke drücken. Das Fleisch ist gar, wenn es sich nicht mehr weich, sondern fest und elastisch anfühlt.

- Nachdem Sie etwas oder alles Fett aus der Pfanne weggegossen haben, den Bratensatz mit Wein, Fond, Spirituosen, Sahne, Tomatenpüree und/oder einer Kombination verschiedener Flüssigkeiten (siehe Kasten, Seite 159) ablöschen.

- Anders als bei Steaks und Koteletts braucht die Pfanne zum Anbraten von Hähnchenstücken nicht extrem stark erhitzt zu sein, damit die Teile schön bräunen. Aufgrund der längeren Garzeit genügt auch mittlere bis hohe Temperatur.

- Sautieren Sie die Hähnchenstücke meist mit der Haut nach unten, damit das Fett ausbraten kann und die Haut schön knusprig wird. Sie hält den Fleischsaft.

- Damit die Hähnchenstücke nicht ansetzen, eine beschichtete Pfanne oder eine Pfanne mit schwerem Boden benutzen. Falls die Haut am Pfannenboden haftet, wenn Sie die Stücke wenden wollen, ein bis zwei Minuten warten. Durch weiteres ausbratendes Fett löst sich die Haut meist wieder vom Boden.

Sautierte Hähnchenstücke mit Pilzsauce

1. In einer schweren Pfanne, die alle Hähnchenstücke nebeneinander aufnehmen kann, Butter erhitzen. Die Hähnchenbrusthälfen und Keulen mit Salz und Pfeffer würzen und mit der Hautseite nach unten in die Pfanne legen.

2. Etwa 15 Minuten braten, bis die Haut goldbraun ist, dann wenden.

3. Die Hähnchenteile auf der Fleischseite etwa 10 Minuten braten, bis sich das Fleisch elastisch anfühlt, wenn man mit dem Finger daraufdrückt. Anschließend auf einen Teller oder eine Platte legen.

4. Das Fett bis auf etwa 1 Eßlöffel aus der Pfanne abgießen. Die Schalotten hineingeben und bei starker Hitze etwa 1 Minute rühren, bis sie aromatisch duften.

5. In Scheiben geschnittene Pilze zufügen und bräunen, bis die freigesetzte Flüssigkeit vollständig verdampft ist.

6. Weißwein angießen und bei starker Hitze auf etwa 2 Eßlöffel einkochen.

7. Dunklen Geflügelfond zufügen und die Flüssigkeit leicht siruppartig einkochen.

8. Butter mit dem Schneebesen einrühren und die Sauce mit Salz und Pfeffer abschmekken. Das Hähnchen-Sauté mit der Sauce überziehen.

Siehe auch

Hähnchen zerlegen, Seite 151
Dunkler Geflügelfond,
    Seite 30
Hähnchen schmoren (auch
    für den Unterschied zwischen
    Ragout und Sauté), Scitc 154
Garprobe, Seite 66
Gemüse tournieren, Seite 13
Binden mit Gemüsepüree,
    Seite 265

Im Glossar

Ablöschen
Andünsten
Beilage
Bindemittel
Monter au beurre
Sautieren

Klassische Saucen zu Hähnchen-Sauté

Hühnerfleisch harmoniert dank seines feinen Geschmacks mit einer Vielzahl von Saucen und Beilagen. Escoffier, der Vater der modernen Kochkunst, führte in der Ausgabe seines Guide Culinaire von 1902 über siebzig Gerichte mit sautiertem Hähnchen auf. Die Art der Zubereitung ist dabei im Grunde immer gleich: Der Bratensatz wird mit einer oder mehreren aromatischen Flüssigkeiten abgelöscht. Es bleibt Ihnen überlassen, auf klassische Rezepte zurückzugreifen oder mit Zutaten Ihrer Wahl eigene Kreationen zusammenzustellen. Hier einige französische Klassiker:

- *Hähnchen-Sauté à la bourguignonne:* Mit Rotwein ablöschen, eine zerdrückte Knoblauchzehe und Butter zufügen. Mit gebratenen Speckstreifen und sautierten Champignons servieren.
- *Hähnchen-Sauté à la hongroise:* Gehackte Zwiebeln mit einer Prise Paprika in der Pfanne bräunen. Gehackte Tomaten und Sahne zufügen. Die Sauce einkochen,

durchseihen und über das Sauté gießen.
- *Hähnchen-Sauté à la normande:* Mit Calvados ablöschen. Mit in Butter gedünsteten Apfelscheiben garnieren.
- *Hähnchen-Sauté algérienne:* Mit Weißwein ablöschen. Zerdrückten Knoblauch und gehackte Tomaten zufügen. Mit tournierten weißen Rüben servieren.
- *Hähnchen-Sauté Archiduc:* Gehackte Zwiebeln dünsten. Cognac angießen und die Sauce mit Sahne, Zitronensaft und Madeira verfeinern. Das Hähnchen damit überziehen.
- *Hähnchen-Sauté arlésienne:* Mit Weißwein und reduziertem Kalbsfond ablöschen. Mit gebratenen Zwiebelringen und Auberginenscheiben und gedünsteten Tomaten servieren.
- *Hähnchen-Sauté Artois:* Mit Madeira und reduziertem Kalbsfond ablöschen. Mit Butter verfeinern. Tournierte Möhren und Perlzwiebeln dazu reichen.
- *Hähnchen-Sauté Bercy:* Gehackte Schalotten in der Pfanne sautieren.

Den Bratensatz mit Weißwein, reduziertem Fleischfond und Zitronensaft ablöschen, dann Pilze zufügen. Mit Butter verfeinern.
- *Hähnchen-Sauté bordelaise:* Mit Geflügelfond ablöschen. Mit sautierten Artischockenvierteln und Kartoffelscheiben, gebratenen Zwiebelringen und Petersilie servieren.
- *Hähnchen-Sauté Doria:* Mit Kalbsfond ablöschen und mit tournierten Gurkenstückchen servieren.
- *Hähnchen-Sauté Marengo:* Mit Weißwein ablöschen. Gehackte Tomaten und zerdrückten Knoblauch zugeben. Mit Croûtons, gekochten Krebsen und gebratenen Eiern garnieren. (Krebse und Eier werden heutzutage oft weggelassen.)
- *Hähnchen-Sauté mit Austern:* Die Hähnchenstücke mit feingehackten Zwiebeln, Champignons und gehacktem Stangensellerie sautieren. Bratensatz mit Kalbsfond ablöschen und die Sauce durchseihen. Austern in der Sauce pochieren und über das Fleisch geben.

- *Hähnchen-Sauté mit Estragon:* Mit Weißwein und reduziertem Kalbsfond ablöschen. Gehackten Estragon zufügen.
- *Hähnchen-Sauté mit Fines herbes:* Mit Weißwein und reduziertem Kalbsfond ablöschen. Mit gehacktem Kerbel, Petersilie, Estragon und Schnittlauch würzen.
- *Hähnchen-Sauté mit Steinpilzen:* Gehackte Schalotten in der Pfanne dünsten. Den Bratensatz mit Weißwein ablöschen und die Sauce mit Butter anreichern. Mit sautierten Steinpilzen servieren.
- *Hähnchen-Sauté Parmentier:* Mit Weißwein und Kalbsfond ablöschen. In Butter gegarte tournierte Kartoffeln dazu reichen.
- *Hähnchen-Sauté Saint-Lambert:* Mit Weißwein und Pilzgarflüssigkeit ablöschen. Mit einem Püree von gekochten Möhren, weißen Rüben, Zwiebeln und Pilzen binden.
- *Hähnchen-Sauté Vichy:* Mit Kalbsfond ablöschen. Tournierte Möhren glacieren und dazu reichen.

159

Hähnchen fritieren

Normalerweise verwendet man zum Fritieren so viel Öl oder anderes Fett, daß das Fritiergut darin schwimmt. Bei der hier gezeigten Methode liegen die Hähnchenteile nur zur Hälfte im heißen Fett. Durch das Fritieren werden die Portionsstücke sehr heiß und sehr knusprig. Wenn Sie Hähnchen am liebsten mit einer richtig schönen Kruste mögen, ist dies die beste Garmethode.

Da Hühnerhaut an sich schon sehr gut bräunt, läßt sie sich ohne größeres Zutun herrlich knusprig fritieren. Es genügt völlig, die Hähnchenteile, wie hier gezeigt, vor dem Fritieren leicht mit Mehl zu überziehen. (Gehaltvollere Ausbackteige mit Mehl, Wasser, Öl und mitunter Eiern empfehlen sich nur zum Fritieren von Nahrungsmitteln mit hohem Feuchtigkeitsgehalt, wie Gemüse, das als Ersatz für die abgeschälte Außenhaut eine knusprige Hülle braucht.) Panieren Sie Hähnchen vor dem Fritieren keinesfalls mit Semmelbröseln – sie saugen zu viel Fett auf. (Mit Semmelbröseln paniertes Hühnerfleisch lieber kurzbraten.) Wenn Sie die Hähnchenteile vor dem Fritieren für zwei bis vier Stunden in eine Weißweinmarinade legen, wird das Fleisch so aromatisch, daß man auf Sauce verzichten kann. Es schmeckt aber auch mit einer Salsa oder einer aromatisierten Mayonnaise wie Aïoli oder Sauce gribiche.

Tips und Anmerkungen

- Hähnchen in 180 bis 190 °C heißem Fett fritieren.

- Eine Friteuse ist sehr gut geeignet, da sich die Temperatur des heißen Fetts mit Hilfe des Thermostats leicht regulieren läßt.

- Meist verwendet man Pflanzenöl zum Fritieren von Hähnchen. Besonders aromatisch wird das Fleisch, wenn man es mit einfachem Olivenöl (statt mit kaltgepreßtem) fritiert.

Fritiertes Hähnchen

1. Flügel abtrennen und das Hähnchen in acht Teile zerlegen. Die Teile nach Belieben 2 bis 4 Stunden in eine Marinade aus gehacktem Knoblauch, Zwiebelringen, Weißwein und etwas Olivenöl legen.
2. Kurz vor dem Fritieren die (abgetropften) Hähnchenteile in Mehl wenden und überschüssiges Mehl abklopfen.
3. Das Öl in einer Friteuse oder einem großen schweren Kochtopf auf 180 bis 190 °C erhitzen. Die Hähnchenstücke mit einer Zange behutsam ins Öl geben. Nach 5 Minuten beginnen, die Stücke zu prüfen.
4. Die Stücke wenden, sobald die Unterseite gebräunt ist. Das Hühnerfleisch ist nach insgesamt 10 bis 15 Minuten gar, wenn es sich auf Druck fest anfühlt. Auf Küchenkrepp abtropfen lassen.

Siehe auch
Aïoli oder Sauce gribiche, Seite 43
Ein Hähnchen in acht Teile zerlegen, Seite 153
Panierte Hähnchenbrustfilets sautieren, Seite 162

Im Glossar
Fritieren
Marinieren
Panieren

Hähnchen grillen

Grillen ist eine ausgezeichnete Garmethode für Hähnchen: Die Haut wird schön knusprig, und das Fleisch nimmt einen würzigen, leicht rauchigen Geschmack an. Während beim Sautieren zunächst die Hautseite der Hitze ausgesetzt wird, sollten Sie die Hühnerteile beim Grillen zuerst mit der Fleischseite nach unten auf den Rost legen. Dadurch kommt es nicht so leicht zum Wiederaufflammen der Glut durch herabtropfendes Fett, und die Holzkohle kann etwas herunterbrennen, bevor das Hähnchen gewendet wird. Sollte die Glut doch wieder aufflammen, arrangieren Sie die Hähnchenstücke auf dem Grillrost entsprechend um.

Zum Grillen von Kleingeflügel wie Stubenküken oder Tauben empfiehlt es sich, das Geflügel aufzuschneiden und flach auszubreiten, damit es gleichmäßig und rasch gart. Dazu löst man den Rückenknochen heraus und steckt die Keulen in kleine Einschnitte in der Haut. Gegrillt wird Kleingeflügel genau wie Hähnchen. Für Stubenküken rechnet man pro Seite etwa 10 Minuten Grillzeit. Geflügel mit rotem Fleisch wie Tauben brauchen nur etwa 6 Minuten pro Seite, bis das Fleisch blutig bis rosa ist.

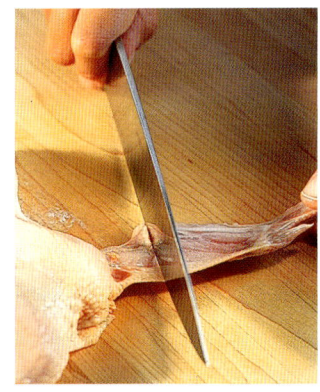

Grillhähnchen

Ein ganzes Hähnchen in vier, sechs oder acht Teile zerlegen. Nach Belieben in Weißwein mit Zwiebelringen, Knoblauch und Thymian marinieren.

Die Hähnchenteile mit der Hautseite nach oben auf den Grillrost legen und mindestens 10 Minuten grillen, bis das Fleisch auf der Unterseite gut gebräunt ist. Dann die Stücke wenden und weitergrillen, bis die Haut knusprig-braun ist und das Fleisch sich auf Fingerdruck fest anfühlt.

Siehe auch

Hähnchen zerlegen, Seite 151
Hähnchen marinieren,
  Seite 156
Hähnchen braten, Seite 146
Garprobe, Seite 66

Im Glossar

Grillen
Marinieren

Stubenküken zum Grillen vorbereiten

1. Mit der Brust nach oben legen, die äußeren Flügelenden abtrennen oder fest anlegen.
2. Die Klinge eines schweren Küchenmessers in die Bauchhöhle schieben und links am Rückgrat entlangschneiden.
3. Auseinanderklappen und an der anderen Seite des Rückgrats entlangschneiden. (Eventuell einige Rippen auslösen, damit sich das Geflügel leichter essen läßt.)
4. Mit der Hautseite nach oben legen und die Haut auf beiden Seiten zwischen Brust und Keule einschneiden.
5. Die Keulenenden in die Einschnitte stecken.

Panierte Hähnchenbrustfilets sautieren

Panieren und in Butter Kurzbraten ist ideal für die Zubereitung von Hähnchenbrustfilets. Die Panade absorbiert das köstliche, leicht nussige Aroma der gebräunten Butter und verfeinert das mild schmeckende weiße Fleisch. Da sich paniertes Fleisch bei relativ schwacher Hitze bräunen läßt (Semmelbrösel bräunen schon bei einer niedrigeren Temperatur als Fleisch), kann es beim Braten nicht so leicht übergaren oder austrocknen. Hähnchenbrust ist in fast jedem Supermarkt fertig filetiert erhältlich. Es empfiehlt sich jedoch, ein ganzes Huhn oder eine Hähnchenbrust mit Haut und Knochen zu kaufen und die Brust selbst zu enthäuten und entbeinen. In jedem Fall sollten Sie die Filets gleich dick klopfen, damit sie gleichmäßig garen.

Tips und Anmerkungen

- Panierte Hähnchenbrustfilets benötigen relativ viel Fett, um gleichmäßig zu bräunen. Die heiße Butter oder das Öl sollte in der Pfanne gut 3 mm hoch stehen.
- Braten Sie das Fleisch bei mittlerer, nicht bei hoher Temperatur. Falls die Panade zu schnell bräunt, die Hitze reduzieren; bräunt sie zu langsam, die Temperatur etwas erhöhen.
- Das Fleisch in ganzer oder geklärter Butter braten. Mit geklärter Butter vermeiden Sie die dunklen Flecken von festen Milchbestandteilen, die bei Verwendung von Butter an den Semmelbröseln haften. Auch kaltgepreßtes Olivenöl eignet sich zum Braten.
- Servieren Sie die Hähnchenbrustfilets mit Zitronenspalten, aromatisierter Butter oder Beurre noisette.
- Die Panierung gelingt am besten mit frischen Semmelbröseln (siehe Seite 164).
- Für eine geschmackliche Variante kann das Mehl durch Steinpilzmehl, geriebenen Parmesan oder eine Mischung aus gleichen Teilen Semmelbröseln und geriebenem Parmesan ersetzt werden.

Sautierte Hähnchenbrustfilets

1. Jedes Hähnchenbrustfilet zwischen zwei Bogen Wachspapier oder Klarsichtfolie legen und mit dem Klingenblatt eines Küchenbeils gleichmäßig dick klopfen. Die Filets dürfen aber nicht zu flach sein, da das Fleisch sonst austrocknet.
2. Die Filets beidseitig mit Mehl überziehen und überschüssiges Mehl abklopfen.
3. Die Filets in verquirltes Ei tauchen, das mit Salz und Pfeffer kräftig gewürzt ist.
4. Die Hähnchenbrust in frischen Semmelbröseln wenden.
5. Die panierten Hähnchenbrustfilets in geklärter Butter

oder kaltgepreßtem Olivenöl bei mittlerer Hitze von jeder Seite 3 bis 4 Minuten braten, bis sie goldbraun sind und sich auf leichten Fingerdruck fest anfühlen. Zum Wenden eine Zange benutzen, damit die Panierung nicht beschädigt wird.

Hähnchenbrust zum Sautieren vorbereiten

Eine ganze Hähnchenbrust kann man in zwei Hälften zerteilen und mit Haut und Knochen garen oder aber, wie hier, enthäuten, entbeinen und dann mit oder ohne Panierung sautieren.

Es gibt Hähnchenbrust fertig filetiert zu kaufen, man kann sie aber auch mit Haut und Knochen kaufen und selbst filetieren. Der schmale Muskelstrang auf einer Seite der entbeinten Brusthälfte, das eigentliche Filet, wird gewöhnlich am Brustfleisch belassen. Bei einigen Gerichten, so auch bei panierten Hähnchenbrustfilets, ist es jedoch besser, dieses innere Filetstück gesondert zu garen, weil es sich während des Bratens leicht vom Brustfleisch löst. Die kleine Sehne, die an dem Filetstück entlangläuft, sollte entfernt werden, weil sie zäh und wenig ansehnlich ist.

Hähnchenbrust mit Haut läßt sich, abgesehen von der niedrigeren Brattemperatur, ähnlich wie Steak braten, wobei die Brust die meiste Zeit mit der Haut nach unten in der Pfanne liegen sollte, damit möglichst viel Fett aus der Haut herausbrät.

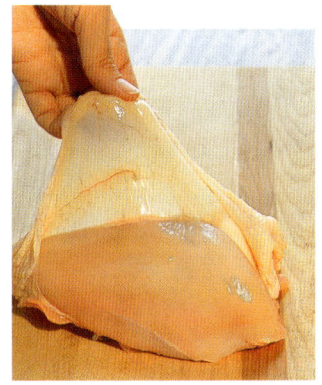

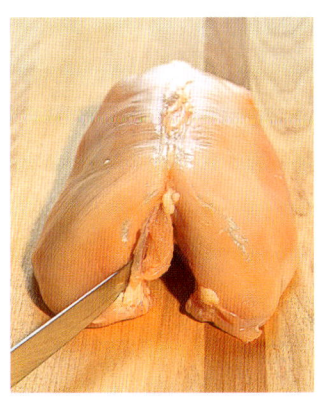

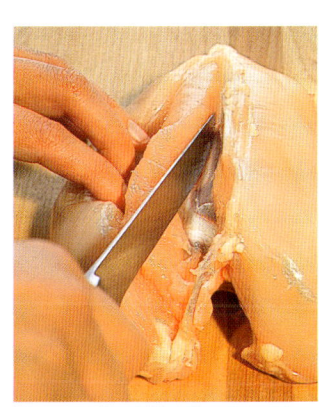

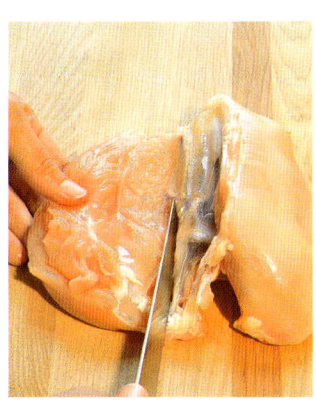

Hähnchenbrust filetieren

1. Die Haut abziehen.
2. Die Klinge eines kleinen Filetiermessers auf einer Seite unter das Gabelbein schieben, um den Knochen vom Fleisch zu lösen.
3. Auf derselben Seite am Brustbein entlang weiterschneiden. Dabei die Messerklinge direkt am Knochen entlangführen und das Brustfleisch vom Knochen wegziehen.
4. Weiter am Knochen entlangschneiden, bis die eine Brusthälfte vollständig ausgelöst ist. Auf der anderen Seite ebenso verfahren.

Die kleine Sehne entfernen

1. Von jeder entbeinten Brusthälfte das schmale innere Filetstück ablösen.
2. Am dickeren Ende des Filetstücks die Messerklinge unter das Ende der kleinen Sehne schieben.
3. Das Filetstück mit der Sehne nach unten legen. Das Sehnenende fassen und die Messerklinge flach gegen die Sehne halten. Durch Ziehen und behutsames Hin- und Herbewegen die Sehne herauslösen.

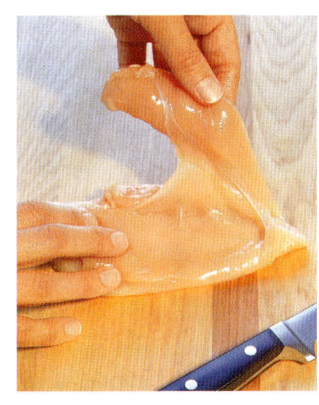

Siehe auch

Hähnchen zerlegen, Seite 151
Ente zerlegen, Seite 170
Steak kurzbraten, Seite 195
Beurre noisette, Seite 46

Im Glossar

Confit

Sautieren

Frische Semmelbrösel

Da fertig gekaufte Semmelbrösel häufig alt und sehr trocken sind, ist es der Mühe wert, Paniermehl aus frischem Weißbrot selbst herzustellen.

1. Frisches Weißbrot mit einer feinen Krume in Scheiben schneiden und die Rinde entfernen. Das Brot in Stücke zupfen.

2. Das Brot in der Küchenmaschine zerkleinern und mit den Fingern durch ein feinmaschiges Sieb oder ein Trommelsieb passieren.

Steinpilzmehl

Zum Panieren von Geflügel, Meeresfrüchten, Kalbfleisch und Bries kann man statt Mehl oder anderer Überzüge auch Steinpilzmehl verwenden. Vor dem Zerkleinern sollten sich die Pilze trocken und hart anfühlen. Eventuell auf einem Backblech im Ofen bei 120 °C je nach Bedarf 15 bis 45 Minuten trocknen.

1. Die Pilze in der Küchenmaschine sehr fein zerkleinern.

2. Das Mehl mit den Fingerspitzen durch ein feinmaschiges Sieb passieren. Alle zu großen Stücke nochmals in der Küchenmaschine zerkleinern und durch das Sieb streichen.

Siehe auch

Hähnchen zerlegen, Seite 151
Butter klären, Seite 46
Butter aromatisieren, Seite 47
Beurre noisette, Seite 46
Bries kurzbraten,
    Seiten 216 und 217

Im Glossar

Panieren
Pürieren (auch zu verschiedenen Sieben und Geräten)
Sautieren

Hühnerleber pürieren

Hühnerleber, sautiert und mit einer Sauce aus dem Bratensatz, Portwein und Schalotten serviert, schmeckt köstlich. Noch delikater, wenn auch aufwendiger, ist eine Mousse aus Hühnerleber. Es gibt verschiedene Zubereitungsarten. Eine einfache Methode besteht darin, die gegarten Lebern mit Butter zu pürieren, bis die Masse glatt ist und die Konsistenz einer weichen Pâté hat. In diesem Rezept wird zusätzlich Schlagsahne unter die Butter-Leber-Mischung gehoben, die die Mousse leicht und locker macht.

Es ist wichtig, die Sautierpfanne bei sehr hoher Temperatur vorzuheizen. Wenn sie nicht heiß genug ist, dünsten die Lebern statt zu sautieren, was zur Folge hat, daß sie nicht bräunen und die Mousse einen unangenehmen Wildgeschmack bekommt. Sautieren Sie die Lebern, bis sie sich auf Fingerdruck elastisch anfühlen, oder schneiden Sie einige an – sie sollte gerade eben rosa gebraten und an keiner Stelle mehr roh sein. Wenn die Hühnerleber zu lange gart, wird die Mousse körnig. Sie können die Mousse in kleinen Portionsförmchen oder zu Quenelles geformt servieren.

Hühnerleber-mousse

1. Die Lebern mit einem sauberen Küchentuch trockentupfen und mit Salz und Pfeffer würzen. Dann in einer zuvor erhitzten schweren Pfanne bei sehr hoher Temperatur in geklärter Butter sautieren, bis sie sich auf Fingerdruck elastisch anfühlen; zwischendurch einmal wenden. Vorsicht, Leber spritzt beim Braten!

2. Die Lebern in eine Schüssel umfüllen und das Bratfett weggießen. Gehackte Schalotten, Knoblauch und frischen Thymian in die Pfanne geben und etwa 1 Minute rühren, bis die Mischung aromatisch duftet. Portwein oder Madeira angießen und auf etwa 2 Eßlöffel einkochen.

3. Butter in Stücken zu den noch warmen Lebern geben, damit sie weich wird. Dann die Portweinmischung unterrühren und das Ganze in der Küchenmaschine glattpürieren.

4. Das Püree durch ein feinmaschiges Sieb passieren, damit es ganz glatt wird.

5. Schlagsahne unter das Püree ziehen, um es lockerer zu machen. Mit Salz und Pfeffer würzen. In Portionsförmchen oder zu Quenelles geformt servieren.

Im Glossar
Quenelle

Gebratener Puter

1. Die Flügelenden unter den Rumpf des Puters legen.

2. Grob zerkleinertes Gemüse und den halbierten Bürzel des Puters in einem Bräter verteilen. Sie sollen ein Ansetzen des Puters verhindern und verleihen dem Bratensaft zusätzliches Aroma. (Putenklein wäre ebenfalls geeignet, wird hier aber für die Sauce verwendet.)

3. Den Puter in den Bräter legen und die Unterschenkel zusammenbinden.

Puter braten und Putenklein verarbeiten

Puter wird im Prinzip auf die gleiche Weise gebraten wie Hähnchen, nur ist die Garzeit aufgrund der Größe des Geflügels länger und die Brattemperatur niedriger, damit die Haut nicht allzu stark bräunt, bevor das Fleisch gar ist. Die genaue Garzeit und Temperatur hängen von der Größe des Puters ab. Ein sehr großes Exemplar wird in der Regel bei einer niedrigeren Temperatur gebraten als ein kleines. Wie beim Braten eines Hähnchens sollten Sie auch bei Puter die Brust zunächst mit einem gefetteten dreilagigen Stück Alufolie locker abdecken. Die Folie verlangsamt den Garprozeß und verhindert, daß das Brustfleisch austrocknet, bevor die Keulen gar sind. Nach einer Stunde Bratzeit wird die Folie entfernt.

Bei Puter ist es nicht nötig, den Gabelknochen zu entfernen. Es genügt, die Flügel wie bei Hähnchen unter den Rumpf zu klemmen und die Unterschenkel zusammenzubinden, damit das Geflügel kompakt bleibt. Puter zu füllen, empfiehlt sich nicht, weil die Füllung wegen des Volumens meist länger garen muß als das Fleisch.

4. Die Geflügelbrust mit einem Stück gefetteter dreilagiger Alufolie abdecken. Den Puter bei 180 °C etwa 1 Stunde im vorgeheizten Backofen garen, dann die Alufolie entfernen.

5. Weiterbraten, bis das Fleischthermometer zwischen Keule und Brust eine Temperatur von etwa 60 °C anzeigt. Den Puter locker mit Alufolie abdecken und noch 30 Minuten an einem warmen Platz ruhen lassen.

Tips und Anmerkungen

• Es empfiehlt sich nicht, einen Bratrost zu verwenden, da der abtropfende Bratensaft am heißen Boden des Bräters leicht anbrennt. Außerdem kann die Geflügelhaut am Gitterrost ansetzen und beim Anheben des Bratens reißen. Verteilen Sie statt dessen (siehe links) einige Stücke grob zerkleinertes Gemüse und den halbierten Bürzel auf dem Bräterboden, um ein Ansetzen des Puters zu verhindern. Das Gemüse verleiht dem Bratensaft zusätzliches Aroma.

• Der Puter ist gar, wenn ein Fleischthermometer, das an der kühlsten Stelle – zwischen Keule und Brust – ins Fleisch gesteckt wird, etwa 60 °C anzeigt, oder wenn beim Einstechen an der dicksten Stelle des Oberschenkels der austretende Fleischsaft nicht mehr rosa, sondern farblos ist.

• Für einen ungefüllten Puter rechnet man bei einem größeren Exemplar pro 500 Gramm etwa 18 Minuten Garzeit bei 180 °C, bei einem kleineren Puter 20 Minuten pro 500 Gramm.

• Gefüllter Puter muß bei 180 °C pro 500 Gramm etwa 21 Minuten braten. Prüfen Sie nach 1 Stunde, wenn Sie die Alufolie entfernen, wie die Haut bräunt. Ist sie noch immer blaß, schalten Sie die Temperatur herauf; bräunt sie zu stark, reduzieren Sie die Hitze.

• Gebratenen Puter aus dem Bräter am besten mit einem stabilen Holzlöffel nehmen, den man in die Bauchöffnung schiebt

• Für eine leichte Sauce rechnet man zum Binden der Flüssigkeit pro Tasse Bratensaft jeweils etwa 1½ Eßlöffel Mehl und Fett (Butter oder das Putenfett aus dem Bräter).

4. Das dunkle Fleisch des Oberschenkels in Scheiben schneiden und auf eine Platte legen. Dieses Fleisch ist saftiger als das des Unterschenkels.

5. Knapp über dem Flügel die Brust leicht schräg einschneiden. So läßt sich das Brustfleisch einfach abheben, wenn es im nächsten Arbeitsschritt in Scheiben geschnitten wird.

6. Das Brustfleisch in Scheiben abschneiden; die Tranchiergabel zu Hilfe nehmen.

7. Weiterschneiden, bis der Brustknochen freigelegt und das Flügelgelenk sichtbar ist. Das Gelenk durchschneiden. Ist der abgetrennte Flügel groß, kann man auch dieses Fleisch in Scheiben schneiden.

Puter tranchieren

Den Puter auf einer Platte auftragen. Am Tisch neben dem Puter ein Schneidebrett, möglichst mit einer Rinne zum Auffangen des Fleischsaftes, plazieren.

1. Auf beiden Seiten die knusprige Haut zwischen Keule und Brust durchtrennen.

2. Weiterschneiden und dabei die Keule mit der Gabel vom Rumpf weg drücken, bis die Messerklinge auf das Gelenk zwischen Keule und Brust trifft. Das Gelenk durchtrennen.

3. Die Keule auf das Schneidebrett legen und das Gelenk zwischen Ober- und Unterschenkel durchschneiden. (Es liegt tiefer, als man vermutet.)

Siehe auch

Hähnchen braten, Seite 146
Geflügelfond, Seite 30

Im Glossar
Ablöschen
Bindemittel
Entfetten
Sauce

Sauce mit Putenklein

Diese Sauce ist eine Ausnahme von der Regel, daß man für eine Brühe oder einen Fond niemals Leber verwenden soll.

1. Während der Puter brät, das Putenklein (Magen, Hals, Leber, Herz), einige Knoblauchzehen, eine kleine abgezogene Zwiebel und ein kleines Bouquet garni in einem Topf, mit Wasser oder Geflügelfond bedeckt, etwa 1½ Stunden schwach köcheln lassen. Zwischendurch öfter abschäumen.

2. Das Putenklein mit einem Schaumlöffel herausnehmen und den Fond beiseite stellen. Das Fleisch vom Hals ablösen und mit den gekochten Innereien weiterverarbeiten; den Halsknochen wegwerfen.

3. Das Halsfleisch und die Innereien mittelfein hacken. Nicht zu fein, da die Sauce sonst nicht die gewünschte Konsistenz erhält.

4. Eine Tasse von dem Fond in den Bräter gießen. Den am Boden des Bräters karamelisierten Bratensatz mit einem Holzlöffel losschaben und unter Rühren in der Flüssigkeit auflösen.

5. Die Flüssigkeit aus dem Bräter durch ein Sieb in eine Fettabschöpfkanne oder einen Glaskrug gießen und einige Minuten stehenlassen, bis sich das Fett oben absetzt.

6. Pro Tasse gewünschter Sauce etwa 1½ Eßlöffel von dem flüssigen Putenfett in den Bräter gießen. Die gleiche Menge Mehl einstreuen und den Roux bei mittlerer Hitze etwa 2 Minuten rühren.

7. Die Flüssigkeit aus der Kanne ohne das Fett in den Roux rühren. Für mehr Sauce zusätzlich Geflügelfond zugeben. Dadurch wird jedoch der Putengeschmack der Sauce abgeschwächt.

8. Das gehackte Putenklein einrühren und die Sauce mit Salz und Pfeffer abschmecken.

Ente zerlegen

Enten haben meistens eine dicke Fettschicht unter der Haut und müssen daher anders gebraten werden als etwa Puter oder Hähnchen. Um den größten Teil des Fettes auszubraten und eine knusprige Haut zu erhalten, müßte die Ente so lange braten, daß das Fleisch unweigerlich übergaren würde. Dieses Problem läßt sich dadurch lösen, daß man das Geflügel in Keulen, Brusthälften und Gerippe zerlegt. Die Keulen, die eine längere Garzeit benötigen als die Brust, können geschmort, zu Confit verarbeitet oder gegrillt werden. Die Brust eignet sich gut zum Sautieren – dabei wird die Haut schön knusprig, während das Fleisch rosa bleibt (siehe Seite 157). Das Gerippe kann man für einen Entenfond verwerten.

Keulen, Flügel, Brust (ohne Knochen) von einer Ente abtrennen

1. Die Ente auf die Brust legen und die Flügel am Ansatz abtrennen. Dabei nicht das Brustfleisch einschneiden.
2. Die Ente auf den Rücken legen und eine Keule vom Rumpf wegziehen. Die Haut zwischen Oberschenkel und Brust durchschneiden. Dabei die Schneide des Messers zum Schenkel gerichtet halten und am Fettstreifen unter der Haut neben der Keule bis hinunter zum Rücken entlangschneiden.

3. Den Oberschenkel nach außen biegen und mit dem Daumen von der Unterseite gegendrücken, bis der Knochen aus der Gelenkpfanne springt.
4. Dort, wo der Oberschenkel mit dem Rumpf verbunden ist, dicht am Rückenknochen entlangschneiden, damit möglichst viel Fleisch am Schenkel bleibt. Den Oberschenkel abtrennen.

Bei der anderen Keule ebenso verfahren.
5. Den großen Hautlappen mit Fett am Halsende der Ente abschneiden und wegwerfen oder das Fett auslassen. (Entenfett ist ein vorzügliches, aromatisches Kochfett.)

6. Die Ente auf den Rücken legen. Das Messer an einer Seite des Brustbeins ansetzen und am Knochen entlangschneiden, bis das Brustfleisch ganz abgelöst ist.
7. Das Brustfleisch mit den Fingern vom Knochen wegziehen. Das Messer unter den Gabelknochen schieben und den Knochen abtrennen.
8. Weiter am Brustknochen entlangschneiden, bis die Brusthälfte vom Knochen gelöst ist. Beim Schneiden das Messer stets im flachen Winkel zum Knochen halten, um das Fleisch nicht einzuschneiden.
9. Die Brusthälfte mit der Hautseite nach unten legen und überstehende Haut und Fett wegschneiden. (Auch dieses Fett kann ausgelassen werden.) Mit der anderen Brusthälfte ebenso verfahren.

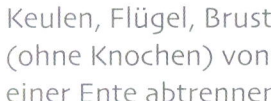

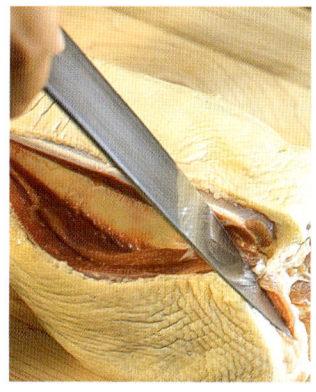

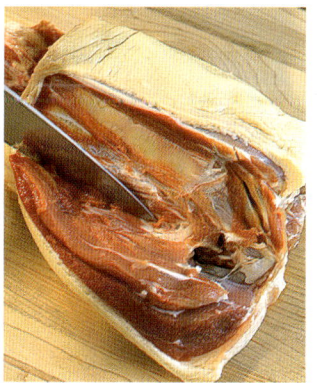

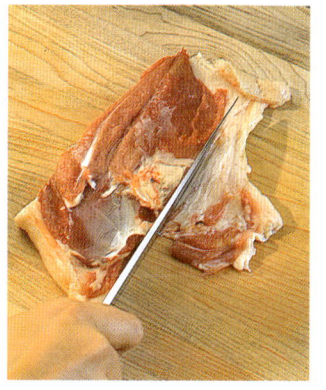

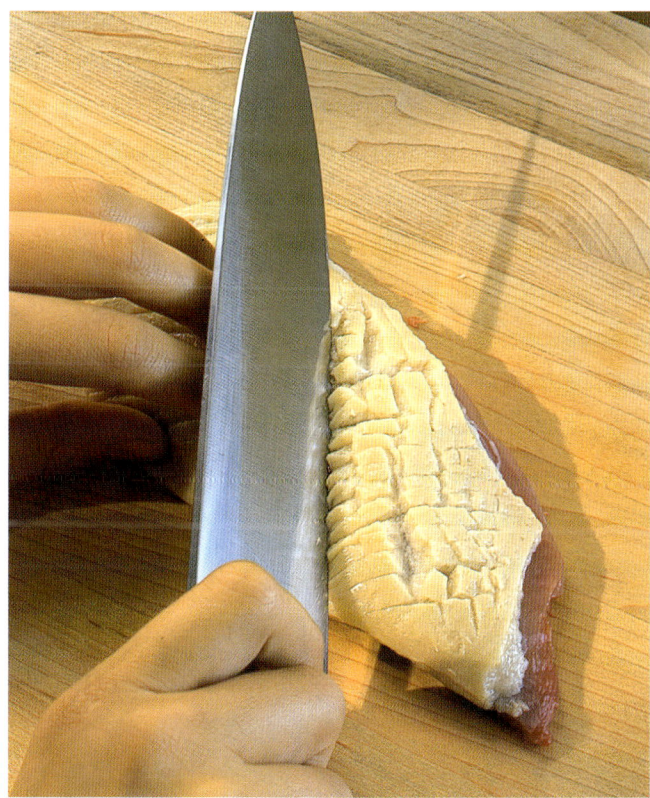

Entenbrust zum Sautieren vorbereiten

Da Entenbrust meist unter der Haut eine dicke Fettschicht besitzt, entfernen manche Köche die Haut vor dem Braten. Das ist jedoch schade, da die Haut sehr aromatisch schmeckt. Es ist besser, die Haut vorsichtig einzuschneiden, damit das Fett beim Sautieren rasch ausbrät und die Haut knusprig wird, bevor das Fleisch übergart.

1. Die Haut der Entenbrust mit einem scharfen Küchenmesser mit etwa 20 parallelen Schnitten versehen, ohne das Fleisch darunter zu beschädigen. Dabei das Messer leicht angewinkelt halten und die Haut schräg einschneiden, um mehr Fett freizulegen.

2. Die Brusthälfte um 90 Grad drehen und senkrecht zu den Einschnitten nochmals auf die gleiche Weise einschneiden.

Siehe auch
Dunkler Geflügelfond,
 Seite 30
Hähnchenbrustfilets vorbereiten, Seite 163

Im Glossar
Confit
Sautieren

171

172

3-Minuten-Ei

4-Minuten-Ei

Weich- oder hartgekochte Eier

Hier werden Eier gekocht, die direkt aus dem Kühlschrank kommen. Eier von Raumtemperatur benötigen eine etwas kürze Kochzeit.

1. Das Ei am runderen Ende mit einer Nadel anstechen, damit die eingeschlossene Luft während des Kochens entweichen kann; andernfalls könnte die Schale aufbrechen.

2. Das Ei behutsam ins kochende Wasser legen und mit der Zeitmessung beginnen. Die Temperatur so reduzieren, daß das Wasser bis zum Ende der Kochzeit schwach köchelt.

Eier kochen

Die beste Methode für weich- oder hartgekochte Eier besteht darin, die Eier in bereits kochendes Wasser zu legen und die Temperatur dann so einzustellen, daß das Wasser gerade eben köchelt. Auf diese Weise ist ein gleichbleibendes Resultat garantiert (das heißt, ein Drei-Minuten-Ei ist tatsächlich immer ein Drei-Minuten-Ei), und die Schale haftet nicht am gekochten Ei (und läßt sich somit leicht entfernen). Eier, die kalt gegessen werden sollen, legt man nach dem Kochen in eiskaltes Wasser, um den Garprozeß abzubrechen. Weichgekochte Eier brauchen Sie nicht abzuschrecken; sie können sofort serviert werden.

Wenn hartgekochte Eier zu lange kochen, bildet sich um das Eigelb ein unschöner dunkelgrüner Rand, und das Eigelb selbst wird blaß und trocken. Daher empfiehlt es sich, für Rezepte mit hartgekochten Eiern die Eier zwischen fünf und sechs Minuten zu kochen. Die Franzosen nennen solche Eier Oeufs mollets (wachsweiche Eier). Ihr Eigelb ist in der Mitte noch feucht und hat eine kräftige dunkelgelbe Farbe.

Ein 5-Minuten-Ei ist fest genug, daß das Eigelb beim Anschneiden seine Form behält.

Tips und Anmerkungen

• Die genaue Kochzeit für Eier hängt, abgesehen von ihrer Größe, davon ab, welche Temperatur das Ei hat, wenn es ins kochende Wasser gelegt wird, wie viele Eier auf einmal gekocht werden und wieviel Wasser im Topf ist. Die hier angegebenen Zeiten gelten für 4 bis 6 große Eier, die direkt aus dem Kühlschrank kommen. Wenn Sie eine größere Anzahl Eier auf einmal kochen, verlängert sich die Garzeit etwas.

• Für gleichbleibende Resultate sollten Sie stets soviel Wasser verwenden, daß es etwa 5 Zentimeter über den Eiern steht.

Bei einem 8-Minuten-Ei ist das Eigelb noch immer dunkelgelb und in der Mitte feucht.

Bei einem 10-Minuten-Ei ist das Eigelb ganz fest, aber noch immer dunkelgelb.

Eier, die kalt gegessen werden sollen, sofort nach dem Kochen für 5 Minuten in eis- kaltes Wasser legen. Das kalte Wasser verhindert, daß die Schale an den Eiern haftet.

Eier pochieren

Das Pochieren von Eiern ist einfach – Sie müssen nur darauf achten, daß das Wasser immer ganz schwach köchelt. Sobald es zu stark köchelt, fällt das Eiweiß auseinander, statt das Eigelb zu umschließen. (Nach dem Kochen kann man das Eiweiß gleichmäßig oval zurechtschneiden.) Ein Schuß Essig im Wasser fördert den Gerinnungsprozeß des Eiweißes. Die Eier sollten so lange garen, bis das Eiweiß fest und undurchsichtig ist. Wenn Sie nicht ganz sicher sind, heben Sie eines mit einem Schaumlöffel aus dem Wasser und prüfen Sie mit dem Finger, ob es sich fest anfühlt. Wollen Sie eine größere Anzahl von Eiern pochieren, empfiehlt es sich, sie im voraus zuzubereiten und in einer Schüssel mit kaltem Wasser im Kühlschrank aufzubewahren. Vor dem Servieren die Eier gut abtropfen lassen, mit kochendheißem Wasser übergießen und etwa 1 Minute stehenlassen, um sie wieder zu erhitzen.

Pochierte Eier

1. In einem Topf Wasser mit 1 Teelöffel Essig zum Köcheln bringen. Die Eier aufschlagen und möglichst dicht über der Wasseroberfläche öffnen, damit sie kompakt ins Wasser gleiten.

2. Oder die Eier zunächst in ein kleines Gefäß geben und aus dem Gefäß behutsam ins Wasser gleiten lassen. Auf diese Weise riskiert man nicht, sich die Finger zu verbrennen.

3. Wenn das Eiweiß fest und nicht mehr durchsichtig ist, die Eier mit einem Schaumlöffel aus dem Wasser heben.

4. Unregelmäßige Ränder mit einem Messer begradigen. Die pochierten Eier umgehend servieren oder in einer Schüssel mit eiskaltem Wasser im Kühlschrank aufbewahren und, wie links beschrieben, vor dem Servieren wieder erhitzen.

Oeufs en cocotte

1. Förmchen mit Butter ausstreichen und jeweils mit etwa 1 Eßlöffel von einer Gemüsemischung oder anderen Zutaten füllen (hier gedünstetes Tomaten-Concassé, Duxelles und Rahmspinat). In jedes Förmchen ein Ei geben.

2. Über jedes Ei 1 bis 2 Eßlöffel Sahne gießen. Mit Salz und Pfeffer würzen und mit Parmesan bestreuen.

3. Die Förmchen in einen Topf oder eine Backform stellen – gerade groß genug, daß alle hineinpassen. So viel kochendheißes Wasser in den Topf gießen, daß die Förmchen halbhoch im Wasser stehen.

4. Die Eier im vorgeheizten Ofen bei 180°C etwa 10 Minuten garen, bis das Eiweiß fest, das Eigelb aber noch flüssig ist. Mit Toast servieren.

Eier in Förmchen garen

Oeufs en cocotte nennen die Franzosen mit Sahne übergossene Eier, die in Förmchen im Wasserbad gegart sind. Besonders gut schmecken sie in Kombination mit Gemüsezubereitungen, wie gedünsteter Tomaten-Concassé, Champignon-Duxelles oder Rahmspinat, und einem Überzug aus geriebenem Käse. Das Eiweiß wird durch das Garen fest, und das noch flüssige Eigelb mischt sich mit der Sahne zu einer gehaltvollen, köstlichen Sauce, die von den anderen Zutaten aromatisiert wird. Das Ganze ist weich genug, um es mit einem Löffel und mit Toast zum Stippen zu essen. Oeufs en cocotte eignen sich gut zur Verwertung der Reste von Gemüsemischungen, Schinken oder gekochten Krustentieren wie Garnelen, Krabben oder Hummer. Durch das Garen im Wasserbad bleibt das Eiweiß zart, und die Eier garen gleichmäßig.

Siehe auch
Tomaten-Concassé, Seite 50
Duxelles, Seite 111
Rahmspinat, Seite 88

Im Glossar
Bain-marie

Omeletts backen

Auch wenn um die Zubereitung von Omeletts oft ein Geheimnis gemacht wird, braucht man dazu doch eigentlich nur ein Dutzend Eier und ein bißchen Übung. Bei einem klassischen französischen Omelett sollten die Eier auf der Außenseite vollständig gestockt sein, auf der Innenseite aber noch eine cremige, puddingartige Konsistenz haben.

Wie man ein Omelett am besten füllt, hängt ganz von der Art der Füllung ab. Einfache gehackte Zutaten wie Kräuter können unter die rohen Eier gemischt werden. Zutaten wie Käse, durch die das Omelett leicht am Pfannenboden ansetzen würde, sollten dagegen erst vor dem Aufrollen auf das Omelett gestreut werden. Üppigere Füllungen, wie Hummer oder Wildpilze, erhitzt man getrennt und füllt sie dann in das fertige, über die ganze Länge aufgeschlitzte Omelett.

Klassisches Omelett

1. Drei Eier, Salz und Pfeffer mit einer Gabel kräftig schlagen. Wenig Butter in einer beschichteten Pfanne oder einer Pfanne mit schwerem Boden bei hoher Temperatur erhitzen, bis sie schäumt. Die Eimischung in die Pfanne geben und mit der flachen Seite der Gabel kurz durchrühren.

2. Ist die Masse größtenteils gestockt, die Pfanne vom Körper weg neigen und das obere Drittel des Omeletts mit der Gabel zu einem leichten Bogen einschlagen.

3. Durch einen kurzen Schlag gegen den Pfannengriff das Omelett so weit nach vorn schieben, daß es ein Stück über den Pfannenrand ragt.

4. Den überstehenden Teil des Omeletts mit der Gabel nach innen schlagen.

5. Die Pfanne (eventuell mit der anderen Hand) anheben und das Omelett auf einen vorgewärmten Teller kippen.

Getrüffelte Eier

Ein Trick für Trüffel-Freunde: Die Trüffeln zusammen mit Eiern in der Schale in einem fest verschlossenen Behälter über Nacht in den Kühlschrank stellen. Die getrüffelten Eier am nächsten oder übernächsten Tag zu Omeletts verarbeiten.

Soufflés

Soufflés enthalten steifgeschlagenes Eiweiß, das unter eine pikante oder süße Grundmasse gehoben wird. In einer Soufflé- oder Auflaufform aus Metall oder Porzellan wird die Mischung im Ofen gebacken. Die meisten pikanten Soufflés, wie dieses Käsesoufflé, basieren auf Béchamelsauce, Dessertsoufflés hingegen meist auf Crème pâtissière oder einem Sabayon aus geschlagenem Eigelb und einer aromatischen Zutat. Da Soufflés kaum (manchmal auch gar kein) Mehl enthalten, sind sie eher instabil (im Gegensatz zu Kuchen, der seine Form behält) und fallen nach dem Backen bald wieder zusammen. Daher müssen die meisten Soufflés umgehend serviert werden.

Käsesoufflé

Die Souffléform vorbereiten

1. Die Souffléform innen mit weicher oder zerlassener Butter ausstreichen. Bei Verwendung von zerlassener Butter die Form anschließend in den Kühlschrank stellen und nach einer Weile nochmals einfetten, damit die Butterschicht dick genug ist.

2. Einen Streifen Alufolie so bemessen, daß er um die Souffléform gewickelt werden kann. Die Folie längs in drei gleich breite Lagen falten. Den Teil der Folie, der nach dem Umwickeln der Form übersteht und nach innen gerichtet ist, mit Butter bestreichen. Den Folienstreifen um die Form legen und mit einer metallenen Büroklammer oder durch Falzen und Zusammendrücken befestigen.

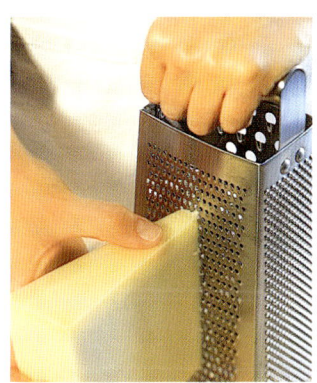

3. Hartkäse, wie etwa Parmesan, zum Ausstreuen der Form fein reiben (oder die Form mit Mehl ausstreuen).

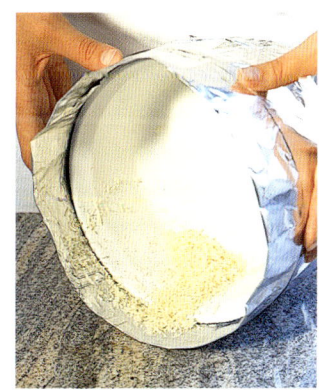

4. Den geriebenen Käse in die Form geben. Die Form drehen, bis Boden und Wand sowie die überstehende Folie gleichmäßig mit Käse bedeckt sind.

Eier trennen

HANDMETHODE

Das Ei aufschlagen. Eine (gründlich gewaschene) Hand über die Schüssel halten und das Ei aus der Schalenhälfte hineinkippen. Das Eiweiß durch die Finger rinnen lassen.

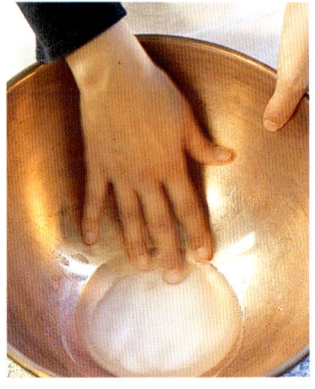

SCHALENMETHODE

Das Ei aufschlagen und das Eigelb über der Schüssel zwischen den Schalenhälften hin- und herkippen, bis das ganze Eiweiß abgeflossen ist. Aufpassen, daß das Eigelb nicht beschädigt wird und ausläuft.

Eiweiß schlagen

5. Bei Benutzung einer Kupfer-
schüssel diese zunächst mit
Branntweinessig und Salz
ausschwenken, um eventuellen
Anlaufbelag zu entfernen.
Dann die Schüssel mit heißem
Wasser ausspülen und gründlich abtrocknen. Damit die
Schüssel beim Rühren fest
steht, ein feuchtes Küchentuch
um die Standfläche wickeln.
6. Die Eier nach einer der
links beschriebenen Methoden
trennen. (Bei Einsatz eines
elektrischen Rührgeräts vor
dem Schlagen des Eiweißes
eine Prise Salz bzw. Weinsteinsäure zugeben (siehe
Seite 181). Oder das Eiweiß,
wie hier, etwa 30 Sekunden
durch Quirlen mit dem
Schneebesen »aufbrechen«.
7. Das Eiweiß zunächst langsam und behutsam mit dem
Schneebesen schlagen. Allmählich das Tempo steigern.
(Wenn die Hand ermüdet,
nach Möglichkeit mit der anderen Hand weiterschlagen.)
8. Der Eischnee bildet feste
Spitzen (die gewünschte Fe-
stigkeitsstufe für ein Soufflé),
wenn er vom Schneebesen
absteht. Bei einem elektrischen
Rührgerät mit der untersten
Geschwindigkeitsstufe beginnen und das Tempo schritt-
weise bis zur höchsten Stufe
steigern.

Eischnee unter die Soufflé-Grundmasse ziehen

Die geschmackgebenden Zutaten der Grundmasse sind italienischer Parmesan (Parmigiano
Reggiano) und Schweizer
Greyerzer, beide gerieben.
9. Nach der auf Seite 180
beschriebenen Methode eine
Béchamelsauce zubereiten.
Den Topf vom Herd nehmen
und die Eigelbe mit dem
Schneebesen in die Sauce
schlagen – in der Regel zwei
Eigelbe weniger als Eiweiße.
Die Sauce kräftig rühren, bis
sie glatt ist.
10. Die Hälfte des Käses
(beide Sorten) unter die Sauce
mischen.
11. Etwa ein Viertel des
Eischnees unterrühren.
12. Diese Soufflé-Grund-
masse vorsichtig in die Schüssel mit dem restlichen Eischnee
geben. Den Eischnee mit
einem großen Gummispatel
behutsam unter die Masse
heben. Dazu mit dem Spatel
an Wand und Boden der
Schüssel entlangfahren, den
Eischnee hochnehmen und
umschlagen.

13. Den restlichen Käse einstreuen und dabei den Eischnee weiter unterheben. Damit der Eischnee nicht zusammenfällt, die Mischung mit dem Spatel vorsichtig »schneiden«, bis sie homogen, aber nicht zu stark durchgearbeitet ist.

14. Die Masse in die vorbereitete Soufflé form füllen.

Béchamelsauce

1. In einem schweren Topf zu gleichen Teilen Mehl und Butter (Mengen siehe Seite 181) vermischen.

3. Unter kräftigem Rühren Milch in die heiße Mehlschwitze gießen.

2. Die Mischung (Roux) bei mittlerer Hitze mit einem kleinen Schneebesen etwa 3 Minuten kräftig rühren, bis sie glatt ist und Blasen wirft. Nicht bräunen.

4. Weiterrühren, bis die Mischung glatt ist. Mehr Milch zufügen, so daß eine dünnflüssige Sauce entsteht. Die Sauce zum Kochen bringen und so weit wie möglich einkochen.

Das Soufflé backen und servieren

15. Die Souffléform auf ein Backblech stellen und in den auf 190 °C vorgeheizten Backofen schieben. Das Soufflé backen, bis es aufgegangen, aber noch nicht ganz fest ist (es sollte in der Mitte noch feucht sein). Ein Soufflé von 4 bis 6 Portionen benötigt zwischen 35 und 50 Minuten Backzeit. Die Manschette (siehe Seite 177) noch in der Küche entfernen und das Soufflé sofort servieren.

16. Mit einem großen Löffel auf vorgewärmte Teller füllen.

Tips und Anmerkungen

- Souffléformen müssen mit Butter ausgestrichen werden. Für ein pikantes Soufflé die Form zusätzlich dünn mit Mehl oder feingeriebenem trockenem Käse (wie Parmesan) ausstreuen, um zu vermeiden, daß die Masse an der Form haftet und nicht aufgehen kann. Für ein Dessertsoufflé die Form statt dessen mit Zucker ausstreuen.

- Eine Manschette aus Alufolie hält die Soufflémasse zusammen, wenn sie über den Rand der Form aufgeht, und verhindert, daß die Haube des Soufflés abrutscht. Die Manschette muß wie die Form gefettet und bestreut werden.

- Zum Trennen einer größeren Anzahl von Eiern über einer kleinen Schüssel arbeiten und immer ein paar Eiweiße – oder jedes einzelne – in eine große Schüssel umfüllen. So ist nicht alles verloren, wenn beim Trennen einmal ein Eigelb beschädigt wird und ausläuft.

- Beim Schlagen von Eiweiß dürfen keinerlei Spuren von Eigelb, Fett oder Flüssigkeit ins Eiweiß geraten. Fett und Feuchtigkeit verhindern, daß sich Luft in das Eiweiß schlagen läßt. Achten Sie deshalb auf absolut saubere und trockene Hände und Utensilien.

- Zum Schlagen von Eiweiß am besten eine Schüssel aus Kupfer benutzen, denn Kupfer bewirkt durch chemische Reaktion mit dem Eiweiß, daß der Eischnee fest bleibt und seine Form behält. Kupferschüsseln müssen vor jedem Gebrauch von Anlaufbelag gereinigt werden. Dazu etwas Branntweinessig und Salz in der Schüssel schwenken, diese dann gründlich ausspülen und abtrocknen.

- Eiweiß läßt sich besser steif schlagen, wenn Sie vorher eine Prise Salz zugeben. Ist die Schüssel nicht aus Kupfer, empfiehlt sich eine Prise Weinsteinsäure.

- Das Eiweiß mit einem großen Schneebesen schlagen, mit einem elektrischen Handrührgerät oder in der Küchenmaschine.

- Damit die Soufflémasse locker, leicht und luftig wird und den größeren Teil des Eischnees besser aufnehmen kann, zunächst nur etwa ein Viertel des Eischnees untermischen. Danach vorsichtig den Rest unterheben.

- Der Käse für ein Käsesoufflé muß trocken und sehr aromatisch sein. Von zu milden Sorten benötigt man größere Mengen, die das Soufflé zu schwer machen.

- *Standardmengen für eine 2 Liter fassende Souffléform*

Roux: 4 ½ Eßlöffel Butter auf 4 ½ Eßlöffel Mehl

Béchamelsauce: 375 ml Milch für den Roux

Eier: 6 große Eigelbe für die Béchamelsauce

8 große Eiweiße, steifgeschlagen und untergehoben

Geriebener Käse (oder andere geschmacksintensive Zutaten): 1 ½ Tassen (je nach Zutat variieren)

Im Glossar
Helle Sauce
Sabayon

181

Fleisch

Lammkeule braten

Gebratene Lammkeule ist eine gute und vergleichsweise preiswerte Alternative zum erstklassigen Stiel- oder Lendenkotelettbraten vom Lamm. Statt die Keule vor dem Braten komplett zu entbeinen, genügt es auch, nur einen Teil der Knochen auszulösen – oder auslösen zu lassen –, um den fertigen Braten besser tranchieren zu können. Da Knochen geschmacksverstärkend wirken und dem Braten eine ansprechendere Form geben, empfiehlt es sich, mindestens zwei Knochen in der Keule zu belassen. Die durch das Entbeinen entstehenden Fleischlappen sollten Sie an drei Stellen um den Hüftknochen herumbinden, damit das Fleisch gleichmäßig gart.

Die Lammkeule wird in einem schweren Bräter (ohne Rost) im vorgeheizten Ofen gebraten. Wenn das Fleisch gar ist, kann man den Bratensaft entfetten und als einfache Jus dazu reichen. Für eine größere Menge konzentrierter Jus wird die Keule auf eine Schicht von Knochen und beim Parieren und Entbeinen angefallene Fleischreste sowie eine Handvoll ungeschälter Knoblauchzehen gelegt (statt Knoblauch eignen sich auch gehackte Zwiebeln oder Schalotten und kleingeschnittene Möhren). Diese Schicht verhindert zugleich das Ansetzen der Keule am Bräterboden. Der Bratensatz wird mit Fond oder Wasser abgelöscht und die Flüssigkeit anschließend durchgeseiht. Nach Belieben können Sie die mitgegarten Knoblauchzehen pürieren und die Jus damit andicken.

Tips und Anmerkungen

- Eine ganze Lammkeule (einschließlich Beckenknochen) sollte etwa 2½ Kilogramm wiegen und von einem höchstens ein Jahr alten Tier stammen.

- Beim Fleischer bekommt man die Lammkeule ausgelöst, während dies bei einer Keule aus dem Supermarkt unter Umständen selbst gemacht werden muß.

- Die Brattemperatur hängt davon ab, wie lange es dauert, bis das Fleisch gebräunt ist, ohne zu übergaren. Eine relativ große Keule wird bei niedrigerer Temperatur (180°C) gebraten als ein Kotelettstück.

- In Anbetracht der langen Bratzeit einer Lammkeule ist damit zu rechnen, daß die Knochen und Fleischreste gut gebräunt sind, wenn der Braten fertig ist. Sollten sie nicht braun genug sein, kann man sie noch eine Weile im Bräter auf dem Herd nachbräunen, bevor der Bratensatz abgelöscht wird.

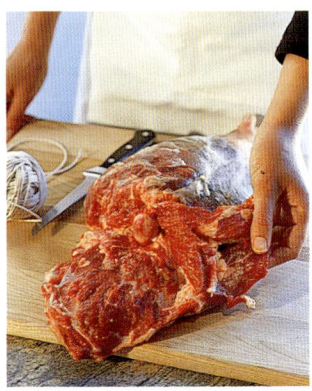

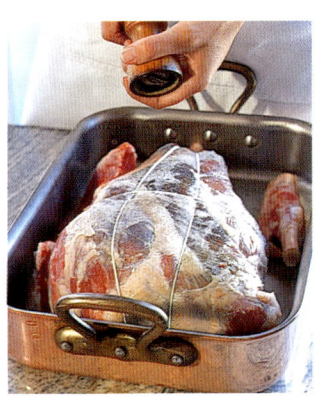

Gebratene Lammkeule

1. Die losen Fleischlappen am oberen Ende der Lammkeule nach innen klappen.

2. Die Keule mit zwei Stücken Küchengarn in Längsrichtung so binden, daß die Fäden am unteren Ende beiderseits des Unterschenkelknochens verlaufen und am oberen Ende die nach innen geschlagenen Fleischlappen halten. Dann noch einen Faden quer um die Keule binden.

3. Die Keule in einen Bräter mit schwerem Boden legen und mit Salz und Pfeffer würzen. Die Knochen und alle kleinen Fleischreste um die Keule herum verteilen.

4. Im vorgeheizten Ofen bei 180°C 50 bis 60 Minuten braten, bis das Fleischthermometer an der dicksten Stelle eine Innentemperatur von 49 bis 54°C anzeigt, wenn das Fleisch blutig bis rosa gewünscht wird, oder mehr, wenn Sie es weiter durchgebraten bevorzugen. Etwa 20 Minuten vor Ende der Bratzeit die ungeschälten Zehen von zwei zerteilten Knoblauchknollen um den Braten streuen.

5. Die fertig gebratene Lammkeule aus dem Bräter nehmen, locker mit Alufolie abdecken und 20 bis 30 Minuten ruhen lassen. Den Bräter auf den Herd setzen und Geflügel-, Lamm- oder Rinderfond angießen. Die Flüssigkeit schwach köcheln lassen und den Bratensatz am Bräterboden mit einem Holzlöffel lösen.
6. Den Bratensaft durchseihen; die Knoblauchzehen aufbewahren. Die Jus mit einer Schöpfkelle oder einer Fettabschöpfkanne entfetten. Die Knoblauchzehen durch ein feinmaschiges Sieb passieren.
7. Die entfettete Jus mit einem Schneebesen in das Knoblauchpüree rühren. Die Sauce in eine Sauciere füllen und zum Lammfleisch reichen.

Lammkeule tranchieren

Da amerikanische Lammkeulen größer sind als europäische, haben sich zwei unterschiedliche Tranchiermethoden herausgebildet. Hier und auf der folgenden Seite wird die amerikanische Methode demonstriert, bei der das Messer fast senkrecht zum Knochen geführt wird und die Scheiben zunächst mit dem Knochen verbunden bleiben. Sie werden erst im nächsten Schnitt durch einen Schnitt direkt am Knochen entlang abgetrennt. Bei der europäischen Methode schneidet man die Scheiben einzeln ab: dazu die Keule am Unterschenkelknochen festhalten und das Messer beim Schneiden schräg, fast parallel zum Knochen, führen. Auf diese Art wird auch in Amerika die kleinere Seite einer großen Lammkeule tranchiert.
1. Die Lammkeule auf ein Schneidebrett mit einer Auffangrinne für den Saft legen; am entgegengesetzten runden Ende anschneiden.
2. Die Keule bis an den Knochen in Scheiben schneiden, so daß keine weiteren Scheiben abgeschnitten werden können.
3. Jede Scheibe sofort auf eine vorgewärmte Platte legen.
4. Das Fleisch oberhalb des Knochens scheibenweise anschneiden, so daß die Scheiben zunächst mit der Keule verbunden bleiben.

5. Oben am Knochen entlangschneiden, um die Scheiben
abzutrennen.
6. Die Keule umdrehen, am
Haxenende etwas anheben
und an der Oberseite schräg
in Scheiben schneiden.
7. Die abgeschnittenen
Scheiben auf die vorgewärmte
Platte legen.

Siehe auch
Lammkeule parieren und teil-
weise entbeinen,
Seite 242
Fleischstücke für die Jus
auf dem Herd bräunen,
Seite 188
Dunkler Geflügelfond,
Seite 30
Garprobe, Seite 66

Im Glossar
Ablöschen
Bindemittel
Braten (auch zum Thema
Ruhenlassen)
Entfetten
Jus

Lammkotelettstück braten und Jus herstellen

Braten ist die beste Garmethode für ein Kotelettstück vom Lamm, das wegen seines zarten, aromatischen und rasch garenden Fleisches zu den teuersten Teilstücken zählt. Es braucht nur in den heißen Ofen gestellt zu werden, bis es außen knusprig braun und innen blutig bis rosa gebraten ist.

Dieser Lammbraten wird traditionell mit Jus serviert – dem beim Braten freigesetzten Fleischsaft. Da Lammfleisch aber nur blutig bis rosa oder rosa gebraten wird, tritt während des Garens nur wenig Saft aus. Um eine Sauce zu erhalten, streckt man den Bratensaft mit Fond oder Wasser und löscht damit zugleich den am Bräterboden karamelisierten Bratensaft, den Bratensatz, ab. Da die Flüssigkeit den Geschmack der Jus abschwächt, wird der Lammbraten häufig auf eine Schicht zerkleinerter Knochen und Fleischreste sowie aromatischer Gemüse gelegt. Diese bräunen ebenfalls während des Bratens und geben ihr Aroma an die Flüssigkeit ab.

Tips und Anmerkungen

• Beim Kauf eines Kotelettstücks darauf achten, daß der zentrale Rückenknochen – das Rückgrat – entfernt ist, da sich der Braten sonst nicht tranchieren läßt. Möglicherweise ist der Fleischer bereit, die Rippenenden freizulegen, d.h. alles Fleisch und Fett zwischen und an den Knochenenden zu entfernen, so daß die gesäuberten Rippen dekorativ aus dem Fleisch herausragen (siehe links). Eventuell diesen Arbeitsschritt selbst ausführen.

• Ein Lammkotelettstück wie jeden anderen Braten in einem Bräter ohne Rost braten. Der Bräter sollte so groß sein, daß das Kotelettstück gerade eben hineinpaßt. Ist er zu groß, besteht die Gefahr, daß Bratensaft zum Rand hinfließt und anbrennt. Noch größer ist dieses Risiko bei Benutzung eines Rostes, weil der Bratensaft dann direkt auf den heißen Bräterboden tropft.

• Für eine Jus benötigt man Lammfleischreste. Den Fleischer um eine Handvoll Fleischreste vom Stiel- oder Lendenkotelettstück oder um Schmorfleisch vom Lamm, etwa aus der Schulter oder vom Nacken, bitten. Damit die Stücke rasch garen, müssen sie in Streifen oder kleine Würfel geschnitten werden. Verwendbar sind auch die beim Freilegen der Rippenenden anfallenden Fleischreste, jedoch ohne Fett.

• Da die Fleischstückchen erst nach 45 Minuten ihr Aroma freisetzen, das Kotelettstück aber nur 25 Minuten braucht, muß man sie 20 Minuten vor dem Lammbraten in den Ofen stellen (siehe Seite 188) oder, wenn der Lammbraten fertig ist, weiter im Ofen lassen bzw. auf dem Herd unter Rühren karamelisieren. Im letztgenannten Fall muß der Braten solange warm gestellt werden.

• Den Kotelettbraten vor dem Tranchieren an einem warmen Platz 10 bis 20 Minuten ruhen lassen.

Siehe auch
Doppeltes Kotelettstück vom
Lamm zerteilen, Seite 244
Lammkotelettstück parieren
und Rippenenden freilegen,
Seite 246
Dunkler Geflügelfond,
Seite 30
Lammsattel parieren und
braten, Seite 250
Schweinekotelettstück braten,
Seite 189
Garprobe, Seite 66

Im Glossar
Ablöschen
Aromatische Gemüse
Braten
Entfetten
Jus
Mirepoix

188

Kotelettbraten vom Lamm

Fleischreste und Knoblauch für die Jus vorher anbraten (siehe Seite 187).

1. Den Ofen auf 220 °C vorheizen. Fleischstückchen und Knoblauch in einem Bräter verteilen und 20 Minuten braten. Das Kotelettstück darauf legen und etwa 25 Minuten braten, bis das Fleischthermometer in der Mitte des Bratens gut 50 °C anzeigt. (Oder zur Garprobe mit dem Finger gegen das Fleisch an den Enden des Kotelettstücks drücken. Wenn es sich gerade eben elastisch anfühlt, ist es gar.) Den Braten auf einer Platte warm stellen.

2. Falls die Fleischstücke noch nicht braun genug sind, den Bräter noch einmal auf den Herd stellen. Das Fleisch unter Rühren mit einem Holzlöffel bräunen. Dann den Bräter neigen und das obenauf schwimmende Fett abschöpfen.

3. Eine Tasse dunklen Lamm-, Geflügel- oder Rinderfond in den Bräter gießen.

4. Den Bräter wieder auf den Herd stellen und die Fleischstücke bei starker Hitze etwa 5 Minuten rühren, damit sie ihr Aroma abgeben. Die Jus in eine Sauciere abseihen.

5. Den Braten zwischen den Rippen in Scheiben schneiden und mit dem Jus servieren.

Schweinekotelettstück braten

Kaufen Sie ein mittleres Teilstück vom Schweinekotelettstrang und geben Sie an, wie viele Rippen es haben soll (man rechnet eine Rippe pro Portion). Bitten Sie den Fleischer, den Rückenknochen auszulösen – der Braten läßt sich dann leichter tranchieren – und Ihnen den Knochen mitzugeben. Das Kernfleisch des Kotelettstücks wird auch ohne Knochen angeboten. Es hat eine kürzere Bratzeit, und man erspart sich das Freilegen der Rippenenden; andererseits sieht der Braten mit Rippen nicht nur eindrucksvoller aus; er hat auch ein intensiveres Aroma, da das Fleisch mit Knochen saftiger bleibt. Ein Kotelettstück vom Schwein können Sie genau wie ein Lammkotelettstück vorbereiten, in einem schweren Bräter (ohne Rost) braten und mit der Jus servieren. Anfallende Fleischreste und der Rückenknochen können für die Jus mitgebraten werden. Da das Kotelettstück vom Schwein recht mager ist und leicht austrocknet, sollten Sie es nur so lange braten, daß das Fleisch noch eben rosa ist (das gilt auch für Kalbskotelettbraten).

Schweinekotelettbraten tranchiert man am besten wie Kotelettbraten vom Lamm oder Kalb. Die Koteletts werden zwischen den Rippen scheibenweise abgeschnitten, so daß jede Person ein ganzes Kotelett erhält. Wer dünnere Scheiben bevorzugt, sollte das Kernfleisch als Ganzes auslösen und dann in Scheiben schneiden. Man kann auch das Kernfleisch ohne Knochen braten.

Kotelettbraten vom Schwein

Hier wird ein Kotelettstrang mit fünf Rippen aus dem hinteren Rippenabschnitt des Schweins gebraten.

1. Überschüssiges Fett am oberen Ende der Rippen wegschneiden, ohne dabei in das darunterliegende Fleisch zu schneiden. Das Kotelettstück im vorgeheizten Ofen bei 200 °C etwa 45 Minuten braten, bis es eine Innentemperatur von 70 °C hat und das Fleisch noch eben rosa ist.

2. Die Garstufe des Fleisches mit einem Fleischthermometer prüfen oder mit den Fingern gegen die Enden des Bratens drücken (siehe rechts). Wenn sich das Fleisch nicht mehr wie rohes Fleisch, sondern fest anfühlt, ist es gar. Den Braten locker mit Alufolie abdecken und 15 Minuten ruhen lassen – die Innentemperatur wird dabei um etwa 5 Grad ansteigen. (Die Abbildung auf den Seiten 182/183 zeigt einen Schweinekotelettbraten mit geschmorten Gemüsen.)

Schweinekotelett-braten tranchieren

Methode 1
(für ganze Koteletts)

1. Das Kotelettstück mit einem Küchentuch oder einer Gabel festhalten.
2. Das Fleisch zwischen den Rippen durchschneiden: pro Portion ein Kotelett.
3. Hier werden gebackene Tomaten mit Knoblauch und Basilikum als Beilage neben dem Kotelett angerichtet.

Methode 2
(für dünne Scheiben ohne Knochen)

1. Mit dem Messer innen an den Rippen entlangschneiden.
2. Die Rippen nach außen ziehen und weiterschneiden; dabei das Messer am Knochen entlangführen (die Rippen zum Knabbern aufbewahren).
3. Das Fleisch in beliebig dicke Scheiben schneiden.

Tips und Anmerkungen

• Der Kotelettstrang ist ein großes Stück vom Schwein, das vom Schulteransatz bis zum oberen Ende der Keule reicht. Grob unterscheidet man zwei Abschnitte – das vordere Kotelettstück und das Lenden- oder Filetkotelettstück. Zerlegt man den vorderen Teil des Kotelettstrangs zwischen den Rippen in einzelne Scheiben, so erhält man die wohlbekannten einfachen Koteletts. Aus dem hinteren Teil bekommt man Filetkoteletts mit Fleisch aus zwei großen Muskelsträngen (Lende und Filet), die wie kleine T-Bone-Steaks aussehen. Die Koteletts im hinteren Teil sind magerer und ansehnlicher als die im vorderen Teil, deren Fleisch stärker von Fett durchzogen und deren Rippen weniger dekorativ sind.

Siehe auch
Einfache Jus, Seite 272
Mit Knochen und Fleisch-resten zusätzliche Jus gewinnen, Seite 188
Rippenenden an einem Kotelettstück freilegen, Seite 246

Lammkotelettstück braten, Seite 187
Garprobe, Seite 66
Gebackene Tomaten mit Knoblauch und Basilikum, Seite 72

Im Glossar
Braten
Jus

Rinderrippenstück braten

Ein Rippenstück vom Rind (Hochrippe) wird genau wie ein Kotelettstück vom Schwein oder Lamm in einem schweren Bräter ohne Rost gebraten und tradtionell mit Jus serviert. Man kann das Rippenstück ohne weitere Zutaten in den Bräter legen oder, für zusätzliche Jus, auf eine Schicht kleiner Fleischstücke (z.B. Reste vom Parieren der Rippen oder auch sehr klein geschnittenes Rinderschmorfleisch).

Ein aufgestellter Rippenbraten ist zu groß, um ihn wie Lamm- oder Schweinekotelettbraten in Koteletts zu zerteilen. Zum Tranchieren legt man ihn auf die Seite und schneidet das Fleisch, nachdem es jeweils mit einem Schnitt entlang der Rippe vom Knochen getrennt wurde, zum Knochen hin in dünne Scheiben. Oder man löst das Fleisch als Ganzes aus und schneidet es dann in Scheiben.

Gebratene Hochrippe

1. Das Fleisch zwischen den Rippen in eine kompakte, runde Form binden, damit es gleichmäßig gart.

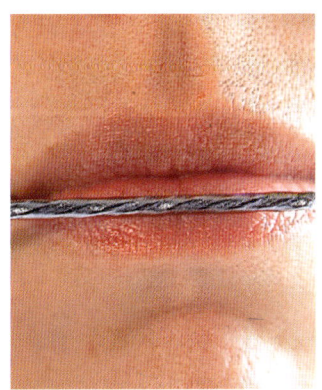

2. Im vorgeheizten Ofen bei 200 °C etwa 45 Minuten braten. Danach bei 180 °C weiterbraten, bis die Innentemperatur in der Mitte 49 bis 52 °C für blutiges bis rosa, bzw. 52 bis 54 °C für rosa Fleisch beträgt. 3. Manche Profi-Köche stechen mit einem Metallspieß in den Braten und halten den Spieß dann zum Ermitteln der Garstufe gegen die Lippe. Um dies zu üben, den Metallstab des Fleischthermometers gegen die Lippe halten, sobald er nach Ablesen der Temperatur aus dem Fleisch gezogen wurde.

Tips und Anmerkungen

- Beim Kauf eines Rippenstücks vom Rind die gewünschte Zahl an Rippen angeben. Eine Rippe liefert zwei Portionen; ein Stück mit drei Rippen ist somit für sechs Personen großzügig bemessen.

- Das Fleisch des hinteren Rippenabschnitts, aus dem das Roastbeef herausgeschnitten wird, ist magerer als das der Hochrippe aus dem mittleren Rippenabschnitt.

- Da Rippenbraten relativ groß ist, brät man ihn am besten bei relativ starker Hitze (200 °C) an und gart ihn bei reduzierter Hitze (180 °C) weiter. Ein Stück von 2¼ kg muß bei 200 °C etwa 45 Minuten bräunen und danach bei 180 °C noch etwa 40 Minuten weitergaren, bis das Fleisch blutig bis rosa gebraten ist.

- Das fertig gebratene Fleisch locker mit Alufolie abdecken und vor dem Servieren noch 20 bis 30 Minuten an einem warmen Platz ruhen lassen.

- Andere Teilstücke vom Rind auf die gleiche Weise braten wie Hochrippe, allerdings unterschiedlich lange. Bei der Berechnung der erforderlichen Bratzeit nicht stur den Gewicht-Temperatur-Angaben folgen, da sich auch die Form des Bratens auf die Garzeit auswirkt. Ein langes, schmales Stück wie Filet gart schneller als ein hoher, rechteckiger Braten von gleichem Gewicht.

Rinderfilet gart sehr schnell – je nach Größe in maximal 25 Minuten –, da es lang und schmal ist, rasch durcherhitzt und meist blutig bis rosa gegessen wird. Das Hauptproblem beim Braten von Filet besteht darin, daß es lange genug bräunen muß, ohne jedoch zu übergaren. Am besten das Filet auf dem Herd anbraten und dann in den auf 200 °C vorgeheizten Ofen schieben, aber zuvor das schmal zulaufende Ende nach innen umschlagen und binden, damit der Braten in etwa einheitlich dick ist.

Fleisch aus der Oberschale und aus der Kugel ist weniger zart als Rumpsteak oder Filet, dafür aber relativ preiswert und in dünne Scheiben geschnitten ausgezeichnet als Brotbelag geeignet. Rinderkugel sollte wegen ihres recht geringen Umfangs auf dem Herd rundum braun angebraten werden, bevor man sie im Ofen bei 200 °C blutig bis rosa brät. Die Oberschale wird genauso gebraten wie Hochrippe.

Rippenbraten tranchieren

Methode 1

1. An der oberen Rippe entlangschneiden, um das Fleisch vom Knochen zu lösen.

2. Seitwärts zum Knochen hin schneiden; die abgeschnittenen Scheiben einfach abheben und auf eine Platte legen.

Methode 2

1. Die Rippenenden mit einem Küchentuch fassen, den Braten hochkant auf das Schneidebrett stellen und an der Innenseite der Rippen entlangschneiden.

2. Das Messer beim Schneiden direkt an den Rippen entlangführen, um nicht in das Fleisch zu schneiden. Die Rippen entfernen.

3. Das Fleisch in Scheiben schneiden und auf Tellern oder einer Platte anrichten.

Siehe auch

Einfache Jus, Seite 148

Mit Knochen und Fleischresten zusätzliche Jus gewinnen, Seite 188

Fleisch vor dem Garen im Ofen auf dem Herd anbraten, Seite 195

Lammkotelettstück braten, Seite 187

Schweinekotelettstück braten, Seite 189

Im Glossar

Braten (auch zu den Themen Garprobe und Ruhenlassen)

Jus

Koteletts und Steaks grillen oder in der Pfanne braten

Beim Grillen über Holzkohleglut nehmen Steaks und Koteletts einen leicht rauchigen Geschmack an, wie er mit keiner anderen Garmethode zu erzielen ist. In der starken Hitze wird das Fleisch ohne Zugabe von Fett rasch versiegelt, d. h. die Poren schließen sich, und es entsteht eine sehr aromatische braune Kruste. In Frankreich werden gegrillte Steaks und Koteletts traditionell mit Buttermischungen oder Sauce béarnaise serviert; aber auch Mayonnaisen, Salsas und Vinaigrettes schmecken köstlich dazu. Wählen Sie als Ausgleich und Kontrast zu dem nahrhaften Fleisch eine Sauce mit ausgepragter Säure oder Schärfe.

Sie können auch größere Fleischstücke grillen, z.B. schmetterlingsförmig geschnittene Lammkeule oder ganzes Rinderfilet. Große Stücke erfordern jedoch andere Grillmethoden als kleine, da sie länger garen müssen. Bräunen Sie solche Stücke über der heißesten Stelle der Holzkohleglut, bis sie auf beiden Seite eine schöne Kruste haben, und legen Sie die Stücke anschließend zum Garen über eine weniger heiße Stelle, so daß die Hitze langsam eindringen kann, ohne das Fleisch außen zu verbrennen.

Wie beim Holzkohlegrill wird Fleisch auch unter einem Elektrogrill mit einem Minimum an Fett bei starker Hitze gegart – wobei die Hitze aber von oben statt von unten kommt. Unter dem Elektrogrill wird das Grillgut meist weniger braun und aromatisch als auf dem Holzkohlegrill, aber diese Form des Grillens ist eine praktische Lösung, falls das Wetter einmal nicht mitspielt. Auf der folgenden Seite wird die Zubereitung verschiedener Fleischsorten unter dem Elektrogrill beschrieben, die natürlich ebensogut über Holzkohle gegrillt werden können. Die Grillpfanne sollte anfangs möglichst nah an der Hitzequelle plaziert sein und tiefer gesetzt werden, falls das Grillgut zu schnell bräunt.

Vor dem Grillen über Holzkohle oder unter dem Elektrogrill sollte man das Fleisch leicht mit Öl einreiben, damit es nicht am Grillrost bzw. in der Pfanne ansetzt.

Steaks mit Grillstreifen

Statt auf dem Holzkohlegrill kann man Steaks ersatzweise in einer Grillpfanne garen.
1. Grillrost bzw. -pfanne dünn mit Öl bestreichen und vorheizen. Die Steaks ebenfalls leicht mit Öl einreiben, dann – je nach gewünschter Garstufe – 2 bis 4 Minuten grillen
2. Die Steaks um 90 Grad drehen und 2 bis 4 Minuten weitergrillen, so daß ein Gittermuster entsteht.
3. Die Steaks wenden und auf der anderen Seite bis zur gewünschten Garstufe grillen.

193

Lamm- und Schweinekoteletts vom Elektrogrill

1. Die leicht eingeölten und gewürzten Koteletts auf das Grillblech legen.
2. Die Fleischstücke wenden, falls sie zu stark bräunen. Die Lammkoteletts vor den Schweinekoteletts aus dem Grill nehmen (oder später dazulegen), da sie schneller gar sind.

Tips und Anmerkungen

• Beim gleichzeitigen Grillen verschiedener Fleischsorten daran denken, daß Schweinekoteletts länger garen müssen als Lammkoteletts und andere rote Fleischsorten. Sofern sie nicht sehr dünn geschnitten sind, die Schweinekoteletts zuerst auf den (bzw. unter den Backofen-)Grill legen. Sie sind bei einer Innentemperatur von 65 bis 70 °C gar. Lammkoteletts nach Belieben blutig bis rosa (52 °C) oder rosa (54 °C) garen.

• Fleischstücke mit kräftiger Marmorierung oder Fettrand können beim Grillen leicht ein plötzliches Aufflammen der Glut verursachen, wenn Fett abtropft und sich entzündet. Es gibt verschiedene Möglichkeiten, dies zu verhindern bzw. dem zu begegnen:

Überschüssiges Fett an Steaks und Koteletts entfernen.

Mit einem dünnen Strahl kalten Wassers aus einer bereitgestellten Sprühflasche Flammen gezielt löschen.

Sobald Flammen auflodern, die Fleischstücke aus der »Gefahrenzone« schieben.

Bei einem Grill mit Haube die Holzkohlen auf eine Seite schieben und das Grillgut auf die andere, so daß das austretende Fett nicht auf die Kohlen tropft. (Sofern genug Platz ist, kann man sogar eine Schale mit Wasser unter das Grillgut stellen, um abtropfendes Fett aufzufangen und mögliches Schwelen sowie Rauch und Rußbildung auszuschließen, die das Aroma des Grillguts beeinträchtigen können.)

Siehe auch

Buttermischungen, Seite 47
Sauce béarnaise, Seite 45
Mayonnaise, Seite 41
Vinaigrette, Seite 37
Steaks und Koteletts würzen, Seite 195
Garprobe, Seite 66

Im Glossar

Grillen (mit Information über Grillpfannen)

Steaks, Koteletts, Nüßchen und Medaillons kurzbraten (mit Sauce aus dem Bratensatz)

Kurzbraten ist eine ausgezeichnete Garmethode für Steaks und andere relativ flache oder kleine Fleischstücke wie Koteletts und Medaillons. Durch die starke Hitze bildet sich außen so rasch eine aromatische braune Kruste, daß das Fleisch innen saftig und blutig bis rosa bleibt. Anders als bei kleineren Nahrungsmitteln wie Pilzen oder Jakobsmuscheln, die während des Garens in der Pfanne viel bewegt und gewendet werden, sollte man Steaks vor dem Wenden erst auf einer Seite fertigbräunen. (Durch zu häufiges Wenden können sie gar nicht braun werden.)

Ein weiterer Vorteil des Kurzbratens von Steaks oder anderen kleinen Fleischscheiben ist der am Pfannenboden karamelisierte Fleischsaft, der sich mit verschiedenen Flüssigkeiten ablöschen läßt und, leicht angedickt, schnell zu einer köstlichen Sauce wird. Alle relativ zarten Stücke können wie das auf der folgenden Seite gezeigte Steak aus dem Bürgermeisterstück zubereitet werden.

Wenn Sie mehr als nur ein paar Filetsteaks servieren wollen, ist es ökonomischer, ein ganzes Rinderfilet zu kaufen und selbst zu parieren und in Scheiben zu schneiden. Schweine- und Kalbsfilet werden auf die gleiche Weise pariert, in dicke Scheiben geschnitten und kurzgebraten.

Medaillons, Nüßchen und Scallopini

Steaks sind bekanntlich relativ dicke Scheiben Fleisch, in der Regel ohne Knochen und vorzugsweise vom Rind. Koteletts hingegen enthalten immer Knochen und stammen von anderen Tieren als dem Rind. Medaillons sind kleinere runde oder ovale Fleischscheiben, meist aus der Lende von Schwein oder Kalb. Sie haben einen Durchmesser von rund 8 cm und sind gut 1 cm dick. Sehr kleine Fleischscheiben, die aus den kleinsten knochenlosen Teilstücken geschnitten werden, etwa aus dem Schweine- oder Kalbsfilet, werden mitunter als Nüßchen bezeichnet. Sie haben einen Durchmesser von etwa 2½ cm und sind 1 bis 2½ cm dick. Scallopini sind sehr dünne Scheiben, meist aus der Oberschale des Rindes und größer als Medaillons und Nüßchen. Sie sind in der Regel 12 bis 15 cm lang, 7 bis 8 cm breit und etwa ½ cm dick.

Tips und Anmerkungen

• Salz entzieht dem Fleisch Flüssigkeit und läßt die Oberfläche feucht werden, was das Bräunen erschwert. Möglichst das Fleisch eine Stunde vor dem Kurzbraten salzen und trockentupfen. Notfalls Steaks und Koteletts erst direkt vor dem Braten würzen.

• Fleisch bei starker Hitze in Öl (oder, falls vorhanden, Entenschmalz) kurzbraten. Falls Fleisch oder Bratensatz anzusetzen drohen, die Temperatur reduzieren.

• Das Öl erhitzen, bis es gerade eben zu rauchen beginnt. Das Steak in die Pfanne legen und braten, bis die erste Seite gut gebräunt ist. Dann wenden und bis zur gewünschten Garstufe weiterbraten.

• Wenn das Steak aus der Pfanne genommen ist und bevor der Bratensatz abgelöscht wird, eventuell für zusätzliches Aroma Knoblauch, feingehackte Schalotten, Zwiebeln, Möhren oder Stangensellerie in die Pfanne geben und kurz garen.

• Für die Sauce den Bratensatz mit Wasser oder Fond, oder zuerst Wein und dann Fond ablöschen, wobei die Flüssigkeit leicht sirupartig eingekocht sein sollte, bevor weitere Flüssigkeit dazukommt. (Ohne Fond wird die Flüssigkeit nicht sirupartig – dann einkochen, bis etwa 1 Eßlöffel pro Portion übrig ist.) Sofern der verwendete Fond nicht schon sehr konzentriert ist, rechnet man auf 1 Teil Wein 2 Teile Fond; bei 4 Personen nimmt man 60 bis 125 ml Wein. Mit Stücken von kalter Butter oder Sahne binden.

195

Rindersteaks mit Rotweinsauce

1. In einer schweren Pfanne, in die das Steak gerade hineinpaßt, eine geringe Menge Öl bei hoher Temperatur erhitzen. Das Fleisch trockentupfen, würzen (sofern es nicht schon 1 Stunde vorher gewürzt wurde), auf beiden Seiten bräunen und bis zur gewünschten Garstufe braten.

2. Das Fett aus der Pfanne abgießen.

3. Flüssigkeit – etwa Fond, Wasser oder, wie hier, Wein – in die heiße Pfanne gießen.

4. Den karamelisierten Bratensatz mit einem Holzlöffel vom Pfannenboden abschaben. Den Wein bis auf ein paar Eßlöffel einkochen.

5. Rinderfond oder dunklen Geflügelfond zufügen und einkochen, bis die Sauce leicht sirupartig ist.

6. Butter hineinschlagen, bis die Sauce auf die gewünschte Konsistenz eingedickt ist. Mit Salz und Pfeffer abschmecken.

7. Das Steak quer zur Faser leicht schräg in dünne Streifen schneiden. (Dies ist eine gute Methode für weniger zarte Teilstücke; dünn geschnitten wirken sie zarter.)

8. Jede Portion mit Sauce überziehen oder die Sauce in einer Sauciere separat reichen.

196

Rinderfiletsteaks mit Grüner-Pfeffer-Sauce

1. Die Steaks bei sehr hoher Temperatur in etwas Öl auf beiden Seiten bräunen. Danach weiterbraten, bis sie die gewünschte Garstufe erreicht haben. Aus der Pfanne nehmen und warm stellen.

2. Das Fett aus der Pfanne abgießen. Feingehackte Schalotten in die Pfanne geben und etwa eine Minute rühren, bis sie aromatisch duften.

3. Den Bratensatz mit Wein – hier ein süßer Madeira – ablöschen und bis auf ein paar Eßlöffel einkochen.

4. Rinderfond oder dunklen Geflügelfond zufügen und einkochen, bis die Sauce leicht sirupartig ist.

5. Grüne Pfefferkörner und nach Belieben einen Schuß Cognac zugeben. Die Pfefferkörner mit einer Gabel andrücken.

6. Stücke von kalter Butter mit dem Schneeebesen in die Sauce schlagen. Falls die Sauce zu dickflüssig wird, mit etwas Fond verdünnen. Mit Salz abschmecken.

7. Die Steaks mit Sauce überziehen und servieren.

Siehe auch
Dunkler Geflügelfond, Seite 30
Garprobe, Seite 66

Im Glossar
Ablöschen
Bindemittel (zum Thema
    Andicken mit Butter oder
    Sahne)
Entfetten
Karamelisieren
Kurzbraten
Monter au beurre
Sautieren

Rinderfilet in Steaks schneiden

Das parierte Filet ganz nach Belieben in dickere oder dünnere Scheiben schneiden.

Schweinefilet parieren und in Nüßchen schneiden

1. Die dünne Haut vom Filet ablösen. Dazu die Messerklinge zwischen Haut und Filet schieben, die Haut straffziehen und die Messerklinge beim Schneiden ganz leicht angewinkelt zur Haut hin halten.
2. Das Filet in etwa 2 1/2 cm dicke Nüßchen schneiden.

Ganze Lende vom Schwein, Kalb oder Reh kurzbraten

Eine kleine Lende vom Schwein, Kalb oder Reh kann man in Medaillons geschnitten wie Steaks oder aber im ganzen garen und anschließend wie einen Braten in Scheiben schneiden. Die Lendenscheiben werden mit einer Sauce aus dem abgelöschten Bratensatz serviert.

Siehe auch

Garprobe, Seite 66
Steaks und Nüßchen
 kurzbraten, Seite 195
Sauce aus abgelöschtem
 Bratensatz, Seite 195
Gemüse rösten und backen,
 Seite 70

Im Glossar

Ablöschen
Bindemittel (zum Thema
 Andicken mit Butter oder
 Sahne)
Kurzbraten
Monter au beurre
Sautieren

Kurzgebratene Rehlende

1. Unter die dünne Haut der Lende die Klinge eines kleinen, scharfen Messers schieben und leicht schräg zur Haut gerichtet halten; das Messer zum Ende der Lende hin bewegen.
2. Das Messer umdrehen, so daß die Klinge in die entgegengesetzte Richtung zeigt. Die abgelöste Haut straffziehen und die Klinge zum anderen Ende der Lende schieben, bis der Hautstreifen abgelöst ist. So Streifen für Streifen abziehen.

3. Die Lende in einer schweren Pfanne kurzbraten, in die sie gerade hineinpaßt; rundum bräunen und dann bis zur gewünschten Garstufe weiterbraten. Für stärker als blutig bis rosa durchgebratenes Fleisch (weniger zu empfehlen), die Lende im Ofen bei 200°C fertiggaren.
4. In Scheiben schneiden.
5. Mit geschmortem Gemüse und einer Sauce servieren, für die der Bratensatz mit etwas Portwein abgelöscht wurde und die mit Sahne legiert ist.

199

Pot-au-feu und andere Eintopfgerichte zubereiten

Gerichte mit Fleisch, das in einer Flüssigkeit gargezogen wird, kennt man in den meisten Ländern der westlichen Welt: Frankreich hat Pot-au-feu, Italien Bollito misto und Spanien Cocido. (Das amerikanische Pendant ist ein Eintopf aus New England, der sich von den europäischen dadurch unterscheidet, daß er mit Corned beef, also gepökeltem Rindfleisch, zubereitet wird, während man für die oben genannten Gerichte frisches Fleisch verwendet.) Auch wenn jedes Land seine eigene Variante und auch seine eigenen Schnitte oder Teilstücke beim Schlachtfleisch hat, sind die Zubereitungsmethoden im Prinzp doch die gleichen: Fleisch wird mit aromatischen Gemüsen und einem Bouquet garni in schwach köchelndem Wasser oder Brühe langsam gargezogen, bis es so weich ist, daß es fast auf der Zunge zergeht. Viele dieser Gerichte werden traditionell in zwei Gängen aufgetischt: klare Brühe als Vorsuppe, gefolgt von einem Hauptgang mit Fleisch und Gemüse. Man kann die Brühe aber auch zusammen mit dem Fleisch oder in Schälchen separat reichen. Oder man serviert sie gar nicht mit, sondern bewahrt sie für Suppen oder Saucen auf.

Für einen traditionellen Pot-au-feu verwendet man verschiedene Teilstücke vom Rind mit relativ festem, gelatinehaltigem Fleisch – häufig Nacken, Haxe oder Querrippe –, die lange in feuchter Hitze garen müssen und nicht nur für Eintöpfe, sondern auch für Ragouts, Daubes und Schmorbraten geeignet sind. Beim Pochieren bleibt der Geschmack dieser aromatischen Fleischstücke unverfälscht wie bei keiner anderen Garmethode; vor allem deshalb, weil das Fleisch nicht angebraten wird. Ein Pot-au-feu besticht durch seine Schlichtheit und den köstlichen Geschmack seiner Zutaten, die, ohne jede Raffinesse zubereitet, durch ihre natürlichen Qualitäten überzeugen. Er ist zugleich die kalorienärmste Zubereitungsart für diese Fleischsorten, da Pochieren ohne zusätzliches Fett auskommt und die Garflüssigkeit nicht mit gehaltvollen Zutaten gebunden wird.

Tips und Anmerkungen

- Pochieren ist eine sehr gute Garmethode für alle eher festen, grobfaserigen Fleischstücke wie Nacken, Haxe, Querrippe, Kalbshaxe oder Lammnacken. Man kann auch Fleischstücke verschiedener Tiere zusammen pochieren, außer Lammnacken, der wegen seines ausgeprägten Geschmacks das Aroma der Brühe dominieren würde. Für eine edle Note dem Pot-au-feu etwa 15 Minuten vor Ende der Garzeit ein Stück Rinderfilet zufügen.

- Beim Kauf von Rindernacken auf regional unterschiedliche Bezeichnungen achten. Am besten fragen, was sich zum Pochieren empfiehlt.

- Für eine konzentrierte Brühe einen Topf benutzen, in dem das Fleisch gerade Platz hat und mit wenig Flüssigkeit bedeckt werden kann (besonders wichtig, wenn Wasser als Garflüssigkeit verwendet wird).

- Das Fleisch für Pot-au-feu in kalter Flüssigkeit aufsetzen, damit die Hitze das Fleisch gleichmäßig durchdringen kann und eine klare Brühe entsteht. Die Flüssigkeit soll nur schwach köcheln, keinesfalls kochen, da die Brühe sonst fett und das Fleisch trocken wird.

- Die Gemüse grob schneiden: Möhren quer und längs halbieren; Petersilienwurzeln entstrunken (das Innere ist mitunter holzig oder bitter), quer in große Stücke teilen und halbieren; weiße Rüben halbieren; Lauch längs halbieren und zusammenbinden, damit er sich leichter wieder aus dem Topf nehmen läßt.

- Die Gemüse (die ohnehin eine kürzere Garzeit haben) erst in den Topf geben, wenn die Garflüssigkeit gründlich abgeschäumt ist und klar aussieht, damit sich der Schaum nicht an den Gemüsen festsetzt.

- Das Fleisch ist gar, wenn es sich mit einem Messer leicht anstechen läßt.

- Das Fleisch mit einem Schaumlöffel herausnehmen oder wie für Boeuf à la ficelle binden und mit Hilfe einer Gabel am Bindfaden herausziehen.

- Pot-au-feu braucht vor dem Servieren nicht zu ruhen. Das Fleisch in dickere Scheiben schneiden; es ist so zart, daß es zerfallen würde, wenn es zu dünn geschnitten ist.

Pot-au-feu

Hier wird ein Fleischstück aus dem Rindernacken für eine einfache Version des traditionellen Pot-au-feu verwendet, zu dem man in Frankreich Senf, grobes Salz und Cornichons reicht.

1. Das Fleisch in einen Topf legen, in den es gerade eben hineinpaßt.

2. So viel Wasser oder Brühe zugießen, daß das Fleisch bedeckt ist, und erhitzen, bis es schwach köchelt. Während der ersten 30 Minuten wiederholt den grauen Schaum an der Oberfläche abschöpfen.

3. Nach 1½ bis 2 Stunden, wenn die Brühe klar und das Fleisch halbgar ist, ein Bouquet garni und die Gemüse zugeben. Das Fleisch ist, je nach Umfang und Art des Teilstücks, nach weiteren 1 bis 3 Stunden gar, wenn es sich mit einem Messer oder Metallspieß leicht anstechen läßt.

4. Das Fleisch und die Gemüse auf eine Servierplatte legen. Das Fleisch in Scheiben schneiden und mit den Gemüsen und der Brühe auf tiefen Tellern anrichten.

Siehe auch
Boeuf à la ficelle, Seite 202
Lauch putzen und waschen,
  Seite 9
Möhren in Stücke schneiden
  und entkernen, Seite 21
Garprobe, Seite 66

Im Glossar
Pochieren
Schmoren

Zartes Fleisch pochieren

Läßt man ein zartes Stück Fleisch wie etwa Rinderfilet – das gewöhnlich im Ofen gebraten wird – in Flüssigkeit garziehen, kommt sein köstlicher Geschmack gänzlich unverfälscht durch Krustenbildung oder Karamelisieren in reinster Form zur Geltung. Filet kann mit anderen Teilstücken in Pot-au-feu pochiert werden; es verleiht dem Gericht eine edlere Note und macht es kontrastreicher. Da es nur blutig bis rosa oder rosa gegart werden sollte, ist seine Garzeit deutlich kürzer als die der anderen Stücke. Sie können zarte Fleischstücke auch alleine in einer aromatischen Brühe mit oder ohne Gemüse pochieren. Diese Zubereitungsart wird mitunter französisch als à la ficelle (dt.: Faden) bezeichnet nach der Methode, das Fleisch zu binden, um es einfacher aus der köchelnden Brühe herausfischen zu können.

Boeuf à la ficelle

1. Ein Stück Küchengarn um einen Abschnitt Rinderfilet binden. Das Fleisch in schwach köchelnde Brühe legen und in 15 bis 20 Minuten blutig bis rosa garen.
2. Das Fleisch in Scheiben schneiden.
3. Das Fleisch wie bei Pot-au-feu auf einer Platte oder auf einzelnen tiefen Tellern mit dem ebenfalls in der Brühe gargezogenen Gemüse anrichten. Etwas Brühe um das Fleisch geben.

Tips und Anmerkungen

- Jedes zarte Fleischstück kann pochiert werden: die Kugel aus der Rinderkeule ebenso wie kleine Lammhaxen, Entenbrust oder das hier gezeigte Filet. (Das Fleisch der Kugel ist etwas grobfaseriger und sollte deshalb in dünnere Scheiben geschnitten werden.)

- Anders als bei grobfaserigen, festen Teilstücken, die lange garen müssen, Filet grundsätzlich in Brühe und nicht in Wasser pochieren, da die Garzeit zu kurz ist, als daß eine aromatische Brühe entstehen kann.

- Filet und andere zarte Fleischstücke zum Pochieren immer in bereits köchelnde Brühe legen.

- Beim Pochieren von zartem Fleisch und Gemüse beachten, daß das Gemüse länger garen muß als das Fleisch. Zunächst das Gemüse garen, bis es nach 30 bis 40 Minuten fast weich ist, dann das Fleisch zufügen.

- Garprobe wie bei Braten: durch leichten Druck mit dem Finger oder mit einem Fleischthermometer, das bei blutig bis rosa gegartem Fleisch eine Innentemperatur von 49°C anzeigen muß.

Siehe auch
Pot-au-feu, Seite 200
Garprobe, Seite 66

Im Glossar
Pochieren

Große Fleischstücke schmoren

Schmorbraten bietet (neben Ragout, Daube und Pot-au-feu) eine gute Möglichkeit, grobfaserige, feste Fleischstücke mit hohem Gelatinegehalt, wie Rinder-, Lamm- oder Kalbsnacken, zu garen. Für zusätzliches Aroma kann man das Fleisch vorher marinieren (In Frankreich wird Rindfleisch für Boeuf à la mode traditionell in Rotwein mariniert; in der deutschen Küche ist das nicht üblich.) Das Fleisch wird zunächst angebraten und dann in etwas Wein, Brühe oder Wasser lange geköchelt (küchentechnisch: geschmort), bis es sehr weich ist. Die Garflüssigkeit wird durchgeseiht und entfettet und wieder zum Fleisch gegeben. Während sie einkocht, begießt man das Fleisch wiederholt mit der Flüssigkeit, so daß es einen dunkel-glänzenden aromatischen Überzug erhält.

Durch das Schmoren werden die Aromen des Fleisches und der Brühe stark konzentriert. Der aus dem Fleisch freigesetzte Saft verbindet sich mit der Brühe, kocht mit der Flüssigkeit ein und wird durch das abschließende Glacieren wieder vom Fleisch absorbiert. Bei dieser Methode reichern sich die Geschmacksstoffe von Brühe, Fleisch, Kräutern und Gemüsen an und verschmelzen zu einem hocharomatischen Ganzen. Auch wenn man für beide Gerichte die gleichen Fleischstücke verwenden kann, sind Schmorbraten und Pot-au-feu doch etwas ganz Verschiedenes: Beim Pot-au-feu geht es darum, die wesentlichen Aromen der Zutaten zu bewahren, während sich beim Schmorbraten durch die Verbindung der Aroma- und Geschmacksstoffe von Fleisch, Kräutern, aromatischen Gemüsen und mitunter Wein neue Aromen herausbilden.

203

Schmorbraten mit Rotwein

1. Das Rindernackenstück über Nacht in eine Marinade aus kleingeschnittenen Zwiebeln und Möhren sowie Rotwein legen. Streifen von fettem Speck mit einer Spicknadel durch das Fleisch ziehen (nach Belieben).

2. In einem schweren Topf, in den es gerade hineinpaßt, das Nackenstück bei starker Hitze in wenig Öl anbraten.

3. Die Marinade durchseihen; Gemüse und Wein getrennt beiseite stellen. Das zum Anbraten verwendete Öl abgießen und durch etwas neues Öl ersetzen. Die Gemüse zugeben und unter Rühren bei mittlerer Hitze bräunen.

4. Das angebratene Fleisch zu den Gemüsen geben und den Wein der Marinade zugießen.

5. Rinder- oder Geflügelfond oder Wasser angießen und das Fleisch zur Hälfte bedecken. Ein Bouquet garni dazulegen. Die Flüssigkeit bei mittlerer Temperatur erhitzen, bis sie schwach köchelt.

6. Den Topf mit Alufolie abdecken. Die Folie in der Mitte behutsam nach unten drücken, so daß der Dampf im Topf an der Unterseite der Folie kondensiert, auf den Braten tropft und ihn so befeuchtet. Den Braten im Ofen bei 170 °C 3 Stunden schmoren.

7. Zur Garprobe einen Metallspieß in das Fleisch stechen. Läßt er sich leicht herausziehen, ist das Fleisch gar. Sonst weiterschmoren und nach 30 Minuten wieder testen.

8. Das Fleisch aus dem Topf nehmen und die Schmorflüssigkeit durchseihen. (Ofen angeschaltet lassen.) Gemüse wegwerfen oder pürieren und zum Andicken verwenden. Die Flüssigkeit entfetten und 10 Minuten bei schwacher Hitze einkochen. Das Fleisch in einen sauberen Topf legen und die Schmorflüssigkeit darübergießen. Frische Gemüse zufügen – hier grobgeschnittene Möhren und abgezogene Zwiebeln.

9. Den Topf bei mittlerer Temperatur erhitzen, bis die Flüssigkeit zu köcheln beginnt.

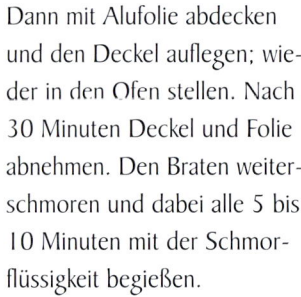

Dann mit Alufolie abdecken und den Deckel auflegen; wieder in den Ofen stellen. Nach 30 Minuten Deckel und Folie abnehmen. Den Braten weiterschmoren und dabei alle 5 bis 10 Minuten mit der Schmorflüssigkeit begießen.

10. Nach etwa 30 Minuten sollte der Braten glänzend überzogen und die Schmorflüssigkeit leicht sirupartig sein.

11. Das Fleisch in Scheiben schneiden; falls es gespickt ist, senkrecht zu den Speckstreifen schneiden. Die Scheiben auf tiefen Tellern oder einer Platte anrichten.

12. Gemüse und Schmorflüssigkeit darübergeben.

Siehe auch

Ragouts, Seite 206
Provenzalische Daube,
  Seite 210
Pot-au-feu, Seite 200
Möhren in Stücke schneiden,
  Seite 21
Geflügelfond, Seite 30
Geschmorte Gemüse püri-
  eren, Seite 207

Im Glossar

Bindemittel
Entfetten
Glacieren
Marinieren
Reduzieren
Schmoren
Spicken

Tips und Anmerkungen

- Das Fleisch eventuell spicken, wie auf Seite 203 gezeigt. (Dieser Arbeitsschritt ist nicht unbedingt nötig, aber das Fleisch wird dadurch viel saftiger; insbesondere, wenn es nur leicht marmoriert ist.)

- Schmorbraten in Rot- oder Weißwein, Brühe, einer Mischung aus Wein oder Weinessig und Brühe oder in einer geringen Menge Wasser garen.

- Eine Gemüsebeilage ist nicht unbedingt erforderlich. Die einfachste Gemüsebeilage sind die zum Marinieren verwendeten und danach mitgegarten Gemüse. Fügt man, wie hier, während des Schmorens frische Gemüse zu, läßt sich deren Garzeit besser kontrollieren. Sie können die Gemüsebeilage auch getrennt zubereiten, z. B. glacierte Wurzelgemüse oder auch blanchierte grüne Gemüse, wie grüne Bohnen, Flageoletbohnen oder Erbsen, die kurz vor dem Servieren zum Schmorbraten gegeben werden.

- Den Topf unter dem Deckel zusätzlich mit Alufolie abdecken. Sie sollte in der Mitte nach unten gewölbt sein, damit die kondensierte Flüssigkeit auf den Braten tropft und nicht an der Topfwand hinunterrinnt.

- Den Schmorbraten auf dem Herd langsam bei mittlerer Temperatur erhitzen, bis die Flüssigkeit nach 15 bis 20 Minuten zu köcheln beginnt. (So wird das Fleisch ganz und gar von der Hitze durchdrungen und die Garzeit im Ofen verkürzt.)

- Während des Garens sollte die Schmorflüssigkeit schwach köcheln, so daß sich die Oberfläche nur ganz leicht bewegt.

- Den Schmorbraten in den auf 170 °C vorgeheizten Ofen stellen. Nach 15 Minuten den Deckel und die Alufolie abnehmen: Wenn die Flüssigkeit zu stark köchelt, die Temperatur auf 150 °C herunterschalten.

- Wenn man die Schmorflüssigkeit einkocht, während der Braten begossen wird, bekommt sie mehr Aroma, als wenn man sie gesondert einkocht.

- Die hocharomatische Schmorflüssigkeit, die schließlich noch übrig ist, wird normalerweise nur durch Einkochen eingedickt. Nach Belieben können Sie die Flüssigkeit aber auch mit Speisestärke oder püriertem Gemüse binden.

206

Ragouts

Ragouts sind eine andere ausgezeichnete Möglichkeit, feste, ge-latinehaltige Teilstücke wie Rindernacken so weich und zart zu garen, daß sie fast auf der Zunge zergehen. Küchentechnisch be-trachtet ist ein Ragout ein Schmorgericht, bei dem das Fleisch in kleinere Stücke geschnitten ist. Wer möchte, kann es für zusätz-lichen Geschmack mit aromatischen Gemüsen in Wein marinie-ren. Zum Garen wird das Fleisch in der Regel zunächst gebräunt und danach in einer Flüssigkeit oder einer Mischung von verschie-denen Flüssigkeiten zusammen mit aromatischen Gemüsen und Kräutern geköchelt. Durch das Bräunen und das lange Schmoren intensivieren sich die Aromen und entwickeln einen vielschichti-gen köstlichen Geschmack. Ragouts, für die das Fleisch vor dem Garen nicht gebräunt wird (auch Daubes genannt), schmecken nicht ganz so konzentriert. Die Schmorflüssigkeit von Ragouts wird meist auf die eine oder andere Weise gebunden. Und als Beilage dienen verschiedene Gemüse oder andere Zutaten, wie etwa gebräunte Streifen von durchwachsenem Speck.

Langsam geschmor-tes Rinderragout

Klassisches Boeuf à la bourgui-gnonne wird mit Champignons, glacierten Zwiebeln und Speck zubereitet. Man kann aber auch andere Zutaten, wie klei-ne Artischocken, grüne Boh-nen, glacierte Möhren, weiße Rüben, geschmorte Gurken und Wildpilze, verwenden.

1. Sehnen und größere Fett-stücke am Fleisch (hier ein Nackenstück) entfernen und das Fleisch in Stücke von etwa 2 ½ mal 5 cm schneiden.

2. Das Fleisch mit Zwiebeln, Möhren, Stangensellerie und einem Bouquet garni 3 bis 5 Stunden in Rotwein marinieren. Nach Belieben die einzelnen Fleischstücke spicken (siehe Seite 210), damit sie saftiger bleiben. Das Fleisch abtropfen lassen und trockentupfen; die Marinade aufbewahren. Die Fleischstücke in kleinen Por-tionen bei starker Hitze in Öl anbraten. (Gibt man zu viel Fleisch auf einmal in den Topf, kühlt der Topf ab, und das Fleisch setzt zu viel Flüssigkeit frei, so daß es nicht bräunt.)

3. Das Fleisch mit Mehl be-streuen (nach Belieben). Noch ein paar Minuten braten, bis es rundum gebräunt ist.

4. Das Fleisch aus dem Topf nehmen und das Fett abgie-ßen. Dann das Fleisch wieder in den Topf legen; Wein, Ge-müse und das Bouquet garni

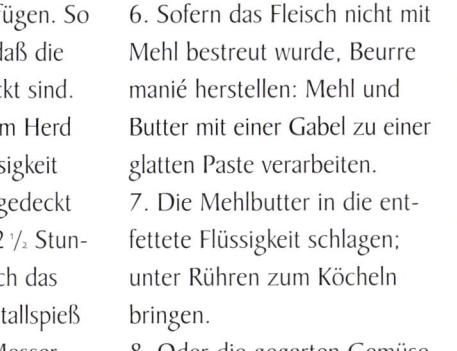

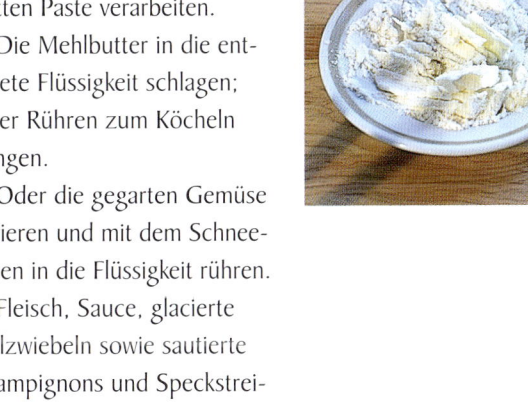

207

aus der Marinade zufügen. So viel Wein angießen, daß die Zutaten knapp bedeckt sind. Die Mischung auf dem Herd erhitzen, bis die Flüssigkeit schwach köchelt. Zugedeckt im Ofen bei 170°C 2 ½ Stunden schmoren, bis sich das Fleisch mit einem Metallspieß oder einem kleinen Messer mühelos anstechen läßt.

5. Das Fleisch aus dem Topf nehmen. Die Schmorflüssigkeit durch ein Sieb in einen Topf gießen; die Gemüse mit einer Kelle auspressen. Die Flüssigkeit wieder erhitzen. bis sie schwach köchelt, und das an der Oberfläche schwimmende Fett gut abschöpfen.

6. Sofern das Fleisch nicht mit Mehl bestreut wurde, Beurre manié herstellen: Mehl und Butter mit einer Gabel zu einer glatten Paste verarbeiten.

7. Die Mehlbutter in die entfettete Flüssigkeit schlagen; unter Rühren zum Köcheln bringen.

8. Oder die gegarten Gemüse pürieren und mit dem Schneebesen in die Flüssigkeit rühren.

9. Fleisch, Sauce, glacierte Perlzwiebeln sowie sautierte Champignons und Speckstreifen in cinen Topf geben und zugedeckt kurz erhitzen.

10. Auf Tellern oder in einer Servierschale anrichten (siehe Seite 208).

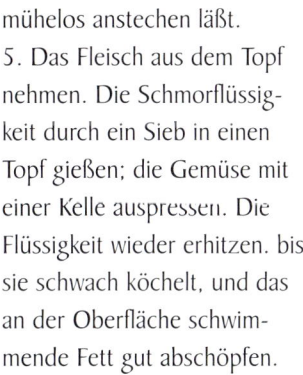

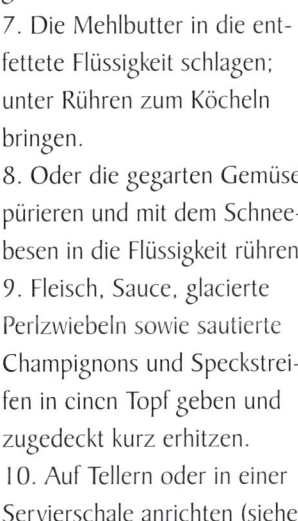

Siehe auch

Ragouts ohne vorheriges
  Bräunen, Seite 210

Dunkler Geflügelfond,
  Seite 30

Einzelne kleine Fleischstücke
  spicken, Seite 210

Perlzwiebeln glacieren,
  Seite 76

Speckstreifen sautieren,
  Seite 155

Pilze sautieren, Seite 91

Kalbshaxen schmoren,
  Seite 209

Schmorbraten, Seite 203

Kalbsbrust für ein Ragout
  vorbereiten, Seite 241

Kalbsragout, Seite 212

Im Glossar

Beilage

Bindemittel

Entfetten

Frikassee

Marinieren

Spicken

Tips und Anmerkungen

- Für Rinderragouts eignen sich Nacken, Querrippe oder Beinfleisch vom Rind; für Lammragouts Lammnacken; für Kalbsragouts Fleisch aus Nacken, Brust oder Haxe (Osso bucco).

- Als Schmorflüssigkeit Wein, Brühe oder eine Mischung aus Brühe und Wein verwenden. Mit Wasser wird die Sauce weniger aromatisch.

- Die Schmorflüssigkeit sollte schwach köcheln, so daß sich die Oberfläche nur leicht bewegt.

- Ragouts nach einer der folgenden Methoden binden: Das Fleisch während des Anbratens mit Mehl bestreuen; oder die Schmorflüssigkeit mit Beurre manié andicken; oder die mitgeschmorten Gemüse aus der Marinade pürieren und in die Flüssigkeit rühren. Man kann auch Speisestärke oder Pfeilwurzelmehl mit Wasser zu einer dünnflüssigen Paste anrühren und zum Andicken nehmen.

- Die Beilagen gesondert garen und gegen Ende der Schmorzeit zum Fleisch geben, um ihren Garprozeß besser kontrollieren zu können. Man kann sie auch mit dem Fleisch zusammen garen und sie – je nach erforderlicher Garzeit – entsprechend später zufügen (z. B. Möhrenstücke etwa 30 Minuten, kleine Erbsen erst wenige Minuten vor Ende der Schmorzeit usw.).

- Kalbs- und Lammragouts ebenfalls nach der hier beschriebenen Methode schmoren. Bei traditionellen Kalbsragouts (Frikassees oder Blanquettes) wird das Kalbfleisch ohne Bräunung oder nach nur ganz leichtem vorherigen Anbraten pochiert, damit die Sauce eine helle Farbe hat. Man kann Kalb- oder Lammfleisch aber ebensogut goldbraun anbraten, insbesondere wenn die Sauce durch eine Zutat wie Tomaten ohnehin dunkler wird.

Haxe vom Kalb, Rind oder Lamm schmoren

Die Haxen von Kalb, Rind und Lamm liefern bestes Schmorfleisch. Sie sind reich an Sehnen und Knorpel, die sich durch langes Schmoren auflösen und das Fleisch sehr zart und die Sauce gehaltvoll und sämig machen. Wie bei einem gewöhnlichen Ragout brät man die Haxenscheiben an, bevor man sie mit aromatischen Gemüsen und Kräutern bei sehr schwacher Hitze in köchelnder Flüssigkeit schmort. Wenn das Fleisch gar ist, werden die mitgeschmorten Gemüse meist entfernt und durch frische Gemüse und andere Zutaten, wie etwa Speck, ersetzt. In dem hier beschriebenen Rezept hingegen werden die Gemüsejuliennes mit den Haxen geschmort und – schmelzzart gegart – mit dem Fleisch serviert. Da die Schmorflüssigkeit durch die vom Fleisch freigesetzte Gelatine auf natürliche Weise eindickt, braucht man sie nicht zu binden, sondern nur bis zu einer sirupähnlichen Konsistenz zu reduzieren.

Geschmorte Kalbshaxe

1. Die Kalbshaxenscheiben nebeneinander in einen Topf legen, bei starker Hitze von beiden Seiten in Öl anbraten. Dann die Scheiben aus dem Topf nehmen, das Öl weggießen und das Fleisch in den Topf zurücklegen.

2. So viel Weißwein angießen, daß die Haxenscheiben zu einem Viertel bedeckt sind. Den Wein bei mittlerer Hitze köcheln lassen und auf ein paar Eßlöffel Flüssigkeit einkochen.

3. In Streifen geschnittene Möhren, Lauch und weiße Rüben in den Topf geben und so viel Kalbs- oder Geflügelfond zugießen, daß die Haxen zur Hälfte bedeckt sind. Die Flüssigkeit auf dem Herd

erhitzen, bis sie schwach köchelt.

4. Den Topf zudecken und das Fleisch im Ofen bei 170 °C etwa 2 Stunden schmoren, bis es sich mit einem Metallspieß leicht anstechen läßt. Hin und wieder prüfen, ob die Flüssigkeit wirklich nur köchelt und nicht etwa kocht.

5. Die Haxenscheiben behutsam auf tiefen Tellern mit je einer Portion Gemüsejuliennes anrichten. Die heiße Schmorflüssigkeit darübergießen. (Falls sie zu dünnflüssig erscheint, die Schmorflüssigkeit etwas einkochen. Eventuell entfetten. Dazu die Flüssigkeit in einen kleinen Topf umfüllen und das Fett mit einem Löffel abschöpfen bzw. mit Hilfe einer Fettabschöpfkanne entfetten.)

Siehe auch

Ragouts, Seite 206 (alle Tips und Anmerkungen gelten auch für das Schmoren von Haxen)

Gemüse in Juliennes schneiden, Seite 13

Geflügelfond, Seite 30

Im Glossar

Entfetten

Reduzieren

Ragouts ohne vorheriges Bräunen

Rezepte für Schmorgerichte schreiben im allgemeinen vor, das Fleisch, und manchmal auch die aromatischen Gemüse, zunächst anzubraten. Eigentlich ist dieser Arbeitsschritt nicht unbedingt erforderlich: Daubes sind Schmorgerichte, bei denen weder das Fleisch noch die Gemüse gebräunt werden. Ohne den beim Anbraten karamelisierenden Fleisch- und Gemüsesaft ist das fertige Gericht in Farbe und Geschmack zwar nicht ganz so intensiv, aber der Unterschied ist nicht so gravierend, als daß sich der Aufwand des Bräunens in jedem Fall lohnt. Das traditionelle Bindemittel für ein in Rotwein geschmortes Rinderragout ist Beurre manié (Mehlbutter), aber man kann durchaus auch, wie in dem hier beschriebenen Rezept, Speisestärke verwenden oder die Schmorflüssigkeit einfach so weit einkochen, daß sie durch die natürliche Gelatine aus dem Fleisch eine sirupartige Konsistenz bekommt.

210

2. Nach Belieben jeden Fleischwürfel mit einem Speckstreifen spicken.

3. Das Fleisch mit der Marinade in einen schweren Topf geben. Eventuell noch Wein oder Fond angießen, damit das Fleisch bedeckt ist. Nach Belieben einen Schuß Sherryessig zugeben. Die Daube zugedeckt auf dem Herd zum Köcheln bringen. Danach im Ofen bei 170 °C etwa 3 Stunden schwach köcheln lassen, bis sich das Fleisch mit einem Messer leicht anstechen läßt.

4. Fleisch und Gemüse mit einem Schaumlöffel aus dem Topf heben. Die Schmorflüssigkeit in einen Topf abseihen.

5. Die Fleischstücke von der Gemüsemischung trennen; die Gemüse wegwerfen.

6. Die Schmorflüssigkeit bei schwacher Hitze einkochen. Das an der Oberfläche schwimmende Fett und den Schaum abschöpfen bzw. das Fett mit Hilfe einer Fettabschöpfkanne entfernen. Dann die Flüssigkeit leicht sirupartig einkochen oder mit Speisestärke andicken:

7. Speisestärke im Verhältnis 1 : 1 mit Wasser glattrühren.

8. Die Mischung mit dem Schneebesen in die köchelnde Schmorflüssigkeit rühren. Die Sauce unter Rühren wieder zum Köcheln bringen und noch etwa 10 Sekunden weiterrühren, bis sie eindickt.

9. Das Fleisch in der Sauce wieder erhitzen; dann servieren.

Provenzalische Daube

Wenn das Fleisch gespickt wird, bleibt es saftiger.

1. In Würfel geschnittenes Rindfleisch mit Möhren, Zwiebeln, Knoblauch und einem Bouquet garni in Rotwein 3 bis 4 Stunden oder über Nacht im Kühlschrank marinieren.

Siehe auch
Ragouts, Seite 206
  (ausgenommen der Arbeitsschritt des Fleischbräunens;
  die Tips und Anmerkungen
  zur Zubereitung von Ragout
  gelten für Daube)
Bouquet garni, Seite 31
Beurre manié, Seite 206
Fettabschöpfkanne,
  Seite 270

Im Glossar
Bindemittel
Entfetten
Marinieren
Reduzieren
Schmoren
Spicken

Kalbsragout

Blanquette de veau ist ein delikates sahniges Kalbsragout, bei dem man das Fleisch, wie bei Daube, nicht bräunt. Die Schmorflüssigkeit wird mit einer Mehlschwitze (Roux) angedickt und mit einer Legierung aus Eigelb und Sahne verfeinert, die der Sauce eine »samtige« Konsistenz verleiht.

Die traditionelle Beilage zur Blanquette sind Champignons – gesondert in etwas Schmorflüssigkeit gegart, die man anschließend wieder zum Ragout gibt – sowie weißglacierte Zwiebeln. Sie lassen sich jedoch beliebig durch andere gegarte Gemüse ersetzen, einzeln oder kombiniert: z.B. glacierte junge Möhren; Wildpilze, sautiert oder in wenig Schmorflüssigkeit gegart; junge Artischocken (oder in Spalten geschnittene Artischockenböden), in Wasser mit etwas Öl gegart; geschmorte Fenchelspalten, glacierte weiße Rüben oder Gurken. Das hier beschriebene Rezept kann man durch Zutaten wie Tomaten- oder Sauerampferpüree, Knoblauch, Safran oder Curry auch individuell abwandeln. Wie alle Ragouts wird eine Blanquette entweder auf dem Herd oder im Ofen gegart. In diesem Beispiel köchelt sie bei schwacher Hitze auf dem Herd.

Tips und Anmerkungen

- Durch das Blanchieren des Kalbfleisches werden Proteine entfernt, die die Sauce trüben würden. Erstaunlicherweise mindert das vorbereitende Blanchieren nicht den Geschmack der Sauce, sondern verleiht dem Ragout vielmehr einen reineren Fleischgeschmack.

- Für die Mehlschwitze die Brühe abmessen und pro 250 ml Flüssigkeit 1½ Eßlöffel Butter und 1½ Eßlöffel Mehl verwenden, wenn die Sauce leichter werden soll. Für eine dickflüssigere Sauce die gebundene Sauce einkochen oder die Butter- und Mehlmenge erhöhen.

- Eigelbe nach Belieben verwenden – einerseits kann das im Eigelb enthaltene Eiweiß beim Kochen gerinnen, andererseits macht es das Ragout besonders samtig.

Kalbsblanquette

Kalbfleisch für Ragout kaufen oder eine parierte Kalbsbrust in 2½ mal 5 cm große Stücke schneiden.

1. Die Fleischstücke blanchieren: Dazu das Fleisch in einem Topf mit kaltem Wasser bedecken und das Wasser bei starker Hitze zum Kochen bringen.
2. Sobald das Wasser kocht, das Kalbfleisch herausnehmen und in einem Durchschlag mit kaltem Wasser abschrecken. Dann in einen schweren Topf geben, aromatische Gemüse (hier Möhren und Zwiebeln) und ein Bouquet garni zufügen und die Zutaten mit Brühe oder Wasser bedecken.

3. Das Kalbfleisch auf dem Herd oder im Ofen bei schwacher Hitze etwa 2½ Stunden köcheln lassen, bis es sich mit einem kleinen Messer leicht anstechen läßt. Anschließend die Brühe durch ein Sieb gießen und das Fleisch abtropfen lassen; die Gemüse wegwerfen.
4. Die Brühe zum Andicken mit dem Schneebesen in eine helle Mehlschwitze rühren und die Mischung (Velouté) erhitzen, bis sie schwach köchelt.
5. Fett und Schaum an der Oberfläche der Sauce mit einem Löffel abschöpfen. Die Sauce etwa 30 Minuten köcheln lassen, hin und wieder abschäumen
6. Für die Legierung Eigelbe und gekühlte Sahne mit dem Schneebesen leicht schlagen.

7. Das Kalbfleisch mit gegarten Perlzwiebeln und Champignons sowic der Velouté in einen großen Topf geben. Die Sahne-Eigelb-Mischung zufügen (oder die Eigelbe weglassen und nur Sahne verwenden).
8. Das Kalbsragout bei niedriger bis mittlerer Temperatur erhitzen. Zum Untermischen der Ei-Legierung den Topf rütteln, bis die Sauce cremig ist. Das Ragout nicht umrühren, da das Fleisch leicht zerfällt. Die Sauce darf keinesfalls aufkochen, sonst gerinnt das Ei. (Sofern nur mit Sahne legiert wird, kann ein kurzes Aufkochen nicht schaden.) Mit körnig gekochtem Reis servieren.

Siehe auch

Artischocken vorbereiten,
  Seite 92

Wurzelgemüse glacieren,
  Seite 70

Kalbsbrust entbeinen, parieren
  und zerteilen, Seite 241

Körnig gekochter Reis,
  Seite 63

Daube zubereiten, Seite 210

Ragouts, Seite 206

Bouquet garni, Seite 31

Helle Mehlschwitze für
  Velouté, Seite 179

Im Glossar

Beilage

Bindemittel

Blanchieren

Entfetten

Schmoren

Kalbsbries schmoren

Kalbsbries – die Thymusdrüse junger Kälber – wird gewöhnlich kurz geschmort, kurzgebraten oder manchmal auch fritiert. Wegen seiner ziemlich lockeren, amorphen Struktur ist es üblich, Bries vor dem Garen zu blanchieren und mit einem Gewicht zu beschweren, damit es fester und kompakter wird. Auf diese Weise behält es bei der Zubereitung seine Form und wirkt ansehnlicher, wenn es in Scheiben geschnitten ist. Auch wenn es nicht unbedingt erforderlich ist, empfiehlt es sich doch, die Briese vor dem Blanchieren in Salzwasser zu legen und über Nacht im Kühlschrank zu wässern, um alle Blutreste zu entfernen und eine Graufärbung nach dem Garen zu vermeiden.

Schmoren eignet sich ausgezeichnet zum Zubereiten von Kalbsbries, weil der dabei freigesetzte Saft aus den Briesen die Schmorflüssigkeit anreichert und zu einer guten Basis für eine Sauce macht. Die Schmorflüssigkeit braucht nur durchgeseiht, eventuell reduziert und abgeschmeckt zu werden. Nach Belieben kann man, wie in diesem Rezept, Sahne zufügen, um die Sauce noch gehaltvoller zu machen.

Wegen der zarten Beschaffenheit von Bries empfiehlt sich zum Kurzbraten eine leichte Panierung. Mit dem Überzug läßt sich ohne das Risiko des Übergarens eine schöne braune Kruste erzielen, weil bei niedrigerer Temperatur gebraten werden kann. Zum Panieren kann man einen klassischen Überzug aus Mehl, Ei und Semmelbröseln wählen oder auch aus anderen Zutaten; hier sind es Steinpilzmehl und feingehackte Trüffeln.

Denken Sie daran, daß es bei Kalbsbries sehr auf die richtige Garstufe ankommt. Die Briese müssen sich fest anfühlen. Wenn sie noch nicht richtig gar sind, haben sie eine gummiartige Struktur, während sie bei zu langem Garen zäh und trocken werden.

Kalbsbries vorbereiten

1. Die Briese in kaltem Salzwasser über Nacht im Kühlschrank wässern (nach Belieben).

2. Die Briese zum Blanchieren in einem Topf mit kaltem Wasser bedecken und bei hoher Temperatur erhitzen. Sobald das Wasser zum Köcheln kommt, die Briese herausnehmen.

3. Die blanchierten Briese in eine flache Backform legen und mit einem sauberen Holzbrett bedecken.

4. Zum Beschweren einen Topf oder einen anderen mäßig schweren Gegenstand auf das Brett stellen. Die beschwerten Briese für mindestens 4 und maximal 24 Stunden in den Kühlschrank stellen.

5. Mit einem Pariermesser die dünne Haut teilweise ablösen und Fettklümpchen entfernen. Nicht zu viel herumschneiden, da die Briese sonst auseinanderfallen.

Kurz geschmortes Kalbsbries

1. Feines Mirepoix in einem schweren Topf bei schwacher Hitze in etwas Butter andünsten. Weißwein angießen.

2. Die blanchierten und zusammengepreßten Briese auf das Mirepoix legen. Ein Bouquet garni zufügen und so viel Geflügel- oder Kalbsfond zugießen, daß die Briese zu einem Drittel bedeckt sind.

3. Einen passend zugeschnittenen Bogen Backpapier oder Alufolie auf die Briese legen. Den Topfinhalt bei mittlerer Temperatur erhitzen, bis die Flüssigkeit schwach köchelt. Den Topf in den auf 180 °C vorgeheizten Backofen stellen und die Briese etwa 25 Minuten schmoren, bis sie fest sind.

4. Die Briese auf einen Teller legen. Sahne in den Topf zur Flüssigkeit gießen und auf dem Herd bei schwacher Hitze köcheln lassen, bis die Sauce die gewünschte Konsistenz hat.

5. Die Sauce durch ein Sieb gießen und die Gemüse darin mit einer Kelle fest ausdrücken, um möglichst viel Flüssigkeit herauszupressen. Die Sauce, falls nötig, etwas einkochen, damit sie dickflüssiger wird.

6. Die Briese in Scheiben schneiden und in einer Servierschale oder auf Tellern anrichten. Die Sauce darüber geben oder in einer Sauciere dazureichen.

215

216

Kurzgebratenes Kalbsbries mit aromatischer Kruste

Kalbsbries mit Steinpilzmehl panieren

Hier wird Kalbsbries zunächst mit Mehl überzogen und in Ei gewendet, dann mit Steinpilzmehl paniert. Für eine leichtere Panierung kann man Mehl und Ei weglassen.
1. Blanchierte und zusammengepreßte Kalbsbriese in Scheiben schneiden.

2. Die Scheiben in Mehl, das mit Salz und Pfeffer gewürzt ist, wenden und überschüssiges Mehl abklopfen. Danach in verquirltes, mit Salz und Pfeffer kräftig gewürztes Ei tauchen. Überschüssiges Ei abstreifen; dazu mit zwei Fingern an der Briesscheibe entlangfahren.
3. Zuletzt die Scheiben in eine flache Schale mit Steinpilzmehl legen und wenden, so daß sie von beiden Seiten überzogen sind.
4. Überschüssiges Steinpilzmehl abklopfen.

Kalbsbries mit gehackten Trüffeln panieren

1. Schwarze Trüffeln fein hacken.

2. Kalbsbriesscheiben mit Mehl und Ei überziehen (siehe Seite 216). Danach auf einer oder beiden Seiten mit gehackten Trüffeln panieren.

Paniertes Kalbsbries kurzbraten

1. Panierte Kalbsbriesscheiben in einer schweren Pfanne bei mittlerer Hitze in geklärter Butter von beiden Seiten etwa 5 Minuten braten, bis sie sich fest anfühlen.

2. Die Scheiben auf Tellern oder einer Servierplatte anrichten.

Siehe auch

Hähnchenbrustfilets panieren, Seite 162
Geflügelfond, Seite 30
Bouquet garni, Seite 31
Steinpilzmehl, Seite 164
Butter klären, Seite 46

Im Glossar

Backpapier und Alufolie zum Abdecken
Blanchieren
Fritieren
Kurzbraten
Mirepoix
Panieren
Reduzieren
Schmoren

Gewußt
wie

Runden Fisch vorbereiten

Fast alle Fischsorten lassen sich zwei Kategorien zuordnen: den Plattfischen oder den runden Fischen. Plattfische, wie z. B. Seezunge, Flunder und Heilbutt, haben in ausgewachsenem Zustand eine abgeflachte Form, wobei die Augen auf der beim Schwimmen nach oben gewandten Körperseite sitzen. Fast alle anderen Fischarten zählen zu den runden Fischen, bei denen die Augen auf beiden Seiten des Kopfes liegen. Das hier abgebildete Exemplar ist ein Seebarsch.

Flossen entfernen

Die Flossen mit einer stabilen Küchenschere dicht am Körper entlang abschneiden.
1. Die erste Brustflosse abschneiden.
2. Die Bauchflosse abschneiden.

3. Die Rückenflosse abschneiden.
4. Die Afterflosse abschneiden.
5. Die Schwanzflosse abschneiden. Den Fisch auf die andere Seite legen und die zweite Brustflosse abschneiden.

Schuppen entfernen

Zum Lösen der Schuppen einen Fischschupper oder den Rücken eines Kochmessers verwenden. Am besten im Freien arbeiten. Ist das nicht möglich, kann man den Fisch auch in einen sauberen durchsichtigen Plastikbeutel oder in einen mit einem sauberen Beutel ausgelegten Abfalleimer halten und die Schuppen abschaben.

Darauf achten, daß auch die Schuppen am Kopfansatz und zwischen Bauch- und Afterflosse entfernt werden; bei küchenfertig gekauftem Fisch werden diese Stellen oft übersehen.

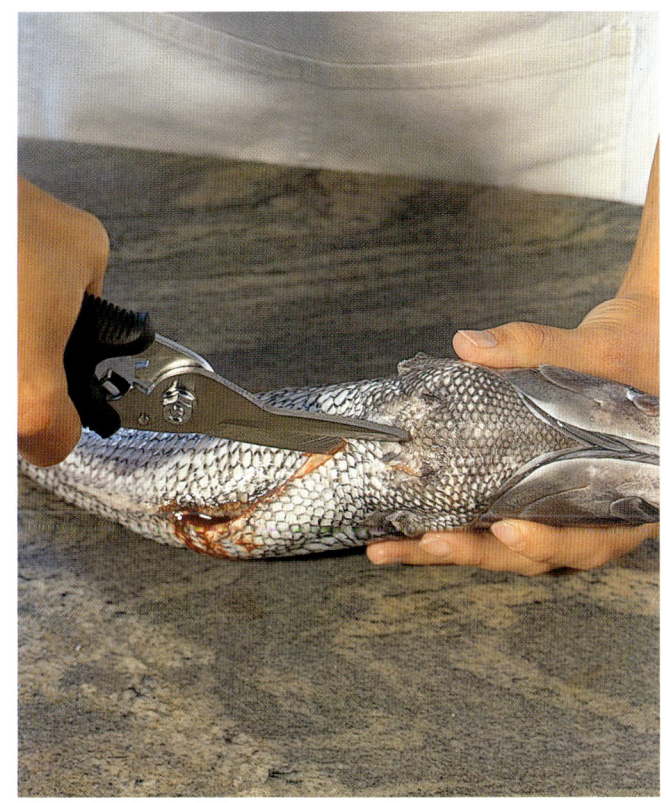

Fisch ausnehmen und die Kiemen entfernen

Soll der Fisch im ganzen zubereitet werden, ist es unerläßlich, ihn auszunehmen und die Kiemen zu entfernen. Wer nur die Filets verwendet und die Gräten nicht für einen Fischfond benötigt, braucht den Fisch nicht auszunehmen. Sollen die Gräten für einen Fond genutzt werden, die Kiemen und Eingeweide am besten erst nach dem Filetieren entfernen (siehe Seite 32).

1. Mit einer Schere vom After aus die Haut am Bauch bis zum Kopfansatz aufschneiden. Dabei nicht zu tief schneiden, damit die Eingeweide nicht verletzt werden.

2. Die Kiemen auf beiden Seiten herausschneiden.

3. Die Eingeweide am Kopfansatz lösen und herausziehen. Den Fisch innen mit Wasser ausspülen und mit einem kleinen Messer letzte Blutreste an der Innenseite des Rückgrats abschaben.

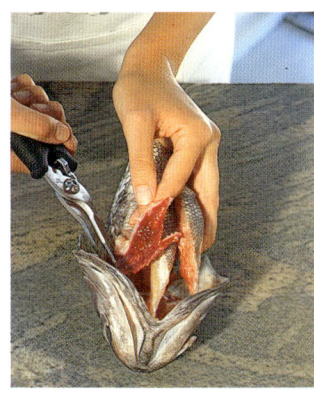

Streifenbarsch filetieren

Den Fisch schuppen, wenn die Filets samt Haut zubereitet werden sollen. Sieht das Rezept abgezogene Filets vor, kann man diesen Arbeitsschritt auslassen. Sollen Kopf und Gräten für einen Fond verwendet werden, den Fisch entweder vor dem Filetieren (siehe Seite 221) oder besser danach (siehe Seite 32) ausnehmen. Werden Kopf und Gräten nicht gebraucht, so erübrigt sich das Ausnehmen.

1. Den Fisch hinter den Kiemen einschneiden; dabei das Messer schräg ansetzen, damit das Fleisch unterhalb des Kopfansatzes mit dem Filet verbunden bleibt.

2. Den Fisch oberhalb des Rückgrats vom Kopf bis zum Schwanz einschneiden; dabei das Messer waagerecht halten und gegen die Gräten drücken. (Hat der Fisch Schuppen, ein Messer mit fester Klinge verwenden; andernfalls genügt ein Filetiermesser.) Das Fleisch bis zum Rückgrat einschneiden.

3. Das Filet hochziehen und um die Rückengräte herum losschneiden. Das Messer über die Brustgräten führen und so den oberen Teil des Filets lösen. (Oder die Gräten durchtrennen und später entfernen.)

4. Zur Schwanzflosse hin weiterschneiden und das Filet vollständig lösen.

5. Den Fisch auf die andere Seite legen und um 180 Grad drehen. Oberhalb der Schwanzflosse Haut und Fleisch bis zum Rückgrat einschneiden, ohne diese zu durchtrennen. Am Einschnitt beginnend, die Haut durchschneiden und das Messer direkt über den Gräten an der Unterseite des Filets entlangführen.

6. Zum Kopf hin bis auf das Rückgrat weiterschneiden.

7. Das Fleisch vom Rückgrat losschneiden, das Filet hochziehen und am Kopfansatz lösen.

Nach dem Filetieren müssen die feinen Gräten, die meist noch in den oberen zwei Dritteln der Filets sitzen, mit einer Pinzette oder einer spitzen Zange, wie sie für Lachs verwendet wird (siehe Seite 225), herausgezogen oder, wie beim Red Snapper (siehe Seite 125), in einem zusammenhängenden Streifen herausgeschnitten werden. Wurden die Filets mitsamt den Gräten ausgelöst, diese mit einem kleinen Pariermesser entfernen.

Siehe auch
Runden Fisch säubern,
   Seite 220
Fischfond, Seite 32

Lachs filetieren

Lachs läßt sich zwar wie jeder andere runde Fisch vom Rücken zum Bauch hin filetieren, doch ist diese Methode hier schwieriger anzuwenden, weil die kleinen Gräten im Rücken nicht mit dem Rückgrat verbunden sind und beim Filetieren übersehen werden können. Es empfiehlt sich daher, Lachs durch die Bauchöffnung zu filetieren. Der hier verwendete Lachs wurde bereits ausgenommen und geschuppt.

Richtig filetieren

1. Die Flossen abschneiden, wie auf Seite 220 gezeigt.
2. Mit einem Ausbeinmesser oder einem anderen stabilen Messer das Fleisch hinter dem Kopfansatz unterhalb der Kiemen einschneiden.
3. Das Fleisch kurz über der Schwanzflosse bis zum Rückgrat quer einschneiden, ohne die Gräte zu durchtrennen.
4. Von diesem Einschnitt aus das Fleisch am Schwanzansatz an der Unterseite des Fisches bis zum Rückgrat einschneiden und am Rückgrat entlang bis zur Bauchöffnung weiterschneiden. Während des Schneidens das bereits gelöste Filet hochziehen.
5. Das obere Filet zurückbiegen, das Messer auf dem Rückgrat entlangführen und die Gräten, durch die das Filet mit dem Rückgrat verbunden ist, durchtrennen; gegebenenfalls das Messer ruckartig hin und her bewegen. Das Messer parallel zu den Gräten im oberen Teil des Filets halten und nicht zu tief schneiden, damit das Fleisch unversehrt bleibt.
6. Ein Filetiermesser flach gegen die Gräten drücken und am Filet entlangführen, um das Fleisch vom Rückgrat zu lösen.
7. Das obere Filet mit der Hautseite nach unten flach ausbreiten und vom unteren Filet abtrennen.

8. Beim zweiten Filet am Rückgrat entlangschneiden und die Brustgräten durchtrennen (wie Schritt 5).

9. Die Messerklinge am Schwanzende unter das Rückgrat schieben und dieses vom Fleisch lösen. Das Messer flach halten und das Rückgrat nach oben drücken, um nicht in das Fleisch zu schneiden. Zum Kopf hin arbeiten.

10. Unter dem Rückgrat bis zum Kopfansatz weiterschneiden und das Rückgrat vollständig aus dem Filet lösen. Den Kopf vom Filet abschneiden.

11. Den schmalen, mit Gräten durchsetzten Fettstreifen am Rand jedes Filets abschneiden.

12. Ein Filetiermesser unter die Gräten eines der Filets schieben; eine Hand gegen die Gräten halten und mit der anderen Hand das Messer von unten hochdrücken, damit kein Fleisch an den Gräten hängenbleibt. Bei dem anderen Filet ebenso verfahren.

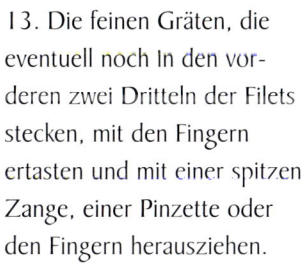

13. Die feinen Gräten, die eventuell noch in den vorderen zwei Dritteln der Filets stecken, mit den Fingern ertasten und mit einer spitzen Zange, einer Pinzette oder den Fingern herausziehen.

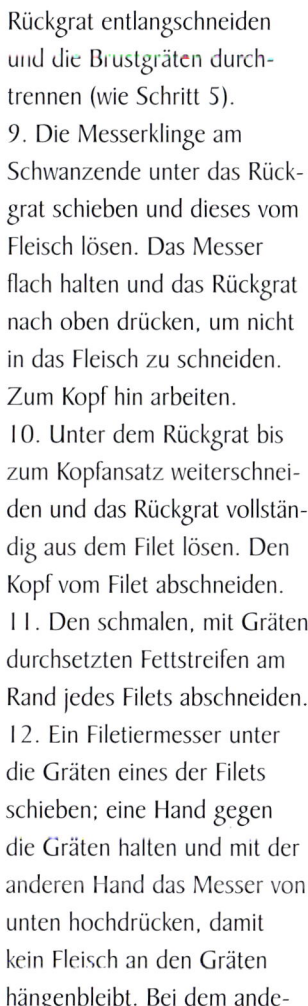

225

Siehe auch

Runden Fisch säubern,
  Seite 220
Streifenbarsch filetieren,
  Seite 222
Fischfond, Seite 32

Runden Fisch entgräten

Es gibt zwei Methoden, einen runden Fisch zu entgräten, ohne ihn zu zerteilen. Wenn der Fisch noch nicht ausgenommen wurde, ist es einfacher, ihn vom Rückgrat her zu entgräten und die Eingeweide nach dem Entfernen des Rückgrats herauszuziehen. Ein ausgenommener Fisch muß dagegen durch die Bauchöffnung entgrätet werden. Ein entgräteter Fisch, wenn er auch noch mit einer Füllung versehen wird, ist eine Freude für Augen und Gaumen.

Forelle vom Bauch her entgräten

1. Die Flossen mit einer Schere abschneiden (siehe auch Seite 220). Für einige Fische ist eine besonders stabile Schere erforderlich.
2. Den Fisch mit einem schmalen Filetiermesser vom hinteren Ende der Bauchöffnung bis zum Schwanzansatz einschneiden; dabei die Messerklinge direkt am Rückgrat entlangführen, um es freizulegen. Das Filetende nicht vom Schwanzansatz abtrennen.

3. Das Messer unter die Gräten am unteren Filet schieben
und diese zum Kopf hin vom
Filet lösen. Um nicht in das
Fleisch zu schneiden, das Messer parallel zu den Gräten halten (und mit der anderen Hand
gegen die Gräten drücken).
4. In entgegengesetzter Richtung – vom Kopf aus – zwischen Fleisch und Brustgräten
am Rückgrat entlangschneiden.
Beim Durchtrennen der feinen
Gräten oberhalb des Rückgrats
darauf achten, daß der Fisch
nicht versehentlich zerteilt wird.
5. Den Fisch um 180 Grad
drehen. Die Messerklinge am
Kopfansatz bis zum Rückgrat
unter die Brustgräten schieben
und bis zum Schwanzende hin
schneiden.
6. Das Rückgrat an Kopf- und
Schwanzende losschneiden
und herausziehen.
7. Den Streifen feiner Gräten,
die zwischen den Filets im
Rücken verlaufen, mit einer
Schere herausschneiden.
8. Alle Gräten- und Knorpel-
reste abschneiden.
9. Die feinen Gräten mit einer
spitzen Zange oder einer Pinzette aus den Filets ziehen.

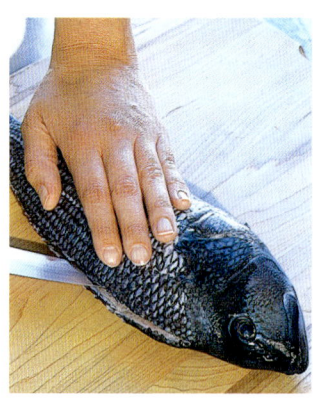

Seebarsch vom Rücken her entgräten

1. Den Fisch schuppen (sofern er nicht schon vom Händler geschuppt wurde), aber nicht ausnehmen: Die Flossen abschneiden (siehe Seite 220). Den Fisch mit einem Filetiermesser an den Rückengräten entlang einschneiden.

2. Dabei das obere Filet zurückziehen, um sehen zu können, wo man schneidet und um sicherzugehen, daß kein Fleisch am Rückgrat haften bleibt. Weiterschneiden und die Brustgräten mit kurzen, ruckartigen Bewegungen durchtrennen. Nicht zu tief schneiden, damit weder die Eingeweide noch die Haut am Bauch beschädigt werden.

3. Den Fisch drehen und den soeben beschriebenen Vorgang auf der anderen Seite vom Schwanzende aus wiederholen.

4. Das Rückgrat mit einer stabilen Küchenschere am Schwanzansatz durchschneiden.

5. Das Rückgrat auch am Kopfansatz durchtrennen und entfernen.

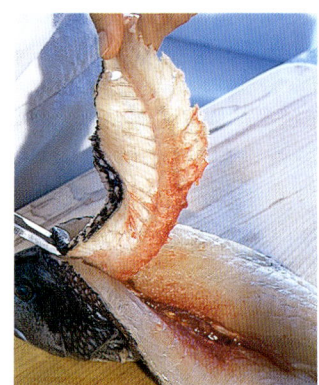

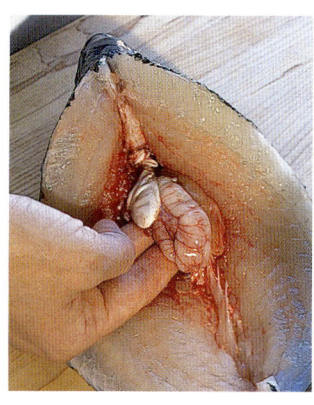

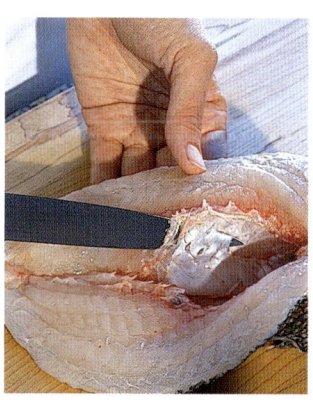

6. Die Eingeweide mit den Fingern herausziehen.

7. Die Brustgräten mit einem Filetiermesser behutsam von den Filets lösen und herausziehen.

8. Restliche Gräten mit der Schere herausschneiden.

Entgräteten Fisch füllen

Ein im ganzen entgräteter Fisch eignet sich hervorragend zum Füllen – zum Beispiel, wie auf dem Foto oben, mit Champignon-Duxelles oder, wie rechts, mit gehackten Kräutern. Den Fisch innen würzen und die Füllung hineingeben. Die Füllung sparsam verwenden, da der Fisch während des Garens schrumpft, die Füllung sich hingegen ausdehnt.

Siehe auch
Pilzfüllung (Duxelles),
  Seite 111
Kleinen Fisch pochieren,
  Seite 110

Plattfisch vorbereiten

Bei Plattfischen, die im ganzen zubereitet werden, wird die helle Unterseite meist geschuppt, aber nicht abgezogen. Hinsichtlich der dunklen Oberseite scheiden sich die Geister: Die einen ziehen sie lieber ab, während die anderen sie am Fisch belassen und lediglich schuppen. Bei Seezunge wird die Oberseite grundsätzlich enthäutet. Da sie sehr festes Fleisch hat, läßt sich die Haut in einem Stück abziehen. Bei Flunder ist von dieser Methode jedoch abzuraten, da ihr Fleisch weich ist und beim Enthäuten auseinanderreißen würde; statt dessen sollte man hier die Haut mit einem Filetiermesser streifenweise abschneiden. Wird der Fisch filetiert, empfiehlt es sich, die Haut erst nach dem Filetieren abzuziehen, da sich Filets leichter enthäuten lassen als ganzer Fisch.

Grätensaum

Schneidet man bei einem Plattfisch die Flossen ab, bleibt am Rand ein schmaler grätenhaltiger Saum übrig, der entweder vor dem Servieren oder manchmal auch schon vor dem Garen entfernt wird, um das Tranchieren am Tisch zu erleichtern. Zu diesem Zweck den Fisch wie hier beschrieben säubern: Statt nur die Flossen abzutrennen, tiefer in das Fleisch schneiden und den Streifen feiner Gräten gleich mit entfernen. Beim Servieren sollte man berücksichtigen, daß die unteren Filets kleiner sind als die oberen, und sie dementsprechend portionieren.

Flunder vorbereiten

Flossen entfernen

1. Die Schwanzflosse abschneiden.
2. Rücken- und Bauchflosse abschneiden.
3. Die Brustflossen unterhalb des Kopfansatzes abschneiden.

Flunder filetieren

Sollen die Filets ohne Haut serviert werden, braucht man den Fisch nicht zu schuppen. Ausnehmen ist ebenfalls nicht erforderlich, es sei denn, die Gräten werden für einen Fond verwendet. Nach dem Filetieren lassen sich die Eingeweide einfacher entfernen.

1. Mit einem Filetiermesser, das schräg angesetzt wird, damit kein Fleisch verlorengeht, den Fisch am Kopfansatz von oben bis zur Mitte einschneiden. Dann an der Mittelgräte bis zur Schwanzflosse entlangschneiden, und zwar bis zur Gräte. (Die meisten Fische

haben eine Seitenlinie, an der man sich beim Schneiden orientieren kann.)

2. Die Klinge des Messers flach unter das obere Filet schieben und fest herunterdrücken, damit beim Schneiden kein Fleisch an den Gräten zurückbleibt. Unter dem Filet entlangschneiden.

3. Den Fisch um 180 Grad drehen. Die Messerklinge am Schwanzansatz unter das Filet schieben und das Filet vollständig von den Gräten abtrennen.

4. Das Filet zurückziehen und die Haut am äußeren Rand durchtrennen, bis das Filet komplett ausgelöst ist.

231

5. Den Fisch wieder um 180 Grad drehen und das zweite Filet genauso auslösen.

6. Den Fisch wenden, so daß die helle Seite oben liegt, und die Filets an der Unterseite auslösen. (Wird das Skelett für Fischfond, Seite 32, verwendet, die Kiemen und die restlichen Eingeweide entfernen.)

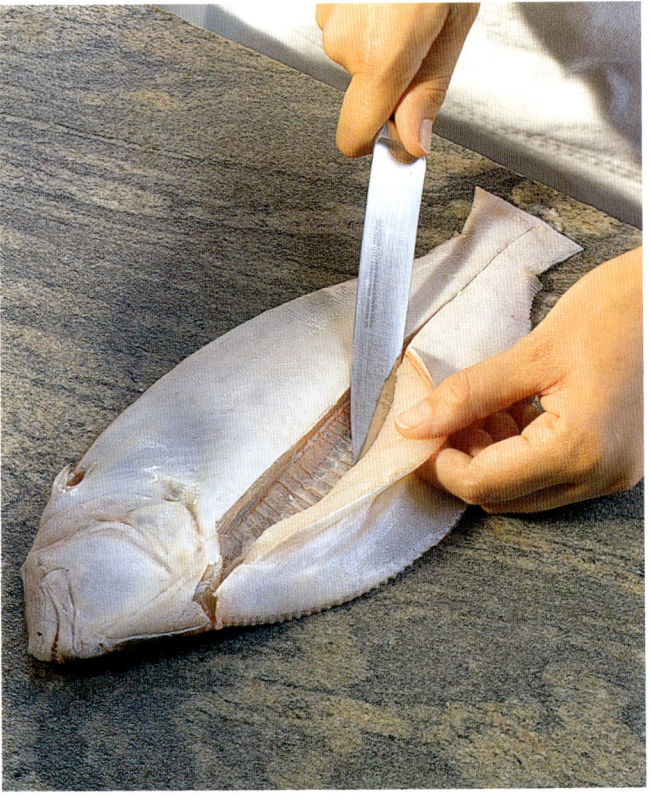

Zwei Arten von Filet

Wenn man einen Plattfisch, wie hier gezeigt, filetiert, erhält man vier längliche Filets – zwei von jeder Seite des Fisches. Beim Fischhändler bekommt man manchmal Filets, die in der Mitte noch miteinander verbunden sind und einen zentralen schmalen Längsstreifen aufweisen. Um solche Filets von einem Plattfisch zu erhalten, den Fisch nicht in der Mitte entlang der Seitenlinie, sondern von einer Seite her bis zur Mittelgräte einschneiden. Vorsichtig, den Konturen der Gräte folgend, darüber hinweg und bis zur anderen Seite schneiden, so daß sich das Fleisch der ganzen Seite in einem Stück auslösen läßt.

Flunder enthäuten

1. Die dunkle Haut an der Oberseite mit einem langen Filetiermesser in Streifen abschneiden. Dabei stets vom Körper weg arbeiten.

2. Den Fisch, falls nötig, um 180 Grad drehen und in entgegengesetzter Richtung schneiden.

3. Eventuell den Kopf vor dem Garen abtrennen. Dies mag erforderlich sein, damit der Fisch in die Pfanne paßt.

233

Flunderfilets enthäuten

1. Das Filet mit der Hautseite nach unten auf das Schneidebrett legen. Die Klinge des Filetiermessers am Schwanzende zwischen Haut und Filet ansetzen und flach gegen die Haut drücken. Die Haut mit der anderen Hand festhalten und hin- und herbewegen, während das Messer gleichzeitig mit einer Gegenbewegung leicht hin- und herbewegt wird. Sehr langsam schneiden, damit die Haut ganz bleibt.

2. Den schmalen Grätensaum an jedem Filet mit den Fingern abziehen. Er ist zwar genießbar, aber beim Servieren eher unansehnlich.

Seezunge enthäuten

1. Die Flossen wie bei einer Flunder abtrennen. Die Haut oberhalb des Schwanzansatzes flach einschneiden.
2. Vorsichtig ein Stück Haut am Einschnitt lösen. Eventuell ein Küchentuch zu Hilfe nehmen, damit sich das Schwanzende besser festhalten läßt.
3. Das Schwanzende festhalten und die Haut mit einer kräftigen Bewegung abziehen.

Seezunge schuppen und ausnehmen

1. Den Grätensaum an beiden Seiten des Fisches entfernen.
2. Durch einen Schnitt an der Bauchseite die Eingeweide freilegen; nicht zu tief schneiden, da die Eingeweide beschädigt werden könnten und das Ausnehmen dann schwieriger ist.
3. Alle sichtbaren Eingeweide herausziehen – hier wird der Rogen entfernt.
4. Die Kiemen am Kopfansatz mit einer Schere wegschneiden.
5. Die helle Unterseite schuppen.
6. Mit dem Griff eines Messers über die Seite des Fisches fahren und die restlichen Eingeweide zum Kopf hin herausdrücken. Den Fisch abspülen.

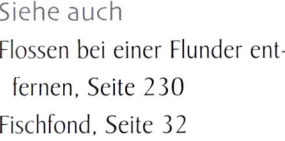

Siehe auch
Flossen bei einer Flunder entfernen, Seite 230
Fischfond, Seite 32

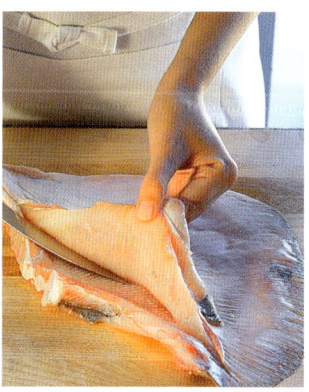

5. Die Messerklinge flach gegen die Haut drücken und die Haut rasch hin und her ziehen, ohne das Messer zu bewegen.

Rochenflügel filetieren und enthäuten

Normalerweise wird Rochen filetiert angeboten; manchmal bekommt man allerdings auch ganze Rochenflügel.

1. Den Rochenflügel mit der hellen Hautseite nach unten auf das Schneidebrett legen. Mit einem langen Filetiermesser zwischen der oberen Fleischschicht und dem Knorpel an der Innenseite des Flügels entlangschneiden.

2. Beim Schneiden das Messer fest gegen den flachen Knorpel drücken und das Filet zurückziehen; bis zum äußeren Rand des Flügels weiterschneiden.

3. Die Haut durchtrennen und das Filet lösen. Den Flügel wenden und auf der anderen Seite genauso vorgehen.

4. Zum Abziehen das Filet mit der Hautseite nach unten auf das Schneidebrett legen. Mit dem Messer ein Stück Fleisch von der Haut lösen.

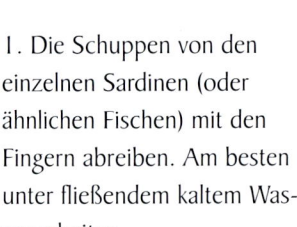

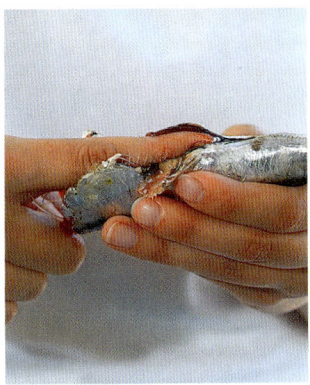

Kleine Fische schuppen, ausnehmen und entgräten

Einige sehr kleine fetthaltige Fischsorten wie frische Sardinen und Sardellen (Anchovis) lassen sich ohne Benutzung eines Messers schuppen, ausnehmen und vollständig entgräten.

1. Die Schuppen von den einzelnen Sardinen (oder ähnlichen Fischen) mit den Fingern abreiben. Am besten unter fließendem kaltem Wasser arbeiten.

2. Den Kopf nach hinten knicken. Die Eingeweide sollten mit dem Kopf verbunden bleiben.

3. Am Kopf ziehen und die Eingeweide möglichst vollständig herausziehen. Kopf und Eingeweide wegwerfen.

4. Einen Finger in die Öffnung schieben und behutsam an der Bauchhöhle entlangfahren, um sie weiter zu öffnen und Eingeweidereste zu entfernen. Die Fische innen und außen gründlich unter fließendem kalten Wasser abspülen.

5. Zum Entgräten mit einer Hand die Rückengräte festhalten und mit der anderen am Fisch ziehen. Vorsicht – an den kleinen Gräten kann man sich stechen. Nach Belieben die beiden Filets in einem Stück belassen oder durchtrennen.

Im Glossar
Marinieren

Fischfilets heiß räuchern

Filets von aromatischen, fetthaltigen Fischen (hier Blaubarsch-filets) eignen sich sehr gut zum Heißräuchern – ein altes Konser-vierungsverfahren. Hier wird zum Räuchern ein kleiner Räucher-ofen verwendet, der aus einem Metallkasten mit einer Heizplatte am Boden besteht. Heißgeräucherter Fisch schmeckt noch inten-siver, wenn er zuvor in Salzlake einlegt wurde.

Je stärker ein Fisch gepökelt und je länger und heißer er geräu-chert wurde, desto haltbarer ist er. Aber mildes Pökeln und leich-tes Räuchern kommen dem Aroma sehr zugute, wenngleich sich die Haltbarkeit verkürzt. Geräucherter Fisch sollte im Kühlschrank auf-bewahrt und innerhalb einer Woche verzehrt werden. Ist das nicht möglich (bei größeren Mengen wie z.B. zwei großen Lachsfilets), empfiehlt es sich, den Fisch in Klarsichtfolie und zusätzlich in Alu-folie fest einzuschlagen und anschließend einzufrieren.

Das beste Holz zum Räuchern

Wer gern und häufig räuchert, hat nicht nur sein Lieb-lingsrezept für die Pökellake, sondern auch seine bevor-zugten Holzsorten. Während die Meinungen darüber, welche Hölzer sich am besten eignen, auseinandergehen, besteht Einvernehmen darin, daß Kiefer, Eukalyptus und andere harzhaltige Hölzer dem Räuchergut einen unan-genehm strengen Geschmack verleihen. Bei uns wird meist mit Spänen oder Sägemehl von Birke, Buche oder Wacholder geräuchert.

Heißgeräucherte Blaubarschfilets

1. Sägemehl (siehe Kasten) in einem Metallgefäß auf die Heizplatte in den Räucherofen stellen. Die Temperatur der Platte so regulieren, daß das Sägemehl schwelt, aber nicht brennt.
2. Die Filets auf den Rost über der Heizplatte legen und im ge-schlossenen Ofen bei 60 bis 70 °C etwa zwei Stunden räu-chern, bis sie sich fest anfühlen.
3. Den Fisch auf einer Platte servieren und Sour cream oder Crème fraîche dazureichen.
4. Oder das Filet in Stücke schneiden und auf japanische Art servieren.

Siehe auch

Streifenbarsch filetieren, Seite 222
Fischfilets pökeln, Seite 239

Im Glossar

Pökeln
Räuchern

Fischfilets kalt räuchern

Zum Kalträuchern ist ein Ofen erforderlich, in dem der Rauch abkühlen kann, bevor er mit dem Fisch in Berührung kommt. Handelsübliche Öfen dieser Art sind leider kostspielig. Wer einen Ofen zum Heißräuchern besitzt, kann sich jedoch behelfen, indem er den Rauch durch ein Ofenrohr in einen zweiten Behälter leitet – wie hier in den Karton, in dem der Räucherofen verpackt war.

Nach dem Räuchern schlägt man den Fisch (hier Lachs) fest in Klarsicht- und dann in Alufolie ein, sonst riecht es im ganzen Haus nach Rauch, und legt ihn vor dem Servieren noch für mindestens 24 Stunden in den Kühlschrank. Ist der Lachs an der Oberfläche noch feucht, wenn er aus dem Ofen kommt, legt man ihn mit der Hautseite nach unten auf einen Rost in den ausgeschalteten Ofen. Dann stellt man einen Ventilator vor die geöffnete Ofenklappe und läßt den Lachs im Luftstrom etwa 4 Stunden lang trocknen. Am besten im Freien räuchern, oder aber bei geöffneten Fenstern – der Geruch nach Rauch ist sehr hartnäckig.

Kaltgeräucherter Lachs

1. Ein großes Kuchengitter so in einem großen Karton anbringen, daß der Rauch darum zirkulieren kann. Hier wurde für die Halterungen gefaltete Pappe verwendet; man kann aber auch Metallspieße durch die Seitenwände des Kartons stecken und den Rost darauf legen. Die gepökelten Filets auf das Gitter legen.

2. Das eine Ende des Ofenrohrs oben in den Räucherofen und das andere Ende in ein zuvor in den Karton geschnittenes Loch stecken. (Hier wurde der Schornstein des Räucherofens durch das Ofenrohr ersetzt, um Ofen und Karton miteinander zu verbinden.) Die Verbindungsstelle zwischen Karton und Ofenrohr abkleben. Eine etwa 20 x 20 cm große Öffnung oben in die Seitenwand des Kartons schneiden, damit der Rauch entweichen kann.

3. Ein Metallgefäß mit Sägemehl (von Harthölzern, etwa Buche oder Birke, siehe Seite 237) auf die Heizplatte in den Räucherofen stellen und den Ofen schließen.

Die Filets etwa 4 Stunden räuchern. Das Sägemehl erneuern, wenn kein Rauch mehr erscheint – etwa alle 30 Minuten. Das Ofenrohr sollte sich dort, wo es in den Karton mündet, warm, nicht heiß anfühlen; eventuell die Temperatur der Heizplatte reduzieren, sonst wird der Fisch gegart.

Geräucherten Lachs aufschneiden und servieren

1. Die harte Haut, die sich auf dem Filet gebildet hat, entfernen. Das Filet in hauchdünne Scheiben schneiden. Dazu ein Filetiermesser etwa ein Drittel oberhalb des Schwanzendes ansetzen, flach gegen das Filet drücken und zum Schwanzende hin schneiden. Für die nächsten Scheiben das Messer jeweils 1 bis 1 ½ cm höher ansetzen.

2. Wie hier mit Blini und Crème fraîche servieren.

Siehe auch

Lachs filetieren, Seite 224
Fischfilets heiß räuchern, Seite 237
Blini, Seite 61
Lachsfilets zum Kalträuchern trocken pökeln, Seite 239

Im Glossar

Pökeln
Räuchern

Fisch naß und trocken pökeln

Filets von Fischsorten mit intensivem Aroma, wie Blaubarsch, sollte man vor der Weiterverarbeitung für 2 bis 3 Stunden in Salzlake einlegen. Die Lake entzieht dem Fleisch noch etwas Blut und mildert den Geschmack ab, denn sie enthält neben Salz oft auch Zucker. Nach dem Pökeln wird der Fisch gewöhnlich geräuchert; man kann ihn aber auch anders zubereiten, z. B. grillen.

Fisch, vor allem Lachs, läßt sich auch trocken mit Salz oder, wie bei der skandinavischen Spezialität Graved Lachs, mit einer Mischung aus Salz, Zucker und Dill pökeln. Graved Lachs ist direkt nach dem Pökeln verzehrfertig. Ohne Zusatz von Kräutern gepökelter Fisch wird häufig noch kalt geräuchert, wie beispielsweise Lachs. Graved Lachs wird zum Pökeln für 48 Stunden in den Kühlschrank gestellt, etwa alle 12 Stunden gewendet und anschließend abgespült.

Lachsfilets zum Kalträuchern trocken pökeln

Nach Anweisung Graved Lachs zubereiten, aber die Kräuter weglassen. Für die Filets eines vier bis fünf Kilo schweren Lachses rechnet man 2 Tassen Salz und 2 Tassen Zucker, getrennt verwendet. Den Lachs nach Rezept schichten und in Alufolie einschlagen, aber zunächst nur das Salz verwenden. Nach 10 Stunden wenden, nach weiteren 10 Stunden das Salz abspülen und alles mit Zucker wiederholen. Den Lachs nach 9 Stunden wenden und nochmals 9 Stunden ziehen lassen, so daß sich eine Gesamtpökelzeit von 38 Stunden ergibt.

Fischfilets naß pökeln

Wasser mit Salz und Zucker (etwa 2 Tassen Salz und 1 Tasse Zucker auf 4 Tassen Wasser) köcheln lassen, bis Salz und Zucker aufgelöst sind. Abkühlen lassen; dann unter Zugabe von Eis weiter abkühlen. Den Fisch einlegen und 2 bis 3 Stunden in den Kühlschrank stellen.

Lachsfilets für Graved Lachs trocken pökeln

Eigentlich ist Dill die traditionelle Zutat für Graved Lachs, eine Spezialität aus Schweden, deren ursprüngliches Rezept mittlerweile verschiedene Abwandlungen erfahren hat; in diesem Fall wird z. B. Estragon verwendet. Für Graved Lachs von den Filets eines vier bis fünf Kilo schweren Lachses mischt man 1 Tasse Zucker mit 1 Tasse grobem Salz.

1. Eine dreifache Lage Alufolie, die so groß ist, daß der ganze Fisch darin eingeschlagen werden kann, mit einem Viertel der Salz-Zucker-Mischung bestreuen. Ein Lachsfilet mit der Hautseite nach unten darauf legen und mit einem weiteren Viertel der Salz-Zucker-Mischung bestreuen.

2. Das Filet mit Estragonzweigen bedecken und noch ein Viertel der Salz-Zucker-Mischung darauf verteilen.

3. Das zweite Filet mit der Hautseite nach oben auf das erste legen und die restliche Salz-Zucker-Mischung darüber geben.

4. Die Filets fest in die Folie einschlagen.

5. Ein Holzbrett oder ein kleines Backblech auf die Filets legen und zum Beschweren zwei oder drei kleine Töpfe darauf stellen – die Gewichte sollten nur mäßig schwer sein. Den Fisch für 48 Stunden in den Kühlschrank stellen und alle 12 Stunden wenden.

6. Abschließend den Estragon entfernen, die Filets abspülen und mit Küchenkrepp trockentupfen.

7. Die Filets mit frisch gehacktem Estragon bestreuen und wie geräucherten Lachs servieren.

Siehe auch
Lachs filetieren, Seite 224
Fischfilets heiß räuchern,
  Seite 237
Fischfilets kalt räuchern,
  Seite 238
Geräucherten Lachs aufschneiden und servieren,
  Seite 238

Im Glossar
Pökeln
Räuchern

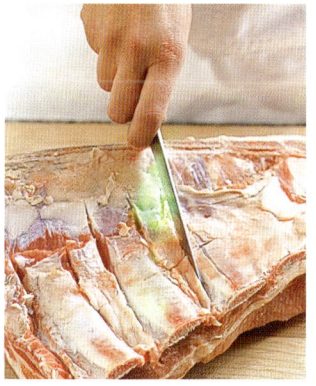

6. Wenn alle Knochen ausgelöst sind, die Brust umdrehen. Die dicke Fettschicht an der einen Seite der Brust wegschneiden, ebenso die Fettschicht, die die Brust bedeckt

7. Das Fleisch in 2½ mal 5 cm große Stücke schneiden.

Kalbsbrust parieren, entbeinen und in Stücke schneiden

Die Brust ist das preiswerteste Teilstück vom Kalb und eignet sich, pariert und entbeint, gut als Schmorfleisch für Ragout. Die Knochen kann man für intensiveren Geschmack und wegen ihres Gelatinegehalts mitkochen oder für einen Kalbsfond verwenden.

1. Überschüssiges Fett an der Außenseite und den Rändern der Kalbsbrust wegschneiden.
2. Die Brust umdrehen und an beiden Seiten jeder Rippe entlangschneiden, um das Fleisch abzutrennen.
3. Mit der Messerklinge auch unter den Rippen liegendes Fleisch abtrennen.

4. Die Rippen nach hinten ziehen und durch Drehen und Schneiden von der Brust lösen. Alle übrigen Knochen und Knorpel auf dieser Brustseite ebenfalls entfernen.
5. Zwischen den Knorpelknochen in der Mitte der Brust – dem Brustbein – und dem Fleisch entlangschneiden.

Siehe auch
Kalbsragout, Seite 212

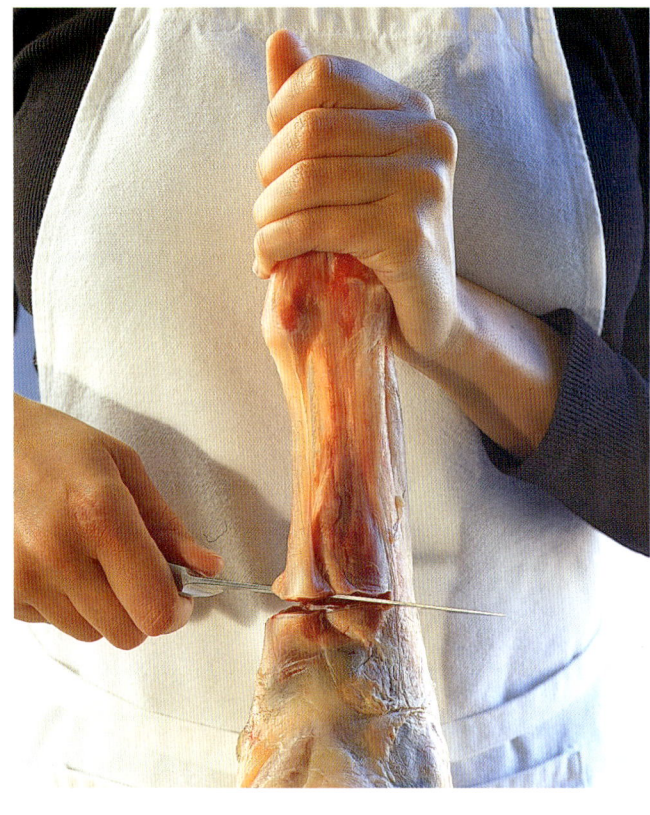

242

242

Unterschenkelknochen einer Lammkeule kürzen

1. Am unteren Ende der Keule um den Knochen herum einen Schnitt machen.

2. Alles Fleisch vom Knochen ablösen und zum Mitbraten aufbewahren.

3. Den Unterschenkelknochen mit einer Bügelsäge so kürzen, daß ein Stück von etwa 5 cm Länge stehenbleibt. (Beim Tranchieren kann man die Keule daran gut festhalten.)

Lammkeule parieren und teilweise entbeinen

Kauft man Lammkeule im Fleischerladen, löst der Fleischer den Beckenknochen aus. Bei Lammkeule aus dem Supermarkt hingegen muß man das häufig selbst erledigen. Den Unterschenkelknochen werden Sie allerdings nur in seltenen Fällen selbst kürzen müssen. Aber für alle Fälle wird hier demonstriert, wie es geht.

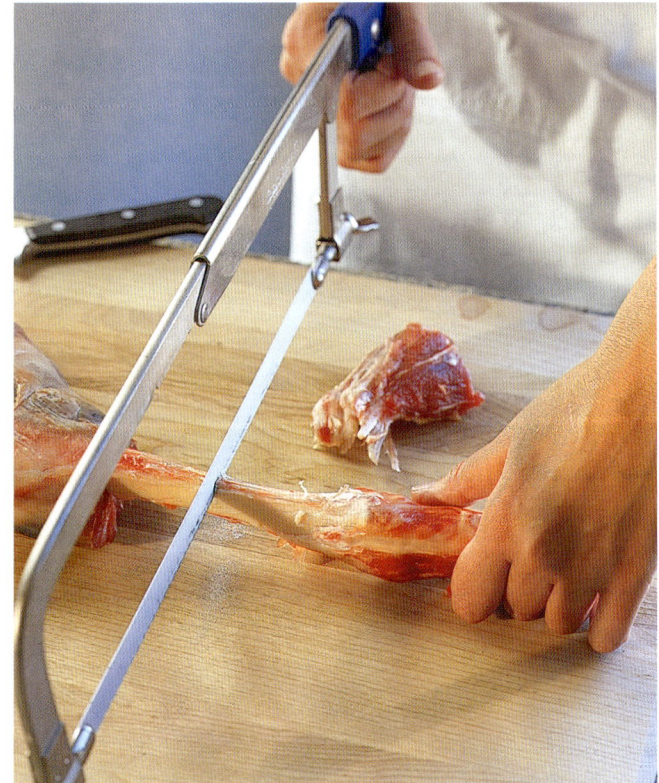

Lammkeule parieren

1. Dünne Haut und Fett an der Außenseite der Keule mit einem Ausbeinmesser in Streifen abschneiden. Der größte Teil der Keule sollte jedoch von einer dünnen Fettschicht bedeckt bleiben, um das Fleisch feucht zu halten. Beim Ablösen der Hautstreifen die bereits abgetrennte Haut straffziehen, während man sich mit dem Messer vorarbeitet.

2. An der Innenseite des Beckenknochens entlang und um den Knochen herum schneiden, und dabei das Fleisch zur Seite schieben.

3. Den Konturen des Beckenknochens folgend, weiter direkt am Knochen entlangschneiden.

4. Zum Durchtrennen des Gelenks, das den Beckenknochen mit dem Oberschenkelknochen verbindet, zunächst die Sehnen durchschneiden. Dann den Beckenknochen mit einer Drehbewegung herausziehen.

5. Alle beim Entbeinen freigelegten Fettstücke entfernen.

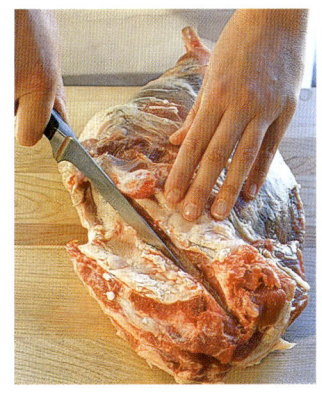

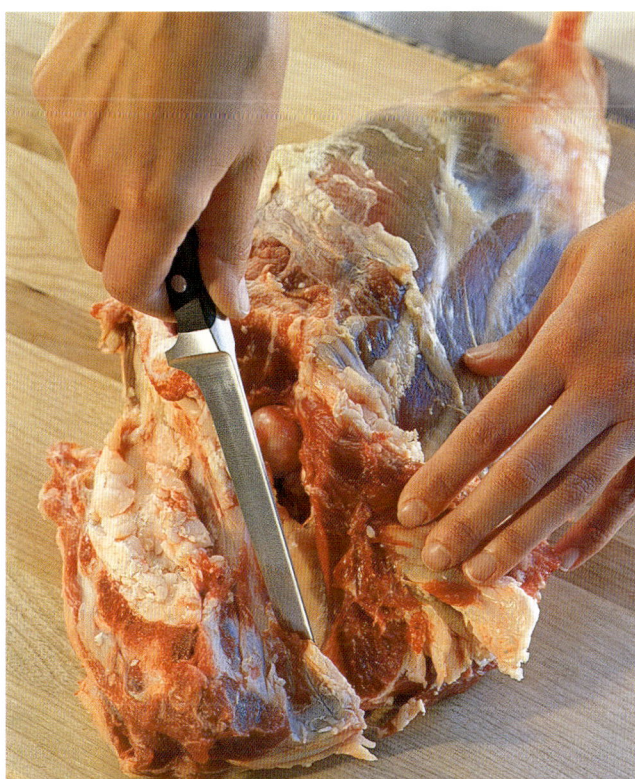

Siehe auch
Lammkeule binden und
 braten, Seite 184

Im Glossar
Braten
Jus

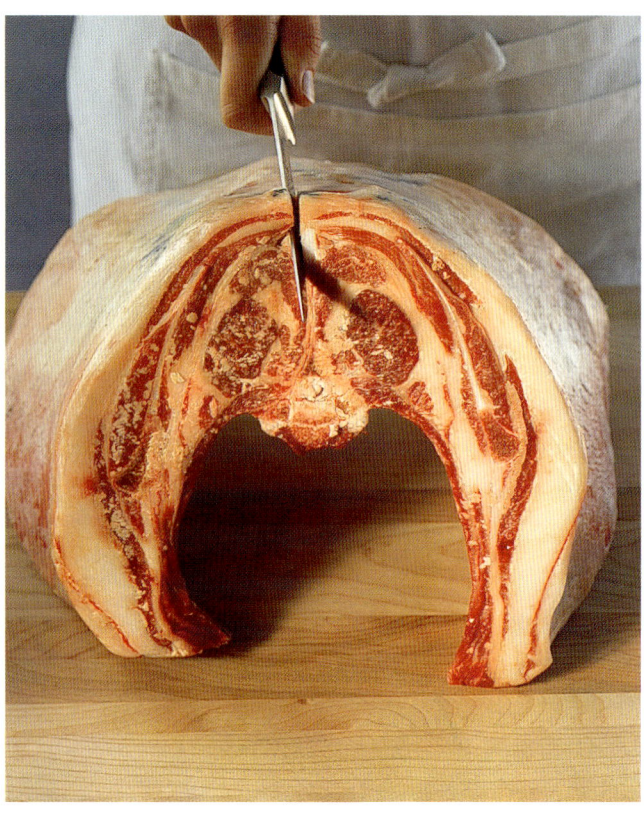

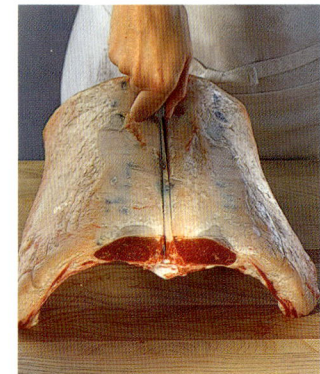

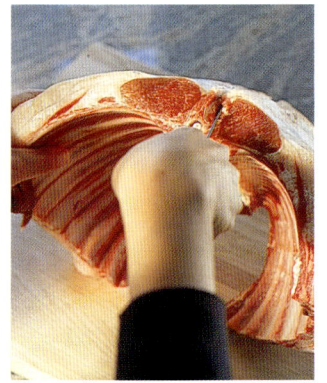

1. Die auf der Mittellinie des Rückens befindlichen Knochen mit den Fingern ertasten und mit einem Ausbeinmesser an einer Seite der Knochen, den Konturen folgend, entlangschneiden.

2. Das (doppelte) Kotelettstück um 180 Grad drehen und auf der anderen Seite der Knochen genauso verfahren.

3. Vom Lendenende aus an beiden Seiten der Mittelknochen entlangschneiden.

4. Weiter an den Mittelknochen hinunterschneiden und um die Wirbelknochen des Rückgrats herum, bis die Messerklinge auf den Rippenansatz stößt.

Doppeltes Kotelettstück vom Lamm zerteilen

Das vordere Rippenstück gehört zur Lammbrust und setzt sich aus zwei Rippensträngen mit jeweils acht oder neun Rippen zusammen, die durch die Wirbelknochen des Rückgrats verbunden sind. Das letzte bzw. die beiden letzten hinteren Rippenpaare werden meist am Lendenkotelettstück, die drei vorderen am Nackenstück belassen. Da Lamm beim Schlachten quer zerteilt wird (im Gegensatz zum Schwein, das man längs halbiert), bekommen Fleischer und Restaurants »doppelte« Kotelettstücke geliefert, während im Laden genaugenommen jeweils nur ein halbes Kotelettstück bzw. -strang verkauft wird. Manche möchten aber vielleicht lieber ein komplettes Kotelettstück kaufen und es selbst zerteilen, parieren sowie die Rippen freilegen. Auch wenn viele Fleischer ein doppeltes Kotelettstück mit der Säge zerteilen, ist die Benutzung eines Küchenbeils, wie hier demonstriert, doch die bessere Methode, weil gleichzeitig das Rückgrat entfernt wird und kein Knochenstaub zurückbleibt.

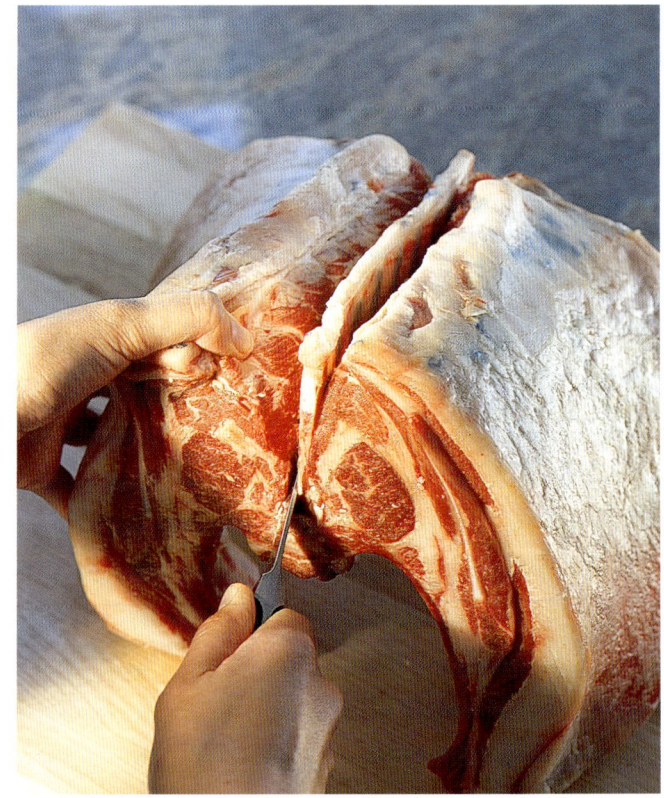

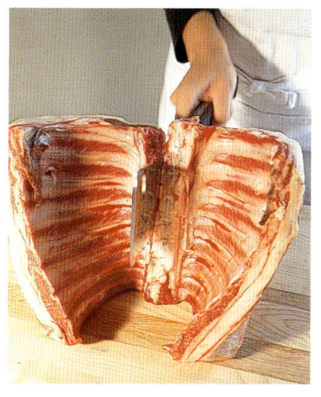 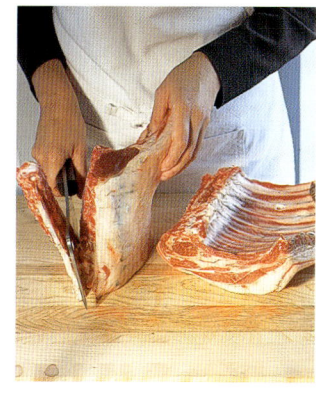

8. Abschließend das Rückgrat mit dem Küchenbeil von dem zuerst bearbeiteten Rippenstrang abhacken. Das Rückgrat kleinhacken und zum Mitbraten aufbewahren.

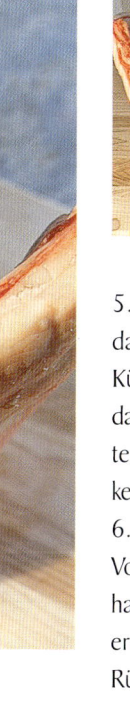

5. Die Rippen dort, wo sie auf das Rückgrat treffen, mit dem Küchenbeil abtrennen. Dabei das Beil leicht zur Mitte gerichtet halten und achtgeben, daß kein Fleisch mit abgetrennt wird.
6. Mit der nötigen Ruhe und Vorsicht die Rippen durchhacken, bis drei Viertel des ersten Rippenstrangs vom Rückgrat abgetrennt sind.
7. Den Vorgang auf der anderen Seite des Rückgrats wiederholen; diesmal jedoch den zweiten Kotelettstrang komplett vom Rückgrat abtrennen.

Siehe auch
Lammkotelettstück parieren und Rippenenden freilegen, Seite 246
Lammkotelettstück braten, Seite 187

Lammkotelettstück parieren und Rippenenden freilegen

Beim Kauf eines Lammkotelettstücks kann man sich vom Fleischer für einen dekorativen Braten die Enden der Rippen freilegen lassen. Es ist aber trotzdem gut zu wissen, wie man dies gegebenenfalls selbst vornimmt. Beim Freilegen der Rippenenden müssen Haut und Fleisch vollständig vom Knochen entfernt werden, da alle verbliebenen Reste im Ofen verbrennen und den fertigen Braten verunzieren würden. Bei der hier demonstrierten Methode wird das Fleisch in einem Stück von den Rippenenden abgelöst. Es ist aber auch möglich, Fleisch und Haut an den Rippenenden vom Knochen abzuschaben. Das Freilegen des unteren Rippenabschnitts dient ausschließlich ästhetischen Zwecken.

Lamkotelettstück parieren

1. Das Kotelettstück auf das Schneidebrett legen und an beiden Enden etwa 8 cm unterhalb der Lende durch die Fettschicht bis auf die Rippen einschneiden; die Lende ist der große Muskelstrang, der neben dem zuvor ausgelösten Rückgrat verläuft. Die beiden Einschnitte mit einem langen Schnitt durch die Fettschicht bis auf die Knochen verbinden.

2. Direkt an den Rippenenden entlangschneiden und die Schicht aus Fleisch und Fett auf den Rippenenden abtrennen. Das Fleisch kann, ohne das Fett, später zum Mitbraten verwendet werden.

3. Die Fettschicht über der Lende quer einschneiden, aber nicht das Fleisch beschädigen. Die dicke Fettschicht, die das vordere Ende des Kotelettstücks bedeckt, abziehen und eventuell aufbewahren. (Dieses Fett wird entfernt, damit beide Enden des Kotelettstücks gleichmäßig garen.)

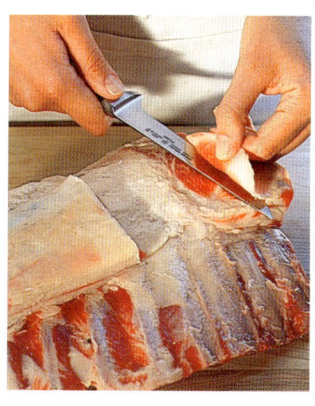

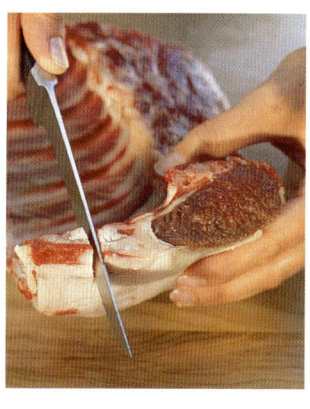

4. Die Messerklinge unter den am Kotelettstück verbliebenen Rest vom Schulterblattknorpel schieben. Den Knorpel ablösen und zum Anreichern der Jus aufbewahren.

5. Auf der anderen Seite des Kotelettstrangs (der Lendenseite) bis auf eine 3 bis 4 mm dicke Schicht alles Fett entfernen; darauf achten, nicht bis ins Fleisch zu schneiden.

6. Die an der Unterseite der Rippen verlaufenden Bindegewebsstreifen herausschneiden.

7. Das Kotelettstück so halten, daß die Rippenenden flach auf dem Schneidebrett liegen, und mit einem Küchenbeil entlang der Linie, bis zu der der erste Fettstreifen entfernt wurde, die Rippenenden abhacken; dabei Stück für Stück arbeiten, weil die Rippen sonst splittern.

Rippenenden an einem parierten Kotelettstück freilegen

1. An beiden Enden des Kotelettstücks knapp 3 cm unterhalb der Lende die Fettschicht über den Rippen einkerben (hier das Lendenende).

2. Die beiden Einschnitte mit einem langen Schnitt durch die Fettschicht verbinden. Dabei bis auf die Knochen schneiden und das Messer zwischen den Rippen durch das Fleisch bohren, so daß die Klingenspitze auf der anderen Seite herauskommt.

3. Das Kotelettstück umdrehen und an den durchbohrten Stellen entlangschneiden, um die Haut auf den Rippen zu durchtrennen. An diesen Stellen die Haut gründlich vom Knochen abschaben.

4. Dann die Haut innen an jeder Rippe mit einem senkrechten Schnitt durchschneiden und seitlich wegschieben (siehe rechts).

5. Mit dem Messerrücken die Haut bis an den Rand weiterschieben. Die Haut dort, wo sie an den Seiten noch festsitzt, nicht durchschneiden, sondern nur so weit wie möglich durch Schieben mit dem Messer ablösen.

6. Das Kotelettstück hochkant stellen, festhalten und Rippe für Rippe den äußeren Streifen aus Fleisch und Fett von der Lende wegschieben.

7. Den äußeren Streifen fest packen (z.B. mit einem Küchentuch) und von den Rippenenden abziehen.

8. Alle am Kotelettstück verbliebenen dicken Fettschichten wegschneiden.

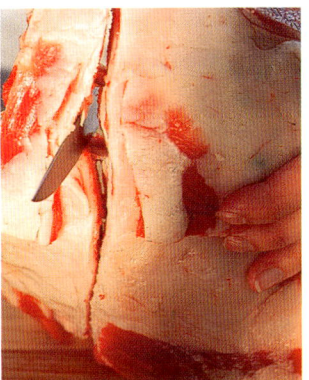

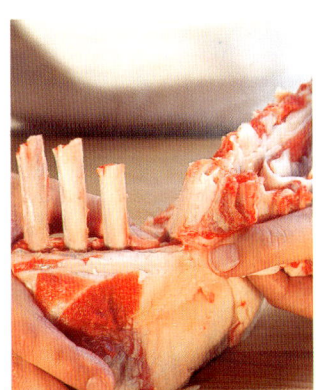

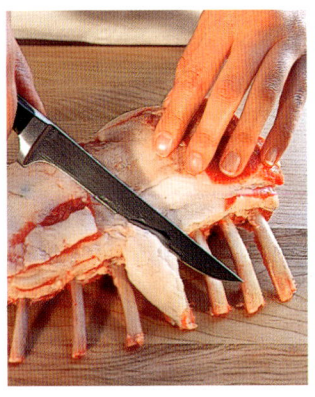

Schweinekotelettstück bearbeiten

Hier werden die Rippenenden auf die gleiche Weise freigelegt wie beim Lammkotelettstück. Allerdings muß das Rückgrat, das oft noch am Rippenstrang sitzt, entfernt werden.

1. Bitten Sie beim Kauf den Fleischer, den Rückenknochen abzusägen, damit Sie den Braten in Scheiben schneiden können. Hier ist er bereits abgetrennt und wird nur angelegt, um zu verdeutlichen, wo das Rückgrat gesessen hat.

2. Etwa 3 cm oberhalb der Rippenenden das Fleisch zwischen den Rippen durchtrennen.

3. Fleisch und Fett von den Rippenenden abziehen und Fleischreste sowie Haut von den Knochen mit dem Messer abschaben.

Siehe auch
Lammkotelettstück braten,
  Seite 187
Fett von Fleischresten für die
  Jus entfernen, Seite 252

1. Für einfache Koteletts zwischen jeder Rippe schneiden.

2. Überschüssiges Fett mit einem Parier- oder Ausbeinmesser entfernen.

3. Für dicke Koteletts zwischen jeder zweiten Rippe schneiden.

4. Bei dicken Koteletts nach Belieben einen der Knochen auslösen.

Lammkotelettstück in Koteletts zerteilen

Zum Grillen oder Kurzbraten einzelner Koteletts das Lammkotelettstück zunächst parieren (siehe Seite 246 und 247). Für einen besonderen Effekt eventuell die Rippenenden freilegen (hier wurde darauf verzichtet). Das Kotelettstück zwischen jeder Rippe in Scheiben schneiden oder zwischen jeder zweiten Rippe, falls man dicke Koteletts wünscht.

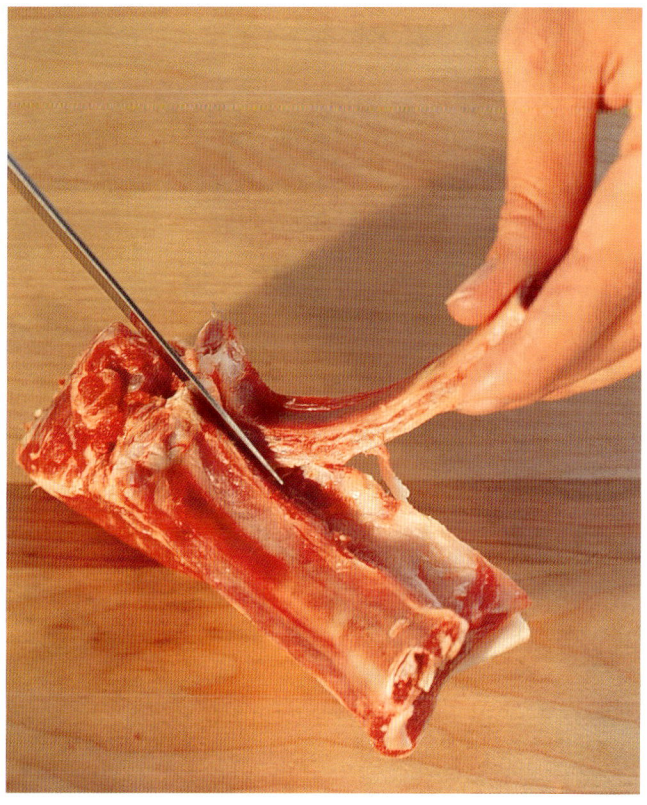

Siehe auch
Lammkoteletts grillen,
  Seite 194
Koteletts kurzbraten,
  Seite 195
Schweinekotelettstück braten,
  Seite 189
Lammkotelettstück braten,
  Seite 187

Lammsattel parieren und braten

Der Sattel ist das hinter dem Stielkotelettstück liegende Teilstück des Lamms: der untere Rückenabschnitt, einschließlich der beiden ersten Rippen. Wird der Sattel längs halbiert und danach jede Hälfte quer in Scheiben geschnitten, erhält man die sogenannten Lendenkoteletts. Diese Koteletts sehen aus wie kleine T-Bone-Steaks (die übrigens aus dem gleichen Teilstück beim Rind kommen) und enthalten Fleisch aus zwei größeren Muskelsträngen – dem äußeren Muskel, der sogenannten Lende, und einem kleineren Muskel, der an der Unterseite des Sattels verläuft und als Filet bezeichnet wird. Der Sattel gehört zu den edelsten Teilstücken des Lamms.

Im folgenden wird beschrieben, wie man einen Lammsattel pariert. Einige Fleischer belassen die Bauchlappen zu beiden Seiten am Sattel und rollen sie auf. Man kann sie auch beim Braten unterschlagen, um das Filet vor der direkten Berührung mit dem Bräter zu schützen. Hier werden sie abgetrennt, pariert und mitgebraten, um die Jus anzureichern.

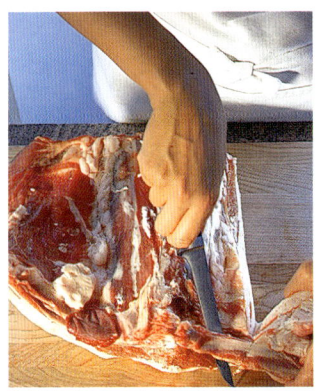

Lammsattel vorbereiten

1. Das Fleisch mit der Unterseite nach oben auf das Schneidebrett legen. Alle größeren Fettstücke ablösen und wegschneiden.

2. Einen der seitlichen Bauchlappen in etwa 1 cm Abstand zur Lende (die an beiden Enden zu sehen ist) mit einem kleinen Einschnitt versehen. Dabei keinesfalls in die Lende schneiden. Am anderen Ende dieses Bauchlappens einen entsprechenden Einschnitt machen.

3. Die beiden Einschnitte durch einen langen Schnitt verbinden und so den größten Teil des Fleischlappens abtrennen. Um die Rippe (bzw. die Rippen) am oberen Ende des Sattels herumschneiden.

4. Vorsichtig das Fleisch an der Rippe (bzw. den Rippen) losschneiden. Die Messerklinge unter die Rippe(n) schieben und die Rippe(n) losdrehen. Die Knochen zum Anreichern des Jus aufbewahren.

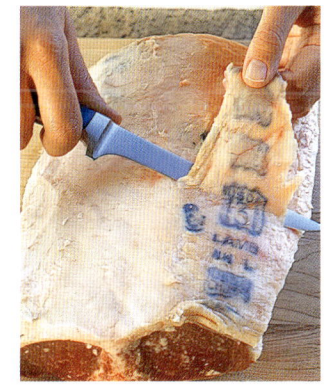

5. Den Sattel um 180 Grad drehen und die Schritte 2 bis 4 an der anderen Seite wiederholen.

6. Überschüssiges Fett von den Seiten des Sattels abschneiden.

7. Die Haut, die das Fett auf der Außenseite des Sattels bedeckt, entfernen. Dazu einen kurzen Streifen Haut losschneiden und straffziehen. Die Messerklinge leicht angewinkelt zur Haut hin (und von der Lende weg) halten und darunter entlangschieben. Die Haut in langen Streifen ablösen.

8. Das Fett bis auf eine dünne Schicht entfernen. Dabei keinesfalls die Silberhaut, die das Fleisch bedeckt, beschädigen.

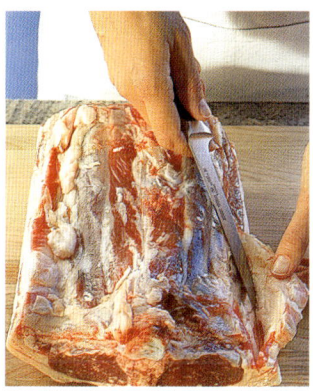

Lammsattel braten

Die abgetrennten Bauchlappen (siehe Seite 250) mitbraten, um die Jus geschmacklich anzureichern.

1. Die Bauchlappen mit der Fettseite nach unten auf das Schneidebrett legen und so viel Fleisch wie möglich vom Fett abtrennen; das Fett wegwerfen.

2. Das Fleisch in schmale Streifen schneiden.

3. Den parierten Sattel mit Küchengarn binden, damit er beim Braten seine Form behält; mit Salz und Pfeffer würzen.

4. Die Fleischstreifen von den Bauchlappen, die ausgelösten Rippen und einige abgezogene Knoblauchzehen auf dem Boden eines Bräters verteilen. Den Lammsattel darauf legen. Dann im vorgeheizten Ofen bei 220 °C 25 Minuten braten, bis das Fleischthermometer in der Lende eine Temperatur von 52 °C mißt (zwischen blutig bis rosa und rosa). Den Sattel aus dem Bräter nehmen und während der Zubereitung der Jus warm stellen. Anschließend servieren.

Siehe auch
Lammkotelettstück braten und
Jus herstellen, Seite 187

Gebratenen Lammsattel tranchieren

Es gibt zwei Möglichkeiten, gebratenen Lammsattel zu tranchieren. Nach der ersten Methode werden Lende und Filet längs in Scheiben geschnitten. Nach der zweiten Methode löst man Lende und Filet aus und schneidet die Lende in dicke runde Scheiben (Nüßchen) sowie das Filet in dünne Streifen.

Lammsattel längs in Scheiben schneiden

1. Den Sattel mit einer Gabel festhalten und mit dem Tranchiermesser auf der gegenüberliegenden Seite direkt an der mittleren Knochenreihe entlangschneiden. Um die kleine Ausbuchtung am unteren Ende der Wirbelknochen herumschneiden.
2. Die erste Lende quer halbieren. (Soll das Fleisch in sehr langen Scheiben serviert werden, diesen Arbeitsschritt auslassen.)
3. Die obere Fettschicht entfernen und die Lende längs in Scheiben schneiden.
4. Weitere Scheiben abschneiden, bis das Messer auf die unterwärts sitzenden Rippenknochen trifft.

Lammsattel in dicke, runde Scheiben (Nüßchen) schneiden

1. An beiden Seiten des mittleren Knochens entlangschneiden. Die beiden Lenden jeweils im Stück auslösen.
2. Die Lenden in dicke Scheiben schneiden.

Lammfilets tranchieren

1. Nach dem Auslösen beider Lenden den Sattel umdrehen und eines der Filets quer halbieren. Das Messer unter die Filethälften schieben und das Filet auslösen. Das andere Filet auf die gleiche Weise auslösen.
2. Die Filets wegen ihrer geringen Größe nicht quer, sondern der Länge nach in Scheiben schneiden.

Kaninchen zerlegen

Kaninchen werden gewöhnlich in zwei Hinterläufe, den Rücken und die Vorderläufe mit dem Brustkorb zerlegt. Bei einem großen Tier ist es möglich, den Rücken für eine vierte Portion noch quer zu halbieren. Bei einem kleinen Kaninchen kann man pro Person einen Hinterlauf und einen halben Rücken servieren. Vorderläufe und Brustkorb können zumindest zum Anreichern der Schmorflüssigkeit mitgegart werden. Bei einer Mahlzeit im familiären Rahmen kann man sie auch mit auftischen. (Außerdem eignen sie sich gut für Gerichte zur Resteverwertung.) Nur bei formelleren Gelegenheiten serviert man diese Teile nicht mit. Da viele Leute mit der Anatomie eines Kaninchens nicht vertraut sind, kann ein Stück Kaninchenrücken, dessen Knochen scheinbar überallhin ragen, einem Gast beim Essen schon Probleme bereiten. Es empfiehlt sich daher, den Rücken vor dem Garen zu entbeinen.

Das hier abgebildete Kaninchen ist ein älteres Tier, dessen Fleisch zum Schmoren geeignet ist. Kleinere Kaninchen werden auf die gleiche Weise zerlegt, aber kürzer gegart, wie ein Hähnchen – sautiert oder als Ragout kurz geschmort.

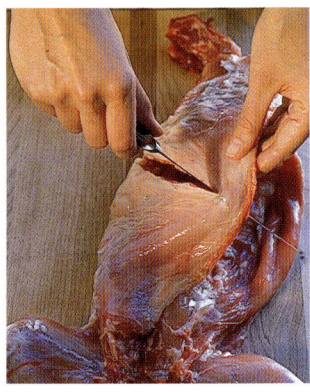

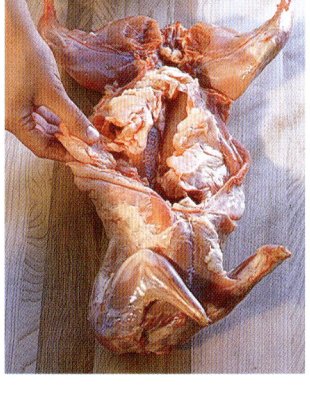

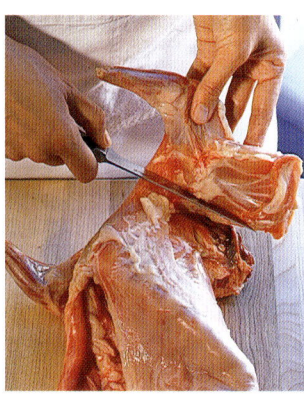

Kaninchen zerlegen

1. Alle Fettstücke aus dem Bauchraum des Kaninchens entfernen.
2. Einen Vorderlauf vom Rumpf wegziehen. Die Haut und das Bindegewebe, die den Vorderlauf mit dem Rumpf verbinden, durchschneiden. Den anderen Vorderlauf ebenso abtrennen.
3. Die Rippenenden an einer Seite des Kaninchens ertasten. Zwischen der zweiten und dritten Rippe (vom hinteren Ende gerechnet) das Fleisch einschneiden.
4. Bis zum Rückgrat weiterschneiden. Auf der anderen Seite ebenso verfahren.
5. Auf der Höhe des Einschnitts den gesamten Brustkorb einschließlich der Nackenpartie mit einem Schnitt durch das Rückgrat abtrennen.
6. Den Brustkorb mit einem Küchenbeil in Stücke zerteilen; eventuell für einen intensiveren Geschmack zum Ragout bzw. Sauté geben oder für einen Fond verwenden.

7. Das Kaninchen mit dem Rücken nach oben auf dem Schneidebrett ausbreiten. Mit einem Schnitt direkt am unteren Rückgrat entlang den Hinterlauf abtrennen.

8. Den zweiten Hinterlauf ebenfalls abtrennen; dabei vom Ende des Rückgrats ausgehend schneiden.

9. Den unteren Rückgratabschnitt mit dem Küchenbeil abhacken.

10. Den Rücken umdrehen und die seitlichen Bauchlappen ausbreiten. Die Klinge eines kleinen Messer unter die beiden im Fleisch verbliebenen Rippen schieben, um sie herauszulösen. Die Rippen mit den Fingern herausbrechen.

11. Die Unterseite des Rückens mit Salz und Pfeffer bestreuen. Nach Belieben auch Kräuter oder eine Füllung zufügen.

12. Die Bauchlappen nach innen schlagen.

13. Den Rücken mit Küchengarn zu einer Rolle binden und mit einem schweren Kochmesser quer halbieren. Eventuell ein Küchenbeil benutzen, um das Rückgrat zu durchtrennen.

14. Zum Auslösen der an den Hinterläufen verbliebenen Beckenknochen jeweils die Klinge des kleinen Messers unter den Knochen schieben.

15. Den Beckenknochen losschneiden. (Die ausgelösten Knochen mitschmoren oder für einen Fond verwenden.)

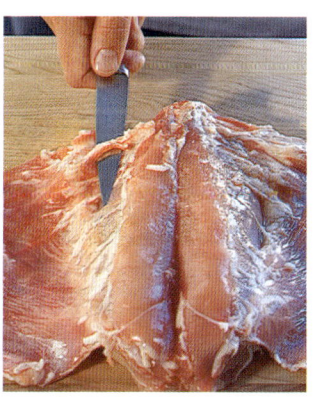

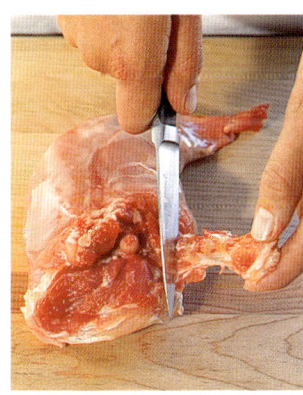

255

Kaninchenrücken entbeinen

1. Den Rücken mit der Außenseite nach unten auf das Schneidebrett legen und die seitlichen Bauchlappen ausbreiten. Die Klinge eines kleinen Messers von der Mitte aus unter eines der Filets schieben.

2. Mit dem Messer an den kleinen Knochen, die aus dem Rückgrat ragen, entlangschaben, dabei das Filet nach außen drücken. Am anderen Filet ebenso verfahren. (Die Filets brauchen nicht ausgelöst zu werden.)

3. An den aus dem Rückgrat ragenden Knochen auf beiden Seiten entlangschneiden, um sie von den Lenden zu lösen.

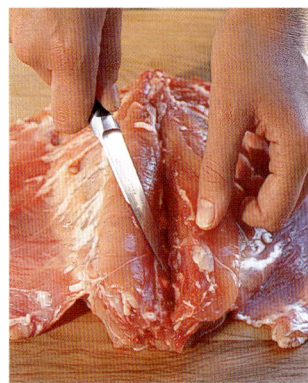

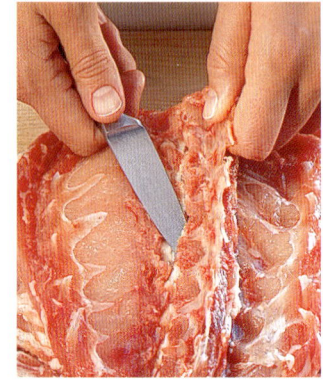

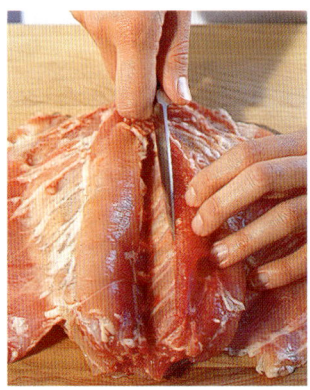

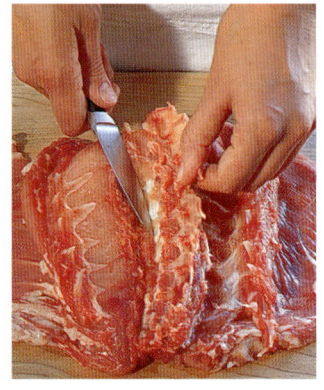

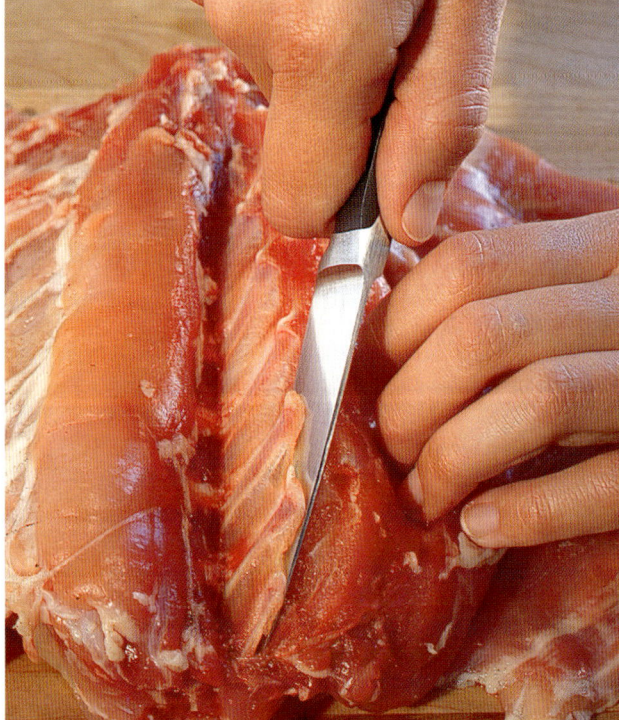

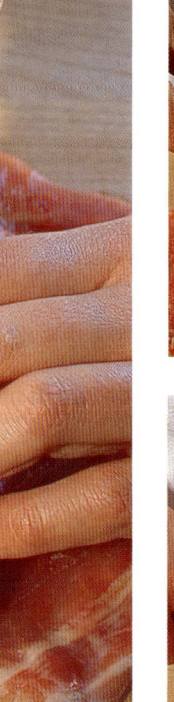

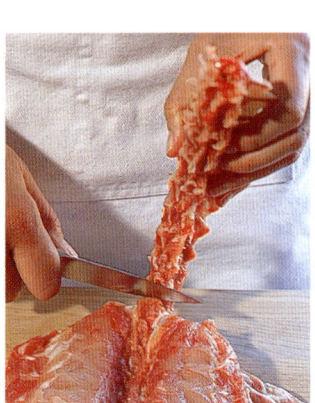

4. Mit dem Messer um das Rückgrat herumschneiden; dabei stößt man auf eine weitere Reihe von Wirbelknochen, um die man ebenfalls herumschneiden muß. Die Klinge stets direkt am Knochen entlangführen, um nicht die darunterliegende Haut zu verletzen.

5. Weiter um das Rückgrat herumschneiden, bis die weiße Unterseite der unter dem Knochen befindlichen Haut zu sehen ist. Achtgeben, daß die Haut nicht durchschnitten wird (aber ein oder zwei kleine Löcher sind nicht so schlimm).

6. Das Rückgrat anheben und von der Haut losschneiden. Dazu die knorpeligen Spitzen der Knochen durchtrennen, die in der Haut bleiben können.

7. Einen Knochen nach dem anderen losschneiden, bis das ganze Rückgrat abgetrennt ist. Jetzt kann der Kaninchenrücken gefüllt und gebunden werden.

Siehe auch

Kaninchen schmoren,
  Seite 257
Kaninchenrücken füllen und
  binden, Seite 257
Hähnchen sautieren,
  Seite 157
Hähnchen schmoren,
  Seite 154

Große Kaninchen vorbereiten und schmoren

Die handelsüblichen jungen Kaninchen kann man auf die gleiche Weise garen wie Hähnchen, d. h. sautieren bzw. kurzbraten oder kurz schmoren, bis das Fleisch weich ist. Bei größeren Kaninchen ist die Garzeit deutlich länger. Während des langsamen Schmorens entwickeln sie einen unvergleichlichen Geschmack.

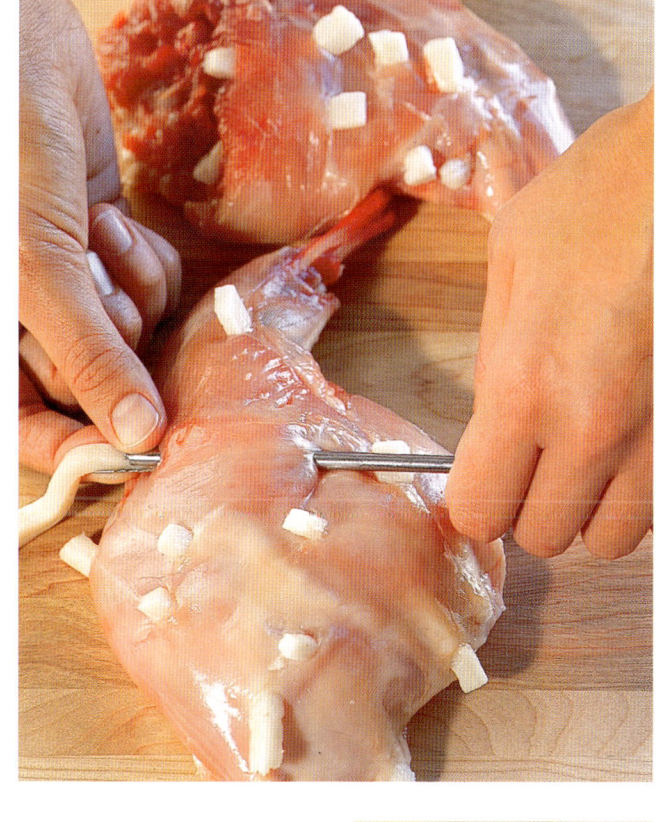

257

Das an sich schon zarte und aromatische Fleisch von Kaninchen wird noch saftiger und zarter, wenn man es spickt.

1. Von einem Stück Speck die Schwarte abschneiden.

2. Den Speck in etwa ½ cm dicke Scheiben und diese jeweils der Länge nach in ½ cm breite Streifen schneiden.

3. Zum Spicken eines Hinterlaufs einen Speckstreifen in die Spicknadel klemmen und durch das Fleisch ziehen.

4. Das Ende des Speckstreifens bis auf einen etwa ½ cm langen Überstand abschneiden.

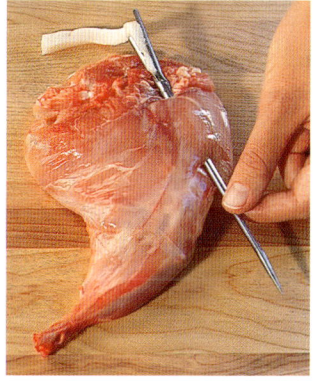

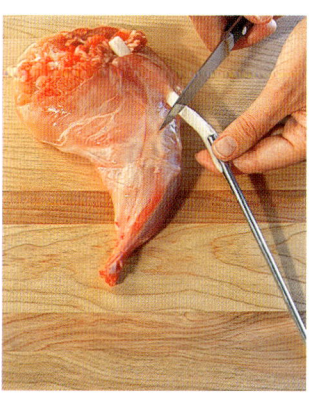

(Der Speck muß etwas überstehen, weil er sich während des Garens zusammenzieht.)

5. Noch 5 oder 6 Speckstreifen durch das Fleisch ziehen. Dann den Hinterlauf umdrehen und die andere Seite spicken. Hier ebenso verfahren.

6. Mit dem Spicken des Rückens (dieser ist entbeint) an der Innenseite beginnen.

7. Zwei Salbeiblätter auf die Mittellinie des Rückens legen (oder das Fleisch nach Belieben mit gehackten Kräutern bestreuen). Die Innenseite mit Salz und Pfeffer würzen.

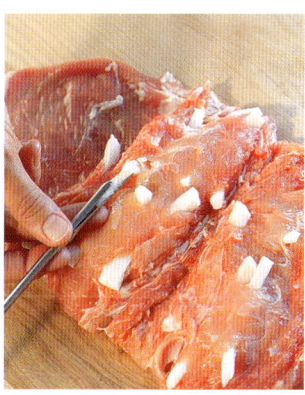

8. Die Bauchlappen nach innen schlagen und den Rücken zu einer Rolle formen. Die Außenseite spicken und mit Küchengarn binden.

9. Die Vorderläufe und alle beim Entbeinen und Zerteilen des Kaninchens angefallenen Knochen zerkleinern und mit den kleingeschnittenen aromatischen Gemüsen (Mirepoix) in einen schweren Topf geben.

10. Die Hinterläufe und den gerollten Rücken auf die Gemüse legen.

11. Die Kaninchenteile im Ofen bei 190 °C braten, bis sie an der Oberseite schön gebräunt sind. Dann wenden und die jeweils andere Seite ebenso bräunen.

12. Während des Bratens darauf achten, daß der Bratensatz nicht anbrennt. Falls er zu braun aussieht, die Kaninchenteile aber noch nicht fertig gebräunt sind, etwas Fond oder Wasser angießen. Die Kaninchenteile weiterbraten, bis sie die gewünschte Bräunung haben und der Fleischsaft karamelisiert ist.

13. Die gebräunten Kaninchenteile etwas tiefer in die Gemüse hineinlegen. Ein Bouquet garni zufügen und so viel Geflügel- oder Rinderfond angießen, daß die Fleischstücke halb bedeckt sind.

14. Den Topfinhalt auf dem Herd erhitzen, bis die Flüssigkeit schwach köchelt. Dann den Topf zugedeckt in den auf 170 °C vorgeheizten Ofen stellen und das Fleisch etwa 2 Stunden schmoren, bis es sich mit einem Metallspieß leicht anstechen läßt. Zwischendurch hin und wieder sicherstellen, daß die Flüssigkeit wirklich nur köchelt. Die gegarten Kaninchenteile aus dem Topf nehmen und die Schmorflüssigkeit durch ein Sieb gießen. Die Gemüse im Sieb mit einer Kelle kräftig herunterdrücken, um möglichst viel Flüssigkeit herauszupressen. Die Knochen und die Gemüse wegwerfen.

15. Die Schmorflüssigkeit mit Hilfe einer Fettabschöpfkanne entfetten. Die Kaninchenteile in einen sauberen Topf legen und die entfettete Schmorflüssigkeit darübergießen.

16. Den Topf in den Ofen stellen, die Kaninchenteile weitergaren und alle 10 Minuten mit der Schmorflüssigkeit begießen, bis sie von einer sirupartigen Glasur überzogen sind.

17. Nach Belieben Sahne zur Flüssigkeit geben und den Topf in den Ofen zurückstellen.

18. Die Kaninchenteile noch etwa 5 Minuten begießen, bis die Sauce die gewünschte Konsistenz hat. Danach in einer Servierschüssel anrichten.

19. Den Sattel in Scheiben schneiden. Die Hinterläufe ebenfalls zerteilen. Jedem Gast ein Stück vom Rücken und vom Hinterlauf servieren.

Siehe auch

Geflügelfond, Seite 30
Bouquet garni, Seite 31
Eine Fettabschöpfkanne
  benutzen, Seite 270
Hähnchen sautieren,
  Seite 157
Hähnchen schmoren,
  Seite 157

Im Glossar

Ablöschen
Entfetten
Glacieren
Mirepoix
Schmoren
Spicken

Glossar

À la nage

Die Zubereitung à la nage bezieht sich meist auf Nahrungsmittel wie Fisch und Meeresfrüchte, die in einer Court bouillon pochiert wurden und mit der Brühe samt den Gemüsen serviert werden. Für Court bouillon zum Garen à la nage die Gemüse in eine dekorative Form schneiden, wie etwa Juliennes (siehe Seite 13).

Ablöschen (Deglacieren)

Flüssigkeit in eine Pfanne oder einen Bräter gießen, in dem zuvor Nahrungsmittel sautiert oder gebraten wurden, um den am Boden karamelisierten Saft aus dem Bratgut, den Bratensatz, aufzulösen. Aus dem abgelöschten Bratensatz wird eine Sauce (Jus) für Braten, Steak, Kotelett oder Fisch zubereitet. Vor dem Ablöschen zunächst das Fett aus der Pfanne bzw. dem Bräter abgießen und prüfen, ob der Bratensatz auch nicht angebrannt ist. (Wenn Sie nicht ganz sicher sind, einen Eßlöffel Wasser angießen, kurz rühren und die Flüssigkeit probieren – schmeckt sie bitter, ist der Bratensatz nicht zu gebrauchen.) Zum Ablöschen einige Eßlöffel einer aromatischen Flüssigkeit, wie Wein oder Fond, oder – aber nur ganz wenig – Wasser angießen und den Bratensatz mit einem Holzlöffel behutsam vom Boden der Pfanne bzw. des Bräters losschaben. Sie können die Flüssigkeit mit dem aufgelösten Bratensatz, so wie sie ist, als Sauce verwenden oder durch Zugabe von reduziertem Fond, Sahne oder kalten Butterstückchen anreichern oder mit einem Gemüsepüree aus Knoblauch oder Tomaten andicken und die Sauce anschließend auf die gewünschte Konsistenz einkochen. Mit gehackten frischen Kräutern oder Zutaten wie grünen Pfefferkörnern (siehe kurzgebratene Rinderfiletsteaks mit Grüner-Pfeffer-Sauce, Seite 197) lassen sich noch weitere reizvolle Akzente und geschmackliche Nuancen setzen.

Siehe auch »Bindemittel«, »Jus«, »Monter au beurre«, »Sauce«

Andünsten

Nahrungsmittel bei schwacher Hitze – meist im halbgeschlossenen oder geschlossenen Topf – garen, bis sie ihre Feuchtigkeit freisetzen. Gemüse, Fleisch und Meeresfrüchte werden bei der Zubereitung von Suppen, Schmorgerichten und Saucen häufig (an-)gedünstet, so daß sie ihren Saft in den Topf bzw. in die darin enthaltene Flüssigkeit abgeben. Andünsten ist das Gegenteil von Sautieren, wo Nahrungsmittel bei starker Hitze gegart werden, so daß sich eine braune Kruste bildet, die dem Nahrungsmittel einen köstlichen karamelisierten Geschmack verleiht und durch Versiegeln der Poren seine Aromen bewahrt. Hier wird in Juliennes geschnittener Lauch im zugedeckten Topf bei schwacher Hitze angedünstet, bis er weich und zart ist. *Siehe auch* »Sautieren«

Aromatische Gemüse

Gemüse, die Fonds, Suppen, Saucen und Schmorgerichten Aroma und Geschmack geben, bezeichnet man mitunter als aromatische Gemüse. In der französischen Küche werden zu diesem Zweck meist Möhren, Zwiebeln und Knollensellerie – häufig auch kombiniert als Mirepoix – verwendet. In anderen Ländern gehören dazu Knoblauch, Ingwer oder Zitronengras. *Siehe auch* »Beilage«, »Mirepoix«

Backen

Nahrungsmittel im Backofen garen. Die Begriffe Backen und Rösten bzw. Braten werden häufig synonym verwendet; doch

Rösten und Braten impliziert normalerweise Garen bei starker Hitze – zumindest am Anfang –, um die Oberfäche der Nahrungsmittel zu bräunen. (Außerdem gehen mit der Garmethode des Röstens und Bratens eine Reihe von weiteren Küchentechniken einher, wie das Ablöschen des Bratensatzes und die Herstellung von Jus oder Sauce.) Gebacken werden Nahrungsmittel in der Regel bei mäßiger Hitze, so daß sie langsam von der Hitze durchdrungen und gegart werden. Backen ist eine ausgezeichnete Garmethode für Zutaten mit hohem Wassergehalt, wie Tomaten und Pilze, da ihre natürliche Feuchtigkeit in der schwachen Hitze des Ofens nur langsam verdampft, was eine Konzentration der Aromen bewirkt.

Siehe auch »Braten«

Backpapier und Alufolie zum Abdecken

Einige Schmorgerichte, die während des Garens nur teilweise mit Flüssigkeit bedeckt sind, werden zugedeckt gegart, so daß die Hitze im Topf bleibt und die Oberfläche der Zutaten in der gleichen Zeit gart wie die in Flüssigkeit getauchten Teile. Andere Speisen, wie Kalbsbries (siehe Kalbsbries, Seite 215) und Zwiebeln (siehe braun glacierte Perlzwiebeln, Seite 76), sollte man so abdecken, daß die Schmorflüssigkeit während des Garens einkocht und konzentriert wird. Dies läßt sich erreichen, indem man den Topf nur teilweise abdeckt, so daß die Hitze aufgefangen wird und doch ein Teil der Flüssigkeit entweichen kann. Am besten nimmt man zum Abdecken ein rund zugeschnittenes Stück Back-

Backpapier falten

... und passend zuschneiden

papier (oder Pergamentpapier) oder Alufolie. Die Schmorflüssigkeit kocht dadurch ein und wird zu einer würzigen Sauce oder Glasur konzentriert. Das Backpapier oder die Alufolie so zuschneiden, daß sie gerade in den Topf paßt und groß genug ist, um das Schmorgut zu bedecken. Dazu ein Quadrat aus Backpapier oder Alufolie einmal mittig und dann quer falten. Das gefaltete Stück mehrmals diagonal falten, so daß es am Schluß einem Papierflieger gleicht. Die Spitze in die Mitte des Topfes halten und das Papier am Topfrand abschneiden. Backpapier oder Alufolie auseinanderfalten und auf die Lebensmittel legen.

Siehe auch »Glacieren«, »Reduzieren«, »Schmoren«

Bain-marie

Ein Bain-marie (Wasserbad) besteht aus einem mit Wasser gefüllten Topf oder einer Auflaufform und dient dem gleichmäßigen Garen von Massen, z. B. Eiermilch, wobei das Gargut vor direkter Hitzeeinwirkung des Ofens oder auch des Herdes geschützt wird. Meist verwendet man ein Bain-marie für Gerichte, die in Soufflé-

förmchen oder anderen kleinen Auflaufformen gegart werden. Ein Vorteil dieser Methode ist, daß der Inhalt aller Förmchen durch die konstante Temperatur des Wassers gleichmäßig gart, unabhängig davon, ob der Ofen die Hitze gleichmäßig verteilt oder nicht. Das Wasser für ein Bain-marie wird in der Regel separat zum Kochen gebracht – mit kaltem Wasser angesetzt, würde das Garen zu lange dauern – und anschließend um die Förmchen gegossen. In der Regel wird das durch die Förmchen etwas abgekühlte Wasser im Topf oder in der Auflaufform auf einer Herdplatte oder über einer Gasflamme erneut zum Köcheln gebracht. Eine dreifache Schicht Backpapier oder Zeitungspapier oder ein Küchentuch auf dem Boden des Topfes oder der Auflaufform schützt die Förmchen zusätzlich vor direkter Hitzeeinwirkung.

Beilage (Garnitur)

Die meisten verstehen unter Garnitur oder Garnierung einen Petersilienstengel, der im letzten Augenblick zur optischen Belebung mit auf den Teller oder die Servierplatte gelegt wird. In der französischen Küche und in vielen Profiküchen ist die Garnitur oder Beilage jedoch ein wichtiger Bestandteil des Gerichts: Es sind die Gemüse oder anderen Zutaten, die an ein Ragout oder Schmorgericht, einen Braten oder sautierte bzw. kurzgebratene Fleisch- oder Fischstücke gegeben werden und dem Gericht seinen typischen Charakter oder sogar seinen Namen geben. (Perlzwiebeln, Speck und Pilze, beispielsweise, sind die klassische Garnitur für Boeuf à la bourguignonne und Coq au vin.) Wenn man diese Beilage durch eine andere ersetzt, ändern sich der Charakter und häufig auch die Bezeichnung der Speise, selbst wenn das Fleisch und die Methode, nach der es gegart wird, unverändert bleiben.

Wer verschiedene Garnituren einzusetzen versteht, dem bieten sich für ein Grundgericht zahllose Variationsmöglichkeiten. Mit gegarten Gemüsen, wie Möhren, weißen Rüben, Fenchel, Wildpilzen, Gurken, Spinat und vielen anderen mehr, lassen sich – allein oder in Kombination – traditionelle Gerichte farblich und geschmacklich auffrischen. Auch der Zeitpunkt, zu dem das Gemüse beigefügt wird, spielt eine Rolle: Davon hängt ab, ob und in welchem Maße sich die Beilage mit dem Fleisch, Geflügel oder Fisch verbindet. Gibt man die Gemüse frühzeitig hinzu, nehmen sie das Aroma des Fonds und des Fleisches auf, so daß sich der Geschmack von Fleisch und Sauce auch im Gemüse wiederfindet, während eine erst am Ende der Garzeit zugefügte – gesondert gegarte – Beilage einen Kontrast zu den Hauptzutaten bildet.

In der klassischen französischen Kochkunst sind Aromazutaten jene Zutaten, die zu Beginn an ein Ragout oder Schmorgericht gegeben werden, um wesentliche Geschmacksstoffe zu liefern. Zu den meistverwendeten Aromazutaten gehört das Mirepoix, eine Mischung aus gehackten Möhren, Zwiebeln und Knollensellerie, aber auch andere Zutaten, wie Knoblauch, Fenchel und Tomaten, sind üblich. In raffinierteren Rezepten wird die Aromazutat vor dem Servieren entfernt und durch frische Gemüse und andere Beilagen ersetzt. In einfacheren Gerichten werden die Aromazutaten im Gericht belassen und mit serviert. Bei einigen Ragouts und Schmorgerichten püriert man die Aromazutaten und verwendet sie zum Andicken der Schmorflüssigkeit.
Siehe auch »Bindemittel«, »Mirepoix«

Beurre blanc

Eine gehaltvolle Buttersauce, für die Butter in eine reduzierte Mischung aus Weißwein, Weißweinessig und gehackten Schalotten geschlagen wird.

Bindemittel

Zutaten zum Andicken von aromatischen Flüssigkeiten für Saucen. Als Flüssigkeiten eignen sich Bratensaft, abgelöschter Bratensatz, eingekochter und konzentrierter Fond, reduzierte Mischungen aus Essig oder Wein mit Schalotten und Kräutern (wie etwa für Sauce béarnaise oder Beurre blanc), Schmorflüssigkeiten von Ragouts oder Schmorbraten oder einfache Würzzutaten wie Senf.

• Butter: Kleine Stücke kalter Butter werden mit dem Schneebesen in aromatische Flüssigkeiten, wie abgelöschten Bratensatz oder konzentrierte Schmorflüssigkeiten, geschlagen (Monter au beurre), um ihnen eine saucenartige, samtige Konsistenz und einen delikaten, milden Geschmack zu verleihen. Größere Mengen an Butter verwendet man für die Herstellung von Buttersaucen wie Beurre blanc (siehe Seite 48) oder emulgierte Eisaucen wie Sauce hollandaise (siehe Seite 41).

• Eigelb: Eigelb wird auf verschiedene Arten zum Binden von Saucen genutzt. Traditionell werden mit einer Mehlschwitze angedickte Flüssigkeiten mit einer Eigelb-Sahne-Mischung zu einer gänzenden, cremigen Sauce verfeinert (siehe Seite 191). Eigelbe werden auch mit Flüssigkeit zu einem Sabayon als Grundlage von Sauce hollandaise und ähnlichen Saucen geschlagen.

• Mehl: Auch Mehl kann auf vielfältige Weise als Bindemittel dienen. Manchmal wird es mit Butter in einem schweren Topf

Speisestärke als Bindemittel

Eigelb-Sahne-Mischung für Blanquette

Mehl mit Butter zu einer Mehlschwitze verrühren

Mehlschwitze andünsten

Beurre manié herstellen

Beurre manié in Flüssigkeit schlagen

Mit Mehl überstäuben und andicken

Knoblauch pürieren

schwacher Hitze so lange, bis sie sich hellbraun färbt. In die heiße Mehlschwitze mit dem Schneebesen eine Flüssigkeit wie Milch (für Béchamelsauce) oder Brühe (für Velouté) einrühren und die Sauce anschließend bei schwacher Hitze garen sowie mehrfach abschäumen. Bei einigen Schmorgerichten überstäubt man Fleisch und Gemüse beim Anbraten mit Mehl; dadurch gart das Mehl auf der Fleischoberfläche und trägt zum Eindicken der Schmorflüssigkeit bei. Mitunter wird Mehl auch mit einer gleich großen Menge an Butter zu Beurre manié verarbeitet. Diese wird am Ende der Garzeit in Ragouts und Saucen mit Rotwein hineingeschlagen.

• Pürierte Gemüse: Mit Pürees aus gegartem Gemüse kann man aromatischen Flüssigkeiten Struktur und Geschmack verleihen. Manchmal handelt es sich dabei um Gemüse, die schon am Garprozeß beteiligt waren, wie z. B. die in einem Ragout mitgeschmorten aromatischen Gemüse, die püriert und wieder unter die Schmorflüssigkeit gemischt werden, oder die Gemüse, die um einen Braten herum mitgaren und anschließend püriert zum Andicken des Bratensaftes verwendet werden. Man kann das Püree auch im voraus zubereiten und als Bindemittel oder zum Aromatisieren am Ende der Garzeit an abgelöschten Bratensatz, Ragout, Schmorbraten und Bratenjus geben. Pürees von Knoblauch, Zwiebeln und Sauerampfer sind besonders geeignet.

• Sahne: Sahne läßt sich mit aromatischen Flüssigkeiten wie konzentriertem Fond kombinieren, und die Sauce kann anschließend auf die gewünschte Konsistenz eingekocht werden.

• Speisestärke: Die Stärke mit kalter Flüssigkeit im Verhältnis 1 : 1 mischen und am Ende der Garzeit eines Gerichts zum Andicken in die heiße Flüssigkeit rühren. Besonders in der chinesischen Küche findet diese Methode häufig Verwendung, um Flüssigkeiten zu binden, die dadurch ihr typisch glasiges Aussehen erhalten. In der klassischen französischen Küche wird Bratensaft mit Maisstärke angedickt.

Siehe auch »Beurre blanc«, »Helle Sauce«, »Mehlschwitze«, »Monter au beurre«, »Sabayon«

Blanchieren

Beim Blanchieren gibt man Nahrungsmittel, die anschließend auf andere Weise weitergegart werden sollen, kurz in kochendes Wasser.

Wurzel- oder Knollengemüse wie Kartoffeln und weiße Rüben kann man vor dem Sautieren, Grillen oder Braten in kochendem

bei schwacher Hitze zu einer Paste verrührt und angedünstet, wovon sich die Bezeichnung Mehlschwitze herleitet; der französische Terminus ist Roux. Für helle Mehlschwitze wird die Butter-Mehl-Mischung nur wenige Minuten gegart, für dunkle, wie sie in traditionellen dunklen Saucen Verwendung findet, bei

Wasser blanchieren, bis sie fast gar sind. (Langsam garende Wurzelgemüse würden in ihren Außenschichten übergaren, bevor die starke Hitze der Sautierpfanne oder des Grills das dichte Fleisch bis zum Kern durchdrungen hat.) Große Wurzelgemüse setzt man zum Blanchieren mit kaltem Wasser auf, damit die Hitze allmählich eindringen kann und die Gemüse gleichmäßiger garen. (Wenn man z. B. Kartoffeln in kochendes Wasser gibt, werden sie außen weich, bevor die Hitze bis zum Kern vorgedrungen ist.)

Blanchieren dient auch dazu, den starken Eigengeschmack bestimmter Nahrungsmittel zu beseitigen. Streifen von Räucherspeck z. B. werden manchmal blanchiert, um ihr intensives Raucharoma abzumildern, der die Aromen in Schmorgerichten wie Boeuf à la bourguignonne oder Coq au vin überlagern könnte. Ältere weiße Rüben werden manchmal in Stücke geschnitten und, mit kaltem Wasser aufgesetzt, blanchiert, um ihnen den bitteren Geschmack zu nehmen. Fleisch und Knochen blanchiert man, um den Schaum zu beseitigen, der sonst die Garflüssigkeit oder Brühe trüben würde (siehe Kalbsragout, Seite 212). Bries wird blanchiert, damit es fest wird und beim anschließenden Garen seine Form behält. Und Tomaten und Pfirsiche blanchiert man, um ihre Haut zu lösen und sie leichter abziehen zu können.

Blanquette

Ein sahniges Kalbsragout, für das man Stücke von der Kalbsbrust pochiert, dann die Garflüssigkeit mit einer Mehlschwitze (Roux) andickt und die Sauce mit einer Eigelb-Sahne-Mischung verfeinert. *Siehe auch* »Mehlschwitze«

Braten

Im überlieferten und strengen Sinne Garen am Spieß über bzw. vor offenem Feuer. Heute wird meist in der Ofenröhre oder in der Pfanne gebraten. Der Zweck des Bratens ist, daß das Bratgut – Fisch, Fleisch oder Gemüse – eine goldbraune Kruste erhält und gleichzeitig im Kern gart. Beim Braten kommt keine Flüssigkeit, wie Brühe, Wein oder Wasser, in Kontakt mit dem Bratgut, nur heiße Luft oder, wenn der Braten begossen wird, heißes Fett bzw. Bratensaft. Die Methode ist einfach und kompliziert zugleich: Einfach, weil man das Bratgut nur in den Ofen zu schieben braucht, und kompliziert, weil bei falscher Temperatur das Bratgut entweder nicht bräunt oder zu schnell schwarz wird, ohne im Kern gar zu sein.

Braten im Ofen ist die richtige Garmethode für etwas größere, zarte Fleischstücke und junges zartes Geflügel. Solche zarten und relativ mageren Stücke würden durch langes Garen in Flüssigkeit (Schmoren) austrocknen. Deshalb hängt das Gelingen zu einem ganz wesentlichen Teil von der Dauer des Garprozesses und der richtigen Beurteilung des Gargrades ab.

Manche Köche garen das Bratgut auf einem Gitterrost, aber diese Methode hat den Nachteil, daß der Bratensaft in den heißen Bräter tropft und darin verbrennt. Setzt man den Braten jedoch auf eine Lage grobgehackter Knochen (meist vom Bratenstück selbst), Fleischabschnitte, (sogenannte Parüren, meist ebenfalls vom Bratenstück) und aromatischen Gemüsen, die auf dem Boden des Bräters verteilt werden, setzt der Braten nicht am Boden an, und man trägt dazu bei, daß sich die Hitze im Bräter gleichmäßig verteilt und der Bratensaft nicht verbrennt. Diese Lage Knochen und Gemüse verleiht dem Bratensaft (Jus) zudem Kraft und Geschmack.

• Die Ofentemperatur bestimmen: Da die Temperatur von Haushaltsherden um bis zu 40 °C abweichen kann, sollte man sich nicht zu sehr auf den Thermostat verlassen, jedenfalls nicht, bis man weiß, wie genau der eigene Herd funktioniert. Die einfachste Methode, Fleisch oder Geflügel im Ofen richtig zu braten, ist, das Bratgut bei relativ hoher Temperatur in den Ofen zu schieben. So kann man sicher sein, daß das Bratgut braun ist, bevor es übergart. Ist der Braten gebräunt, aber innen noch nicht richtig gar, schaltet man die Ofentemperatur herunter und brät ihn bis zum erforderlichen Gargrad weiter. Als Faustregel gilt: Je größer das Bratenstück, desto niedriger die Ofentemperatur, denn ein großes Bratenstück braucht relativ lange zum Garen und bekommt so genug Zeit, um Farbe zu nehmen. Kleinere Bratenstücke, wie Lammrücken, benötigen eine hohe Temperatur: 220 °C. Für einen Braten mit einem Gewicht von 2 1/2 kg sind 200 °C eine gute Anfangstemperatur. Ein schwererer Braten oder ein Truthahn, der vielleicht 3 Stunden oder länger im Ofen ist, bekommt sehr viel Zeit, um Farbe zu nehmen und bräunt auch bei einer relativ niedrigen Temperatur wie 175 °C.

Erreicht der Braten den richtigen Gargrad, ohne jedoch richtig gebräunt zu sein, erhöht man die Backofentemperatur. Ist umgekehrt das Fleisch außen bereits schön braun, aber innen noch fast roh, schaltet man die Temperatur herunter, damit das Fleisch weitergaren kann. Bei einigen kleineren Braten, wie Wachteln, jungen Tauben oder Stubenküken, kann es passieren,

daß die Ofentemperatur nicht ausreicht, um den Braten zu bräunen, ohne ihn dabei zu übergaren. Diese kleineren Braten sollte man zuvor in etwas Öl in einer Bratpfanne anbraten.

• Garprobe: Der verläßlichste Weg, den Gargrad eines Bratens zu bestimmen, ist, ein Fleischthermometer oder einen Spieß in die Mitte des Bratens – bei Geflügel zwischen Brust und Schenkel – zu stechen. Hellfleischiges Geflügel, wie Huhn, Puter und Perlhuhn, sollte eine Kerntemperatur von 63 °C erreichen, die man am besten zwischen der Brust und dem Schenkel dicht am Körper mißt. Dunkelfleischiges Geflügel, wie Ente, sollte man bis zu einer Kerntemperatur von 52 °C garen. Die gleiche Meßmethode läßt sich auch auf Bratenstücke von Schwein und Kalb anwenden, für die sich eine Kerntemperatur von mindestens 60 °C empfiehlt. Dunkleres Fleisch, wie das von Rind, Lamm, Wild und Hase, ganz nach Geschmack garen: entweder blutig (rare bzw. saignant) bei etwa 49 °C, blutig-rosa (medium-rare, saignant-à point) zwischen 52 °C und 54 °C, rosa (medium, à point) zwischen 54 °C und 57 °C und rosa-durchgebraten (medium-well, à point-bien cuit) zwischen 57 °C und 60 °C. Dabei jedoch bedenken, daß die Kerntemperatur zuerst leicht ansteigt, sobald man den Braten ruhen läßt.

• Ruhenlassen: Man sollte gebratenes Fleisch vor dem Servieren an einem warmen Ort je nach Größe 5 bis 15 Minuten ruhen lassen, am besten locker mit Alufolie zugedeckt. Die Folie hält das Fleisch warm, und durch das lose Einpacken verliert das Fleisch auch nicht seine knusprige Kruste. Während des Ruhens kann sich die Muskulatur des Fleisches entspannen, so daß sich der Fleischsaft gleichmäßig verteilt und während des Tranchierens nicht auf die Arbeitsplatte gedrückt wird. In der Ruhephase kann sich auch die Hitze von den äußeren Bratenteilen zur Mitte hin ausbreiten. Dadurch erhöht sich die Innentemperatur leicht, so daß man einen

Braten bei 49 °C oder sogar geringerer Temperatur blutig aus dem Ofen nehmen kann und er noch etwas weitergart.

Zu Braten wird meist eine einfache Sauce oder Jus gereicht.
Siehe auch »Jus«

Brunoise
Sehr fein gewürfelte Gemüse (gewöhnlich mit weniger als 3 mm Seitenlänge), die, kurz angedünstet, einzeln oder kombiniert, als Beilage oder Aromazutat dienen.

Concassé
Das französische Wort Concassé bedeutet wörtlich »zerkleinert, zerstoßen«. In der Küchensprache versteht man unter Concassé grobgehackte Gemüse, gewöhnlich Tomaten. Ein Tomaten-Concassé besteht aus dem grob zerkleinerten Tomatenfleisch und kann als Sauce verwendet werden. Vor dem Zerkleinern werden die Tomaten enthäutet und entkernt; im Gegensatz zu Coulis streicht man das Tomatenfleisch jedoch nicht durch ein Sieb.
Siehe auch »Coulis«

Confit
Ein traditionelles Confit besteht aus Enten-, Gänse- oder Schweinefleischstücken, die im eigenen Fett gegart und anschließend in einem Steingut- oder Glasgefäß zum Aufbewahren mit einer Schicht des eigenen Fettes bedeckt werden. Früher, als es noch keinen Kühlschrank gab, diente diese Methode zur Konservierung von Fleisch, da die dichte Fettschicht das Fleisch vor Bakterien schützt. Heute wird Confit nur noch aus rein kulinarischen Gründen hergestellt. Außerdem ist es eine relativ fettarme Zubereitung, da der größte Teil des am Fleisch befindlichen Fettes während des Garens ausgelassen wird. In der modernen französischen Küche wird der Terminus teilweise weiter gefaßt und für verschiedene Speisen verwendet, die zur geschmacklichen Intensivierung langsam in reichlich Fett gegart sind. Im Gegensatz zum Fritieren, wo das Fett sehr stark erhitzt sein muß, wird bei dieser Methode bei schwacher Hitze gegart.

Coulis
Heute versteht man unter Coulis eine Mischung – meist Fruchtpüree –, die nach dem Passieren frei von Kernen und Stücken ist und daher eine sehr glatte Konsistenz hat. Ein Tomaten-Coulis ähnelt einem Tomaten-Concassé, nur daß das Coulis zusätzlich

noch durch ein Sieb gestrichen wird. Für Coulis bestimmte Tomaten brauchen nicht enthäutet und entkernt zu werden, da Haut und Kerne beim Passieren im Sieb zurückbleiben.
Siehe auch »Concassé«

Court bouillon

Eine Gemüsebrühe, für die Zwiebeln (oder Lauch), Möhren, Knollensellerie und manchmal auch andere Gemüse, wie Fenchel, mit einem Bouquet garni in Wasser, oft mit Weißwein, geköchelt werden. Court bouillon eignet sich besonders zum Pochieren von Fisch und Meeresfrüchten.
Siehe auch »À la nage«

Dämpfen

Nahrungsmittel in einem geschlossenen Topf oder Dampfkessel über (nicht in!) kochendes Wasser stellen und im Dampf garen. Die Methode ist einfach: Eine kleine Menge an Wasser (manchmal mit frischen Kräutern oder Gemüsen aromatisiert) wird im Dampfkessel bei großer Hitze zum Kochen gebracht. Das zu dämpfende Lebensmittel kommt in einen perforierten Einsatz, den man in den Dampfkessel stellt. Zugedeckt wird das Lebensmittel dann im Dampf gegart. Dämpfen eignet sich für Gemüse, Fisch und Meeresfrüchte (siehe Seite 86), da die Lebensmittel sehr schnell und auf schonende Weise garen. Die natürliche Farbe und die Nährstoffe bleiben dabei weitgehend erhalten. Man darf auf keinen Fall in den Dampfkessel oder Topf greifen, bevor der Dampf nicht größtenteils abgezogen ist.

Hier eine kleine Auswahl von Dämpfgeräten:
• Die kleinsten und günstigsten Geräte eignen sich besonders für kleinere Mengen an Gemüse, aber nicht so sehr für Fisch. Es handelt sich dabei um ausklappbare Einsätze aus Metall, die in einen Topf gestellt werden, wobei die beweglichen Lamellen mit dem Topfrand vollständig abschließen (siehe Seite 86).
• Ein weiterer Typ von Dämpfgeräten besteht aus perforiertem Metall, besitzt einen Henkel und Stellfüße. Dieser eimerartige Einsatz wird in einen größeren Topf gestellt (siehe Seite 86).
• Chinesische Bambuskörbchen werden auf einen Topf mit dem gleichen Durchmesser oder in einen Wok über kochendes Wasser gestellt (siehe Seite 86). Da sie meist recht groß sind und sich ineinander stecken lassen, eignen sie sich sehr gut zum Dämpfen von größeren Mengen an Lebensmitteln und zum Dämpfen verschiedener Lebensmittel gleichzeitig.

• Ein Kuskustopf (Couscoussier) wird überwiegend zum Dämpfen von Kuskus verwendet, eignet sich aber auch zum Dämpfen anderer Lebensmittel. Kuskustöpfe besitzen einen doppelten Boden, der teilweise mit Wasser gefüllt wird, und einen zweiten Topf mit einem perforierten Boden, der auf den Topf mit dem kochenden Wasser gesetzt wird und die Lebensmittel aufnimmt. Da Kuskustöpfe meist recht groß sind, eignen sie sich sehr gut zum Dämpfen von Fisch und Meeresfrüchten.

Schließlich kann man einen Dampfkessel auch provisorisch herstellen: Man stellt einfach drei leere, flache Thunfischkonserven umgekehrt in einen Topf, gießt Wasser dazu und bringt das Wasser zum Kochen. Dann legt man die zu dämpfenden Lebensmittel auf ein rundes Kuchenblech oder einen Teller, stellt ihn auf die Konserven und setzt den Deckel auf den Topf.

Wurzel- und Blattgemüse gleichzeitig in chinesischen Bambuskörbchen dämpfen:

Mit chinesischen Bambuskörbchen kann man verschiedene Zutaten gleichzeitig dämpfen, egal, ob sie unterschiedliche Garzeiten haben. Die länger garenden Zutaten werden zuerst gedämpft, dann folgen die Zutaten, die schneller gar sind.

Eine kleine Menge an Wasser wird in einem Wok oder einem Topf mit dem gleichen Durchmesser wie die Bambuskörbchen zum Kochen gebracht. Dann verteilt man das Wurzelgemüse in einem Bambuskörbchen und stellt es über das kochende Wasser im Wok oder dem Topf. Anschließend wird der Wok oder der Topf zugedeckt.

Etwa 5 Minuten vor Ende der Garzeit des Wurzelgemüses (ein Stück herausnehmen und den Gargrad prüfen) wird das nächste Bambuskörbchen mit Blattgemüsen darüber auf das erste gestellt und der Wok oder Topf erneut zugedeckt. Alle Gemüse werden noch etwa 5 Minuten weiter gedämpft, bis sie gar sind.

Blattgemüse mit einem klappbaren Einsatz dämpfen:

Klappbare Dämpfeinsätze eignen sich besonders für kleinere Mengen an Blattgemüse, z. B. Spinat. Der Dämpfeinsatz wird in einen Topf mit etwa 2 1/2 cm Wasser gestellt. Wichtig ist, daß das Wasser nicht bis zum Boden des Dämpfeinsatzes reicht.

Das Wasser bei starker Hitze zum Kochen bringen und das Blattgemüse erst dann in den Einsatz legen. Das Gemüse zugedeckt etwa 5 Minuten dämpfen. Zarteres Blattgemüse, wie

Spinat oder Sauerampfer, ist bereits nach 1 bis 2 Minuten gar. Dann den Deckel abnehmen, die Herdplatte oder die Gasflamme abschalten, den Dampf etwa 30 Sekunden abziehen lassen und anschließend das Gemüse aus dem Dämpfeinsatz nehmen.

Demi-glace

In der klassischen französischen Küche ist Demi-glace (wörtlich: Halbgelee) die Grundlage für die meisten dunklen Saucen. Für Demi-glace wird eine Sauce espagnole reduziert, bis sie stark konzentriert und leicht sirupartig ist. Die Sauce espagnole ist eine Sauce aus dunklem Kalbsfond, die mit einer Mehlschwitze angedickt und unter wiederholtem Abschäumen eingekocht ist. Heute verwenden die meisten Küchenchefs zur Herstellung von dunkler Sauce eher Glace de viande (Fleischgelee).
Siehe auch »Dunkle Sauce«, »Glace de viande«, »Mehlschwitze«

Drahtkelle

Eine Drahtkelle wird beim Fritieren benutzt, um das Fritiergut in das heiße Öl zu geben und nach dem Garen wieder herauszuheben. Sie eignet sich dazu besser als ein Schaumlöffel, weil das Öl schneller und besser abtropfen kann.

Dunkle Sauce

Traditionelle dunkle Sauce basiert auf konzentriertem Rinder- oder Kalbsfond, der mit einer dunklen Mehlschwitze zu einer Sauce espagnole gebunden und anschließend bei schwacher Hitze langsam reduziert wird (Demi-glace). Durch Zugabe verschiedener geschmackgebender Zutaten, wie aromatischer Gemüse, Kräuter, Wein, Trüffeln, Pilze und/oder grüner Pfefferkörner, haben französische Köchinnen und Köche eine ganze Reihe von klassischen dunklen Saucen kreiert. Heute werden die meisten dunklen Saucen allerdings nicht mehr mit einer Mehlschwitze zubereitet, sondern auf der Basis eines stark reduzierten Kalbs- oder Rinderfonds (Glace de viande). Bezeichnenderweise wird dabei eine kleine Menge an Glace de viande auf die gleiche Weise mit aromatischen Zutaten kombiniert, wie man es früher mit Demi-glace gemacht hat. Zuletzt rührt man noch Butter oder Sahne in die Sauce, um sie leicht zu binden und ihr eine samtige, cremige Konsistenz zu geben.
Siehe auch »Demi-glace«, »Glace de viande«, »Mehlschwitze«, »Monter au beurre«

Eiercreme (Eiermilch)

Milch oder Sahne wird mit ganzen Eiern, Eiweiß, Eigelb oder einer Kombination daraus vermischt und sanft gebacken, bis sie stockt. Beispiele für Eiercreme sind Crème caramel, Crème brûlée und Quiches.

Emulsion

Eine glatte Mischung zweier Flüssigkeiten, die sich normalerweise nicht verbinden, wie z. B. Öl und Wasser. Durch ein Mikroskop betrachtet, besteht eine Emulsion aus winzigen Teilchen einer Flüssigkeit, die in einer anderen Flüssigkeit verteilt sind. Diese winzigen Teilchen sind mit einer ganz feinen Schicht eines Emulgators überzogen, der verhindert, daß sie sich vereinigen und größere Klümpchen bilden, die wiederum an der Oberfläche schwimmen oder auf den Boden sinken würden. Mayonnaise ist ein Beispiel für eine solche Emulsion. In diesem Fall ist Eigelb der stabilisierende Emulgator. Andere bekannte Emulsionen sind Beurre blanc (bei der die Tröpfchen von Butterfett, durch die festen Milchbestandteile in der Butter emulgiert, in einem Medium aus Weißwein und Essig verteilt sind), Sauce hollandaise (wie Mayonnaise durch Eigelb emulgiert), Sahnesaucen (das in ihnen enthaltene Butterfett und die Flüssigkeit werden durch feste Milchbestandteile der Sahne stabilisiert), Vinaigrettes (Senf hält Öl und Wasser in einer Emulsion) und Béchamelsauce (das Mehl in dem Roux hält die Milch in einer hitzebeständigen Emulsion).

Bei der Zubereitung von Saucen, Eiermilch, Soufflés sowie Kuchen und Feingebäck ist man auf verschiedene Emulsionen angewiesen. Andere Emulsionen wiederum sind nicht wünschenswert. Wenn man Fleischbrühe oder Jus aufkochen läßt, wird das Fett, das nach und nach aus dem Fleisch austritt, in die Flüssigkeit zurückgewirbelt und schließlich emulgiert; das Resultat ist eine trübe, fettige Brühe von unangenehmer Konsistenz. (Bei bloßem Köcheln hingegen steigt Fett an die Oberfläche und läßt sich abschöpfen.) Dies ist auch der Grund, warum zunächst das Fett abgeschöpft werden muß, wenn man aus Bratensaft eine Sauce zubereiten möchte. Andernfalls würde das Bindemittel in der Sauce – in der Regel Mehl – das Fett in der Sauce emulgieren. Eine Ausnahme ist die Sauce zu gebackenen Birnen auf Seite 101. Bei dem Rezept soll sich der Saft aus den Birnen mit der zerlassenen Butter verbinden. Dazu wird Sahne eingerührt, die die beiden Komponenten zu einer buttrigen Sauce emulgiert.
Siehe auch »Entfetten«, »Jus«, »Mehlschwitze«, »Sauce«

269

Entfetten

Fett entfernen, das sich an der Oberfläche köchelnder Brühen, Saucen, Bratensäfte sowie Schmorflüssigkeiten gesammelt hat (Degraissieren). Da Fett leichter ist als Wasser, schwimmt es oben. Es gibt mehrere zuverlässige Methoden zum Entfetten von Brühe.

Bei der ersten, die etwas Übung erfordert, schöpft man mit einer Kelle oder einem Löffel am Rand des Topfes Fett und Schaum von der Oberfläche der köchelnden Brühe. (Den Topf halb von der Kochstelle ziehen, so daß Schaum und Fett zu einer Seite drängen und sich gut abschöpfen lassen.)

Einfacher ist es, die Brühe über Nacht in den Kühlschrank zu stellen und dann das erstarrte Fett zu entfernen. Um kleine Mengen an Bratensaft zu entfetten, den Bräter leicht geneigt halten

Fett von kalter Brühe abschöpfen

Bratensaft entfetten

Fettabschöpfkanne

Entfettete Brühe abgießen

und das Fett mit einem Löffel abschöpfen. Größere Mengen lassen sich bequem entfetten, indem man die ganze Flüssigkeit in eine Fettabschöpfkanne mit einer tief angesetzten Tülle gießt, kurz wartet, bis sich das Fett oben abgesetzt hat, und dann den entfetteten Bratensaft abgießt, so daß das Fett zurückbleibt.

Etuver

Schmoren (fast) ohne Flüssigkeit, in wenig Fett und im eigenen Saft. Diese Methode wird meist bei Meeresfrüchten oder zarten Fleischsorten wie Kalbfleisch angewandt. Bei à l'étuvée zubereiteten Speisen ist der Geschmack in konzentrierter Form erhalten.

Flambieren

Speisen mit einer hochprozentigen alkoholischen Flüssigkeit übergießen und anzünden – entweder in der Küche oder am Tisch. Zweck des Flambierens ist vor allem der optische Effekt, der sich damit erzielen läßt. In Restaurants werden Flüssigkeiten mit brennbarem Alkohol aus Sicherheitsgründen bereits in der Küche angezündet. Hier einige Hinweise für das Flambieren:

• Vergewissern Sie sich, daß alle Zutaten heiß sind: Es ist unmöglich, eine kalte Speise zu flambieren, indem man sie mit hochprozentigem Alkohol beträufelt und dann anzuzünden versucht – der Alkohol gibt seine brennbaren Dämpfe nur ab, wenn er heiß ist. Aus diesem Grund Speisen, die flambiert werden sollen, in schweren Töpfen oder Backformen, die die Hitze noch eine Weile halten, zubereiten.

• Den Alkohol in der Küche anzünden: Wenn man mit dem Flambieren keine Erfahrung hat, ist das Anzünden von heißem Alkohol am Tisch etwas riskant. Stellen Sie das Gefäß mit der heißen Speise auf einem Untersatz auf den Tisch und bringen Sie den Alkohol – Weinbrand oder Rum – oder die mit Alkohol vermischte Sauce in einem Topf mit schwerem Boden in der Küche zum Kochen. Fängt der Alkohol zu kochen an, den Topf auf dem Gasherd schräg über die Flamme halten, bis sich die Flüssigkeit entzündet (wer einen Elektroherd hat, nimmt ein Streichholz). Dann den Topf mit der brennenden Flüssigkeit bei gedämpfter Raumbeleuchtung ins Eßzimmer tragen.

• Brennenden Alkohol nicht aus dem Topf gießen: Mit einem langen Löffel oder einer kleinen Schöpfkelle den brennenden Alkohol behutsam über die Speise geben. Auf keinen Fall sollte man die Flüssigkeit direkt aus dem Topf über die Speise gießen, da die Flamme außer Kontrolle geraten könnte.

• Die Brenndauer hinauszögern: Sobald die heiße Speise mit dem brennenden Alkohol übergossen wurde, wird man feststellen, daß die Flamme sehr schnell erlischt. Das Gefäß mit Hilfe eines Geschirrtuchs fassen – Vorsicht, daß das Tuch nicht Feuer fängt! – und kurz daran rütteln, so daß die Flamme wieder größer wird. Dies kann man mehrmals wiederholen.

Flan

Flüssige oder dickflüssige Masse, die durch ganze Eier, Eiweiß oder Eigelbe zusammengehalten wird. Die Masse wird in Förmchen oder Kuchenformen langsam und sanft gegart. Quiches, Crème caramel, Crème brûlée und Möhrenflan (siehe Seite 97) sind bekannte Beispiele für süße und salzige Flans. Aus jedem Püree, sogar aus pürierten Suppen, läßt sich durch Zugabe von Ei ein Flan zubereiten. Für etwa 180 ml Flüssigkeit oder Püree nimmt man 1 ganzes Ei, 2 Eiweiß oder 2 Eigelb.

Fond

Die Begriffe Brühe und Fond werden in diesem Buch synonym verwendet für eine aromatische Flüssigkeit, die entsteht, wenn man Fleisch, Fisch, Meeresfrüchte oder Gemüse (und/oder ihre Nebenprodukte wie Knochen und beim Parieren angefallene Fleisch- bzw. andere Reste), häufig mit Kräutern, in einer Flüssigkeit wie Wasser bei schwacher Hitze langsam gart. Mitunter werden die Zutaten in Brühe geköchelt; das Resultat wird dann als Double broth bezeichnet. Der Terminus Fond (frz.: Grundlage) deutet schon auf die Verwendung für Suppen, Saucen und Schmorgerichte hin. Hin und wieder sieht man Rezepte für Brühe ohne die üblichen aromatischen Gemüse und Kräuter in Form eines Bouquet garni. In solchen Fällen wird davon ausgegangen, daß diese geschmackbildenden Zutaten später, wenn die Brühe bereits an einer Suppe oder Sauce ist, noch zugefügt werden. Andererseits sollte eine Brühe auch ohne weitere Zutaten aromatisch genug sein.

Frikassee

Ein Schmorgericht, bei dem Fleisch oder Geflügel in Portionsstücken leicht in Butter angebraten und danach in köchelnder Flüssigkeit gegart wird. Ein Frikassee unterscheidet sich von einer Blanquette darin, daß das Fleisch in einer Blanquette (siehe Seite 212) ohne vorheriges leichtes Anbraten in Butter gleich in Flüssigkeit gegart wird. Und der Unterschied zu einem Sauté besteht darin, daß das Fleisch bzw. Geflügel beim Frikassee in köchelnder Flüssigkeit fertigschmort, während es beim Sauté ausschließlich in Fett – gewöhnlich Butter – gart und aus dem mit aromatischen Flüssigkeiten abgelöschten Bratensatz sowie einem Bindemittel anschließend eine Sauce zubereitet wird. *Siehe auch* »Blanquette«, »Sautieren«

Fritieren

Speisen in heißem Öl oder Fett schwimmend garen. Fritieren ist für einige Nahrungsmittel die schnellste Garmethode und wirkt sich daher oft günstiger auf den Erhalt das Aromas aus als andere Techniken. Bei der richtigen Temperatur fritiert, nehmen die Nahrungsmittel nur wenig Öl auf und sind erstaunlich fettarm. (Mit einem Mehlüberzug oder einer dünnen Panierung aus Semmelbröseln läßt sich ebenfalls verhindern, daß das Fritiergut Öl ab-

sorbiert.) Ist das Öl zu heiß, bräunen die Nahrungsmittel außen zu schnell und bleiben innen roh; ist es nicht heiß genug, muß das Fritiergut länger garen und saugt zu viel Öl auf. Größere Stücke sollten bei niedrigerer Temperatur fritiert werden, weil es länger dauert, bis sie von der Hitze durchdrungen sind.

Mit einem Fritierthermometer läßt sich am einfachsten feststellen, ob das Öl die richtige Temperatur hat. Es geht aber auch ohne Thermometer, vorausgesetzt man weiß, wie das Fritiergut auf die jeweilige Öltemperatur reagiert: Wenn es auf den Boden des Topfes sinkt und unten bleibt, ist das Öl nicht heiß genug; sinkt es nach unten und steigt dann langsam wieder auf, ist das Öl zwar etwas heißer, aber immer noch nicht heiß genug. Das Öl hat die richtige Temperatur, wenn das Fritiergut nur kurz darin eintaucht und nach ein oder zwei Sekunden wieder aufsteigt. Ist das Öl zu heiß, schwimmt das Fritiergut an der Oberfläche, ohne unterzugehen, von Blasen umgeben. Natürlich sind dies nur Faustregeln. Bei Pommes frites z. B. muß das Öl in der letzten Fritierphase so heiß sein, daß es schäumt. Für einen ganzen Fisch dagegen kann eine niedrige Temperatur erforderlich sein.

Auch Überzüge und Panaden wirken sich auf die Struktur fritierter Nahrungsmittel aus. Pommes frites brauchen zum Bräunen überhaupt keinen Überzug; vor allem für Fisch und Schalentiere empfiehlt sich dagegen ein leichter Mehlüberzug, der eine delikate Kruste verleiht. Ob ein Hähnchen vor dem Fritieren in Mehl gewendet oder aber mit einem Backteig überzogen werden sollte – darüber wurden schon endlose Debatten geführt. Mehl hat den Vorteil, daß das Hähnchen knusprig, aber nicht ölig wird. Für viele Gemüse eignet sich ein sehr leichter Teig aus Mehl und Wasser bzw. Mineralwasser (siehe Seite 78). Sehr wasserhaltige Gemüse wie Tomaten sollten mit einer Mischung aus Ei und Semmelbröseln überzogen werden (siehe Seite 79). Manchmal werden auch panierte Kalbs- und Hähnchenschnitzel fritiert, doch kommt ihr Aroma wesentlich besser zur Geltung, wenn man sie in Butter oder Olivenöl sautiert (siehe Seite 162).

Sicherheitshinweise: Denken Sie daran, daß Fritieröl oder -fett extrem heiß ist und Verbrennungen verursachen kann.
• Verwenden Sie zum Fritieren einen Fritiertopf, eine elektrische Friteuse oder einen schweren Topf.
• Den Topf zu höchstens zwei Dritteln mit Öl füllen, damit es nicht überschäumt, wenn das Fritiergut zugefügt wird.
• Achten Sie darauf, daß das Fritiergut trocken ist, wenn es ins Öl gegeben wird (es sei denn, es wurde mit Teig überzogen); Feuchtigkeit kann bewirken, daß das Öl spritzt oder überschäumt.
• Das Fritiergut nicht mit den Händen direkt ins Öl geben, da das Öl spritzen und zu Verbrennungen führen kann. Verwenden Sie Löffel, Drahtkelle, Fritierkorb oder Zange, wenn es sich um größere Stücke handelt. (Sollten Sie Ihre Hände zu Hilfe nehmen müssen, halten Sie das Fritiergut möglichst dicht über das Öl und lassen Sie es behutsam hineingleiten, damit das Öl nicht spritzt.)
• Den Topf mit dem heißen Öl nach Gebrauch möglichst weit nach hinten auf den Herd oder an einen anderen sicheren Platz stellen, wo niemand zu Schaden kommen kann. Darauf achten, daß keine Griffe herausragen, gegen die man stoßen könnte.
• Für den Fall, daß das Öl Feuer fängt, zum Löschen Backpulver bereithalten.

Gemüsehobel

Ein sehr nützliches Gerät zum Schneiden von Gemüse in unterschiedliche Formen und Stärken. Im Haushalt werden oft relativ kleine Gemüsehobel aus Plastik verwendet, die man mit einer Hand festhält, während man mit der anderen das zu schneidende Gemüse über die Klinge zieht. Sehr praktisch sind Gemüsehobel

Rotkohl mit einem Gemüsehobel mit Handhalterung hobeln

Pommes frites mit einer Mandoline schneiden

mit zwei Verstellschrauben an den Seiten, durch die sich die Schneidestärke variieren läßt. Viele Gemüsehobel bieten nur zwei oder drei Stärken, die meist entweder zu grob oder zu fein sind. Ein spezieller Typ von Gemüsehobel, die Mandoline, ist in der Regel aus rostfreiem Edelstahl und zum Aufstellen. Eine Mandoline eignet sich besonders zum Schneiden von Kartoffeln. Sie besitzt verschiedene Klingen für Pommes frites, geriffelte Kartoffelwaffeln und glatte Kartoffelchips (siehe Seite 80). Verstellbare Gemüsehobel aus Plastik sind meist schärfer als eine Mandoline und deutlich günstiger. Beide Typen gibt es in Fachgeschäften.

Glace de viande

Für Glace de viande (Fleischgelee) wird ein Fond, meist aus gebräunten Kalbs- oder Rinderknochen, so stark eingekocht, daß er die Konsistenz eines schweren Sirups hat und beim Erkalten zu einem festen Gelee erstarrt. Glace de viande dient zum Anreichern von Saucen aus abgelöschtem Bratensatz, klassischen dunklen Saucen sowie Suppen und Bratensäften (Jus). Im Gegensatz zu Demi-glace, die mit Mehl angedickt wird und heute weitgehend verdrängt ist, enthält Glace de viande keine Stärke. *Siehe auch* »Demi-glace«, »Dunkle Sauce«, »Jus«

Glacieren

Fleisch und Wurzelgemüse werden mitunter glaciert, indem man sie mit einer stark reduzierten Schmorflüssigkeit überzieht, die Aroma und ansprechenden Glanz verleiht. Wurzelgemüse (siehe Seite 76) glaciert man gewöhnlich mit etwas Wasser oder Fond, einer Prise Zucker und Butter. Geschmortes Fleisch, wie Kaninchen (siehe Seite 257) und Schmorbraten (siehe Seite 203), werden glaciert, indem man sie im offenen Topf im Ofen gart und dabei wiederholt mit der Schmorflüssigkeit begießt, so daß diese auf der Fleischoberfläche einen glänzenden Überzug bildet.

Gluten

Wenn man Mehl mit Wasser kombiniert, verbinden sich die beiden Proteine Glutenin und Gliadin und bilden Gluten (Kleber), das sich durch eine elastische und klebrige Beschaffenheit auszeichnet. Beim Kneten oder Rühren von Teigen erhöht sich die Elastizität des Glutens noch. In einigen Fällen ist das wünschenswert, etwa wenn bei der Brotherstellung das Klebergerüst des Teiges Kohlendioxidbläschen einschließt, die das Brot aufgehen lassen. In anderen Fällen, etwa bei der Zubereitung von Backteigen zum Fritieren oder bei Teigen für Crêpes oder Pies, vermeidet man besser die Aktivierung des Klebers, weil er sich zusammenzieht – wodurch das Fritiergut freiliegt – und beim Garen zäh wird. Am besten läßt sich die Bildung von Gluten verhindern, indem man einen Teig möglichst wenig rührt oder bearbeitet und vor der weiteren Verwendung im Kühlschrank ruhen läßt. (Dabei trennen sich die Kleberbestandteile Glutenin und Gliadin wieder.)

Goujonette

Ein dünner Streifen Fisch, der aus einem größeren Filet geschnitten ist, wie ein kleiner Fisch aussehen soll und meist mehliert und fritiert wird (siehe Flunder-Goujonettes, Seite 121).

Gratin

Gekochte oder rohe Lebensmittel (meist Gemüse oder Pasta – z. B. bei mit Käse überbackenen Makkaroni) mit Sahne, Milch, Béchamel- oder Tomatensauce in einer flachen Auflaufform bei starker Oberhitze überbacken. Gratins werden oft mit geriebenem Käse oder Semmelbröseln bestreut, wodurch sich eine knusprige, schmackhafte Kruste an der Oberfläche bildet. Ein Gratin ist eigentlich nichts anderes als ein Eintopf, nur daß es meist in einer flachen, ovalen Auflaufform überbacken wird, wodurch sich im Verhältnis zu den Zutaten eine große Kruste bildet.

Cassoulet zählt zu den bekanntesten, aber auch reichhaltigsten Gratins. Bohnen und Fleisch werden in ein Keramikgefäß gefüllt, mit Semmelbröseln überstreut und so lange gebacken, bis sich eine schmackhafte Kruste an der Oberfläche bildet. Bei der Zubereitung von Cassoulet gibt es einen besonderen Trick: Sobald sich an der Oberfläche eine Kruste gebildet hat, wird diese mit einem Löffel unter die Bohnen und das Fleisch gemengt, die Oberfläche erneut mit Semmelbröseln überstreut und weitergratiniert. Das Untermengen der Kruste wird mehrmals wiederholt.

Grillen

Über einer Hitzequelle (traditionell Holzkohlefeuer) unter freiem Himmel garen. Grillen am Spieß, wo die Hitze in der Regel von der Seite kommt, oder bei Oberhitze ist vom Grillen über Holzkohlefeuer zu unterscheiden (siehe unten).

Manchmal wird der Grill während des Garens abgedeckt, eine Methode, bei der das Grillgut einen besonders rauchigen Geschmack annimmt. Wenn man diese Art des Grillens nicht richtig beherrscht, kann es passieren, daß die Oberfläche des Grillguts mit einer Schicht aus Ruß und Fett überzogen wird. Grillen findet traditionell unter freiem Himmel statt, und man versucht, die Rauchbildung möglichst gering zu halten. Will man den Grill während des Garens abdecken – was sich besonders für Puter, große Fische und große Fleischstücke wie Lammkeule empfiehlt – schiebt man die Kohlen auf eine Seite des Grills und ordnet das Grillgut auf der anderen Seite an, damit es nicht direkt über den Kohlen liegt und kein Ruß durch herabtropfendes Fett entsteht.

Die Begriffe Grillen und Barbecue werden oft synonym verwendet, aber Barbecue bezeichnet eine spezielle Garmethode, bei der das Grillgut, meist mit einer Marinade bestrichen, lange auf einem geschlossenen Grill gegart wird. Auf diese Art gegrillte Speisen schmecken meist sehr rauchig und werden so lange gegart, bis sie fast vom Knochen fallen, ähnlich Schmorgerichten.

In der Regel grillt man im Freien über glühenden Holzkohlen. Elektrogrills oder mit Gas betriebene Grillgeräte sind leichter zu bedienen als ein Holzkohlegrill, sie ergeben aber nicht den gleichen, delikaten Geschmack wie ein guter Holzkohlegrill.

• Marinaden und Kräuter: Da das Grillgut durch die Holzkohlen bereits sehr viel Aroma bekommt, muß man es nicht unbedingt großartig vorbereiten. Dennoch harmoniert Gegrilltes sehr gut mit intensiv schmeckenden Zutaten wie Knoblauch oder getrockneten Kräutern. Die einfachsten Marinaden, mit denen das Grillgut bestrichen wird, bestehen aus Olivenöl und getrockneten, gehackten Kräutern, wie Thymian, Oregano, Rosmarin (Vorsicht, Rosmarin schmeckt sehr intensiv!) oder Majoran. Aufwendigere Marinaden ähneln jenen, wie sie z. B. zu Schmorgerichten (siehe Hähnchen in Rotwein, Seite 156) passen, die mit Wein und gehackten, aromatischen Gemüsen zubereitet werden. Marinaden für Fisch und Meeresfrüchte sollten sehr einfach und aromatisch sein, meist genügt es, etwas Olivenöl über den Fisch oder die Meeresfrüchte zu träufeln, denn sonst könnte die Marinade den Eigengeschmack des Grillgutes leicht überdecken. Auch sollte man für solche Marinaden keinen Zitronensaft oder Essig verwenden. Die Säure würde die Oberfläche des Grillgutes am Grillrost haften lassen.

• Anheizen: Im Handel sind Dutzende von Produkten zum Anzünden von Holzkohle erhältlich. Die bei weitem einfachste und

günstigste Methode ist ein Anzündkamin. Dabei werden zwei zusammengeknüllte Bogen Zeitungspapier unten in den Kamin gelegt und mit Holzkohle bedeckt. Dann den Kamin auf den Boden des Grills stellen und das Zeitungspapier anzünden. Etwa 30 Minuten warten, damit die Hitze im Kamin aufsteigen kann und die Kohlen zum Glühen bringt. Anschließend die glühenden Kohlen in die Glutwanne kippen.

• Rautenmuster erzeugen: Damit das Grillgut dekorative Streifen bekommt, benötigt man einen Grillrost mit schweren Stäben aus Gußeisen. Die Roste der meisten Haushaltsgrills sind aus dickerem Draht, der aber nicht genug Hitze speichern kann, um das Grillgut richtig zu prägen. Erstaunlicherweise besitzen gerade die kleinen japanischen Holzkohlegrills (Hibachis) solche Roste mit dicken Stäben. Für ein Rautenmuster grillt man das Grillgut zuerst einige Minuten auf einer Seite und dreht es dann um 90 Grad, so daß sich die Gitterstäbe im rechten Winkel zu den ersten Grillspuren in das Grillgut brennen. Das Rautenmuster muß man nur auf der Seite, die anschließend auf der Servierplatte oder dem Teller zu sehen ist, in das Grillgut brennen. Man kann das Grillgut auch unmittelbar vor dem Servieren noch mit etwas zerlassener Butter oder Olivenöl einstreichen, damit es schön glänzt.

• Grillpfanne: Die meisten Grillpfannen sind aus schwerem Gußeisen (gelegentlich sind sie auch antihaftbeschichtet) und besitzen einen gerillten Boden, durch den das Grillgut wie auf einem Holzkohlegrill Streifen erhält. Wenn man mit einer Grillpfanne auch nie das gleiche Ergebnis erreicht wie mit einem Holzkohlegrill, ist sie doch eine praktische Alternative, vor allem wenn man wenig Zeit hat oder es plötzlich zu regnen beginnt. Die Grillpfanne auf

dem Herd stark erhitzen, dann den gerillten Boden mit einem in Olivenöl getauchten Stück Küchenkrepp auswischen und sofort Fleisch, Fisch, Meeresfrüchte oder Gemüse, alles leicht geölt, in die Pfanne legen.

• Grill oder Grillpfanne reinigen: Um einen schmutzigen und mit Ruß verkrusteten Grill zu reinigen, kann man ihn mit Ofenreiniger einsprühen, dabei aber vorsichtig vorgehen und Augen, Mund und Nase schützen. Eine steife Drahtbürste eignet sich ebenfalls gut für die Reinigung eines verkrusteten Grills. Am besten vor und nach jedem Gebrauch den Rost kräftig abbürsten und mit einem in Pflanzenöl getauchten Stück Küchenkrepp abreiben (mit Hilfe einer Grillzange), um gelösten Ruß zu entfernen.

Backofen-, Gas- und Elektrogrills: Bei diesen Grills kommt die direkte Hitze von oben oder von der Seite. Manche Gas- oder Elektrogrills sind höhenverstellbar, so daß sich der Garprozeß einfacher kontrollieren läßt.

Den Grill immer mindestens 5 Minuten vorheizen, damit er richtig heiß ist, wenn man das Grillgut darunter bzw. davor stellt. Manche legen das Gerät mit Alufolie aus, damit es sich hinterher leichter reinigen läßt. Dies ist aber weniger empfehlenswert, da die austretende Flüssigkeit von Fleisch, Fisch oder Meeresfrüchten bewirkt, daß das Grillgut gedämpft wird. Damit seine Oberfläche nicht austrocknet, reibt man es vorher mit etwas Öl ein.

Die Hitze eines Haushaltsgrills läßt sich regulieren, indem man die Höhe des Rosts verändert. Dünne Fleischstücke oder kleinere, eher flache Fische und Meeresfrüchte sollten näher an die Hitzequelle gestellt werden, so daß sie schneller braun werden und innen nicht übergaren. Rotes Fleisch, das blutig serviert werden soll, ebenfalls sehr dicht an der Hitzequelle grillen, damit es schnell bräunt und nicht zu lange gart. Grillgut mit längerer Garzeit, wie Hähnchen, das vollständig durchgaren muß, etwas von der Hitzequelle entfernt grillen, so daß es nicht zu sehr bräunt, bevor es innen gar ist. Um ganz sicher zu gehen, den Garprozeß stets im Auge behalten und die Höhe des Grillrosts anpassen.

Unter dem Backofengrill kann man auch die Oberfläche von bereits gekochten Speisen, wie Gratins, bräunen, die sonst nicht ausreichend Farbe nehmen. Dazu stellt man sie einfach unter den vorgeheizten Grill und dreht die Speise je nach Bedarf öfters, damit sie gleichmäßig bräunt. Beim Bräunen unter dem Grill unbedingt dabeibleiben und sehr gut aufpassen, da die Oberfläche der Speise sehr schnell verbrennen kann.

Haushaltsgrillgeräte eignen sich auch zum Grillen von sehr schnell garenden Speisen, wie dünn geschnittenen Fischfilets oder Meeresfrüchten, die vor dem Grillen direkt auf die Servierplatte oder den Teller gelegt werden. Bei dieser Garmethode jede Portion vor dem Grillen einzeln auf ein gebuttertes Stück Alufolie legen. Unmittelbar vor dem Servieren die Teller im Ofen vorwärmen. Dann die Alufolie über die Teller stülpen und auf einmal oder nach und nach für 10 bis 20 Sekunden unter den heißen Grill schieben. Dabei die Teller öfters drehen, damit die Meeresfrüchte oder Fischfilets gleichmäßig garen. Zum Schluß mit einer leichten Sauce begießen und sofort servieren. *Siehe auch »Marinieren«*

Helle Sauce

Traditionell unterscheidet man zwei Kategorien von hellen Saucen, je nachdem ob sie auf Béchamel- oder Véloutésauce basieren. Eine Béchamelsauce erhält man durch Zugabe von heißer Milch in eine helle Mehlschwitze (Roux), eine Vélouté durch Zugabe von heißer Brühe in hellen Roux. In der klassischen französischen Küche gibt es unzählige Ableitungen dieser beiden Grundsaucen. Aus einer Béchamel- z. B. macht geriebener Käse eine Mornaysauce. Gibt man Tomatenpüree in eine Vélouté, erhält man eine Sauce aurore, mischt man Sahne und den Garfond von Pilzen in eine Vélouté, wird sie zu einer Sauce suprême. In der leichten Küche wird das Mehl für helle Saucen meist weggelassen und die Sauce durch Einkochen mit Sahne oder Butter, Gemüsepüree oder einer Liaison mit Eigelben gebunden.

Die Konsistenz von Béchamel- oder Véloutésauce kann man variieren, indem man das Verhältnis von Flüssigkeit und Roux verändert. Eine dicke Béchamelsauce nimmt man z. B. für Soufflés, eine mitteldicke für Gratins und eine dünne als Basis für Suppen. Mehlschwitze wird aus gleichen Teilen Mehl und Butter hergestellt. Für Béchamel- oder Véloutésaucen mit unterschiedlicher Bindung nachstehend einige Mengenangaben.

Mengenangaben für 500 ml Sauce

	MEHL	BUTTER	MILCH/FOND
Dünne, samtige Sauce	3 Eßlöffel	3 Eßlöffel	500 ml
Mitteldicke Sauce	4 Eßlöffel	4 Eßlöffel	500 ml
Dicke Sauce für Gratins	5 Eßlöffel	5 Eßlöffel	500 ml
für Soufflés	6 Eßlöffel	6 Eßlöffel	500 ml

Jus

Im Idealfall die Flüssigkeit, die beim Braten von Fleisch und Geflügel entsteht. Eine Jus unterscheidet sich von einer gebundenen dunklen Sauce insofern, als die Jus transparent ist und nur leicht, wenn überhaupt, gebunden (meist jedoch nur eingekocht) wird. Dunkle Sauce hingegen ist trüb, und der Bratensaft wird meist mit Mehl gebunden.

Die Zubereitung von Jus kann sich auf das Abschöpfen des Fettes aus dem Bräter beschränken, wodurch nur die Jus übrigbleibt. Aber die auf diese Weise gewonnene Menge an Jus ist meist nicht ausreichend, da die meisten Braten, vor allem wenn sie nur blutig gegart werden, nur wenig Fleischsaft abgeben. Der Bratensaft muß deshalb auf irgendeine Weise verlängert werden. Häufig gießt man dazu einfach Brühe oder Wasser in den Bräter. Da diese Flüssigkeiten aber meist weniger intensiv schmecken als die Bratenjus, wird auch deren Aroma dadurch abgeschwächt. Dies kann man ausgleichen, indem man grobgehackte Knochen (meist vom Bratenstück selbst), Fleischabschnitte (Parüren, meist ebenfalls vom Bratenstück) und aromatische Gemüse, wie Zwiebeln, Möhren, etwas Sellerie und nach Belieben Knoblauch, auf dem Boden des Bräters verteilt. Diese Schicht bräunt zusammen mit dem Braten und gibt, von dem Moment an, wo der Bratensatz abgelöscht wird, ihre Aromen an die Flüssigkeit ab.

Das Fett von der Jus abschöpfen

Ablöschen

Die karamelisierte Jus lösen

Manchmal ergibt ein Braten so wenig Flüssigkeit, daß es fast unmöglich ist, das Fett abzuschöpfen. Dann wieder ist die Jus blaß und schmeckt fade. Um hier Abhilfe zu schaffen, den Bräter auf den Herd stellen und den Bratensaft sirupartig einkochen, bis er am Boden des Bräters zu karamelisieren beginnt. Dies intensiviert den Geschmack der Jus. Dabei wird das Fett von der Jus getrennt und schwimmt oben, wo man es leichter abschöpfen kann. Sobald das Fett entfernt ist, den Bratensatz mit etwas Brühe oder Wasser ablöschen, einige Minuten einkochen und die karamelisierte Jus vom Boden des Bräters mit einem Holzlöffel lösen.
Siehe auch »Ablöschen«, »Bindemittel«, »Entfetten«, »Sauce«

Karamelisieren

Der Geschmack vieler Lebensmittel, wie Gemüse, Fleisch, Fisch und Meeresfrüchte, verstärkt sich durch leichtes Bräunen, wobei man den natürlichen Zucker und andere Inhaltsstoffe der Speisen karamelisieren läßt. Fleisch für Ragouts z. B. wird oft angebraten, damit der Fleischsaft karamelisiert, der andernfalls weitaus weniger intensiv schmeckt. Gehackte, besonders aromatische Gemüse wie Möhren und Zwiebeln werden häufig vor dem Angießen von Flüssigkeit in wenig Fett – manchmal mit Speckwürfeln – karamelisiert, um so den Geschmack von Suppen, Eintöpfen und Saucen zu verstärken. Gerichte wie geschmortes Kaninchen (siehe Seite 257) werden manchmal mehrfach karamelisiert: Aromatische Gemüse und Fleischabschnitte werden im Schmortopf angebraten, bevor die Fleischstücke dazukommen. Eine kleine Menge an Fond wird mit dem Fleisch zugefügt, im Schmortopf eingekocht und so karamelisiert, bevor die eigentliche Schmorflüssigkeit hinzukommt. Die Schmorflüssigkeit karamelisiert dann während des Glacierens auf der Oberfläche des Fleisches. Gemüse, besonders kleine Zwiebeln und Wurzelgemüse, können ebenfalls zuerst glaciert und dann karamelisiert werden. Die Schmorflüssigkeit verdampft bis auf ein Minimum und beginnt auf dem Boden des Schmorgeschirrs zu karamelisieren, bevor sie mit Wasser, Fond oder Sahne abgelöscht wird, wodurch eine saucenähnliche Glasur entsteht.
Siehe auch »Aromatische Gemüse«, »Beilage«, »Glacieren«, »Mirepoix«, »Schmoren«

Kochen

Garen in einer Flüssigkeit (z. B. Wasser), die erhitzt wird, bis sie kräftig aufzuwallen beginnt. Nur wenige Techniken verursachen so viel Verunsicherung wie das Kochen, Köcheln und Pochieren.

Kochen ist tatsächlich eine Garmethode, die sich nicht für alles eignet. Viele Zutaten, wie Fleisch und Meeresfrüchte, pochiert man besser, zieht sie also in heißem Wasser knapp unter dem Siedepunkt gar, da sie sonst trocken und faserig würden. Auch kann das Kochwasser durch zu starkes Kochen trüb werden.

Viele Speisen schmecken jedoch in sprudelnd kochendem Wasser gegart am besten. Reis und Nudeln garen schneller in gleichmäßig kochendem Wasser. Grüne Gemüse werden meist in reichlich Salzwasser gekocht, wobei die große Menge an Wasser verhindert, daß die Kochtemperatur abfällt, die Garzeit sich verlängert und es seine intensive und glänzende Farbe verliert. Das Salz trägt ebenfalls dazu bei, daß das Gemüse seine Farbe behält. Sobald das Gemüse gar ist, läßt man es in einem Durchschlag abtropfen und taucht es in Eiswasser oder spült es sofort unter fließendem kaltem Wasser ab, bis es vollständig ausgekühlt ist. Dieses Abschrecken schont Geschmack und Farbe gleichermaßen.
Siehe auch »Blanchieren«, »Pochieren«

Kurzbraten

Oft werden die Begriffe Kurzbraten und Sautieren synonym gebraucht. Gemeinsam ist beiden Techniken, daß in wenig heißem Fett, z. B. Öl oder Butter (mit Einschränkungen), in der Pfanne gebraten wird. Im strengen Sinn bedeutet jedoch Sautieren (frz. sauter = springen), Nahrungsmittel bei starker Hitze in der Pfanne zu schwenken. Beim Kurzbraten hingegen werden Fleisch-, Fisch- oder große Gemüsestücke, wie Auberginenscheiben, während des Garens nur ein- oder zweimal mit einer Zange, einem Pfannenwender oder einer Gabel gewendet.
Siehe auch »Sautieren«

Macédoine

Kleine Würfel von Gemüse, manchmal auch von Fleisch oder Fisch, mit einer Seitenlänge von etwa ½ cm.
Siehe auch »Brunoise«

Marinieren

Lebensmittel, meist Fleisch, Fisch oder Meeresfrüchte, gelegentlich auch Gemüse, werden mit aromatischen Zutaten kombiniert, um sie geschmacklich aufzuwerten. Die meisten Marinaden basieren auf Zutaten wie Wein, Sojasauce oder Zitronensaft und werden mit Kräutern wie Thymian oder Rosmarin sowie aromatischen Gemüsen wie Zwiebeln und Knoblauch gewürzt. Meist legt man die Lebensmittel vor dem Garen für eine bestimmte Zeit in die Marinade, so daß sie deren Aromen annehmen (siehe Hähnchen in Rotwein, Seite 156). Marinaden dienen häufig zur Vorbereitung von Fleisch oder Geflügel für Eintöpfe und Ragouts. Bei einigen Gerichten gießt man die Marinade vor dem Garen ab. Bei anderen kommen die Gemüse ohne vorheriges Bräunen mit der Marinade und den Gewürzen zum Fleisch (siehe Seite 210). Manche Marinaden, besonders die von Ragouts mit kurz garen-

dem Fleisch, Geflügel oder Fisch, werden vor der weiteren Verwendung gekocht und abgekühlt. Dadurch kann sich das Aroma der Gemüse im Wein entfalten, und ein Teil der Säure des Weines wird umgewandelt. Marinaden für Fisch und Meeresfrüchte sollten keinen Zitronensaft enthalten, weil dadurch das Gargut in der Pfanne oder am Grillrost haften könnte. Bei sehr zarten Stücken verzichtet man in der Regel auf eine Marinade, um den Eigengeschmack nicht zu beeinträchtigen. Zum Grillen eignet sich besonders eine einfache Mischung aus kaltgepreßtem Olivenöl und gehackten frischen Kräutern, in der Fisch oder Meeresfrüchte vor dem Grillen gewendet oder mit der sie bestrichen werden. Manchmal verwendet man auch Trockenmarinaden zum Einreiben von Fleisch, Fisch, Meeresfrüchten und Gemüse. Diese Marinaden werden mit feingehackten, getrockneten Kräutern, Gewürzen oder gemahlenen, getrockneten Pilzen hergestellt (siehe Seite 164). Trockenmarinaden werden vor dem Garen oft nicht entfernt.

Gelegentlich werden Marinaden erst nach dem Garen zugefügt, wie bei der mediterranen oder lateinamerikanischen Zubereitung von Fisch oder Meeresfrüchten en escabeche. Escabeche war wohl ursprünglich als Mittel zur Konservierung gedacht. Die Marinade besteht aus in Olivenöl gekochten aromatischen Gemüsen, deren Zusammensetzung variiert, jedoch enthält sie meist Knoblauch und Zwiebeln. Dann kommt Essig in die Marinade, man läßt sie auskühlen und gießt sie dann über sautierte Fische oder Meeresfrüchte.

Sardinen en escabeche: Die meisten Rezepte en escabeche werden mit Sardinen zubereitet, jedoch läßt sich diese Methode ebenso gut auf andere kleine, eher fettreiche, intensiv schmeckende

Fische wie Rotbarbe, Makrele, Forelle oder kleine Spanische Makrelen übertragen. In traditionellen Rezepten werden die Fische im ganzen belassen, in dem hier vorgestellten Rezept werden frische Sardinen entgrätet und die Köpfe abgetrennt (siehe Seite 236). Zuerst die Sardinen mit Mehl bestäuben. Dann in einer Pfanne mit heißem Fett kurzbraten, bis sie gar sind, dabei nur einmal wenden. Dann die Sardinen auf eine Servierplatte legen und die Pfanne auswischen. Zwiebeln, Knoblauch und Kräuter in wenig Olivenöl andünsten, bis sie weich sind. Dann noch mehr Olivenöl und Weinessig zufügen und schließlich die Pfanne vom Herd nehmen. Die Marinade abkühlen lassen und über den Fisch gießen. Schließlich die eingelegten Sardinen zudecken und mindestens 2 Stunden oder bis zu 3 Tage in den Kühlschrank stellen.

Mehlierte Sardinen kurzbraten

Die gegarten Fische marinieren

Marinade kochen

Auf Tellern anrichten

Markknochen

Das Innere bestimmter Knochen ist mit Mark gefüllt, einer fettreichen Substanz, die die roten Blutkörperchen produziert und sehr schmackhaft ist. In der Küche nimmt man Mark auch für Füllungen und Pâtés. Es verleiht ihnen eine köstlich schmelzende Konsistenz. Mark wird oft in Scheiben oder Würfel geschnitten für Sauce bordelaise verwendet und über kurzgebratene Steaks gegeben. Lange Beinknochen enthalten am meisten Mark. Sie werden vom Fleischer in 5 cm dicke Scheiben gesägt, aus denen sich das Mark gut lösen läßt. Markknochen sind nicht mit knorpelreichen Gelenkknochen zu verwechseln, die wegen ihres Gelatinegehalts mitgekocht werden.

In Rezepten mit Mark als Zutat wird selten erklärt, wie man es aus den Knochen bekommt. Manchmal läßt es sich leicht mit dem Daumen von einer Seite herausdrücken. Andere Knochen müssen zuerst an zwei Seiten mit einem Küchenbeil aufgebrochen werden, bis der Knochen entzweispringt und sich das Mark in einem Stück herausnehmen läßt. Sobald das Mark heraus ist, legt man es in Salzwasser über Nacht in den Kühlschrank. Das Salzwasser entzieht das Blut, so daß das Mark beim Garen nicht grau wird.

Mark herausdrücken *Ein Küchenbeil benutzen*

Mehlschwitze (Roux)

Eine Mischung aus Mehl und Butter zum Binden von Suppen und Saucen. Meist verrührt man Mehl und Butter in einem schweren Topf bei mittlerer Hitze, in einigen Rezepten wird das Mehl jedoch vorher im Ofen geröstet. Gewöhnlich nimmt man hellen Roux, d. h., das Mehl wird nur 1 bis 2 Minuten gegart. Bei dunklem Roux wird das Mehl mit einem Teil des Bratenfettes oder Pflanzenöl hellbraun geröstet. Die kreolische Küche kennt sehr dunklen Roux.
Siehe auch »Bindemittel«

Mirepoix

Bei vielen Zubereitungen, besonders bei Schmorgerichten, Eintöpfen, Ragouts, Braten und Suppen werden Mischungen aus gehackten, aromatischen Gemüsen angedünstet, bevor Flüssigkeit

hinzukommt. Diese Gemüsemischungen sollen Gerichten mit Fleisch, Fisch oder Meeresfrüchten Frische und Geschmack verleihen. Die bekannteste Variante ist das französische Mirepoix, eine Mischung aus 2 Teilen Zwiebeln, 2 Teilen Möhren und 1 Teil Sellerie, die jedoch von Region zu Region unterschiedlich ausfällt. In Italien kennt man Soffrito (Zwiebeln, Möhren, Sellerie und meist Knoblauch), in Spanien bzw. Katalonien wird mit Sofregit oder Sofrito (Zwiebeln, Möhren, Sellerie, Schinken und manchmal Tomaten) gekocht, die indonesische Küche setzt auf Bumbu, das meist aus Knoblauch, Schalotten, Gewürzen und Garnelenpaste besteht. Portugiesisches Refogado enthält hauptsächlich Zwiebeln, Möhren, Sellerie und etwas Safran. Die Zutaten dieser Mischungen werden grob oder fein gehackt. Für eine lange garende Brühe kann man die Gemüse fast im ganzen belassen, für eine schnelle Sauce à la minute müssen sie sehr fein gehackt werden.
Siehe auch »Andünsten«, »Beilage«

Monter au beurre

Kalte Butter in heiße Flüssigkeit schlagen, um dieser eine samtige Konsistenz und einen feinen Geschmack zu verleihen und um sie in eine delikate Sauce zu verwandeln. Diese Technik wird angewandt, um Saucen aus der Pfanne und moderne Versionen von dunkler Sauce zu verfeinern, die heute oft aus Glace de viande statt aus Demi-glace zubereitet werden. Beurre blanc ist ein gutes Beispiel für Saucen dieser Art. Dabei wird jedoch sehr viel Butter in relativ wenig Flüssigkeit geschlagen. Die meisten Saucen, die mit Butter montiert werden, enthalten deutlich weniger Butter.
Siehe auch »Beurre blanc«, »Demi-glace«, »Glace de viande«

Mousse

Dieser Begriff (dt.: Schaum) beschreibt eine Masse, die luftig aufgelockert wird, meist mit geschlagenen Eiern oder Sahne. Einige Mousse-Zubereitungen basieren auf einem Püree von gekochtem Fisch oder Meeresfrüchten, Gemüsen oder Fleisch, unter das geschlagene Sahne gehoben wird. Diese Arten von Mousse enthalten meist auch Butter, damit sie eine glattere Konsistenz bekommen und auch kalt ihre Form behalten. Hühnerlebermousse (siehe Seite 165) ist ein bekanntes Beispiel dafür; die Methode läßt sich auch auf Pilze und Tomaten übertragen.

Mit Bayerischer Creme bezeichnet man verschiedene Varianten von Mousse, die aus würzigen Flüssigkeiten wie Tomatenoder Sauerampferpüree und kräftigem Fond oder aus Vanille-

sauce und Früchtepüree bestehen und geschlagene Sahne enthalten. Außerdem kommt aufgelöste Gelatine unter die Basisflüssigkeit von Bayerischer Creme, um sicherzustellen, daß die Creme, sobald sie erkaltet, auch fest wird. Mousses für Desserts bestehen meist aus Früchte- und Schokoladenmischungen. Ein Soufflé ist technisch gesehen ebenfalls eine Mousse (siehe Seite 177). Mousse wird heiß oder kalt serviert.
Siehe auch »Mousseline«, »Soufflé«

Mousseline

Ein Püree aus rohem Fleisch, Fisch oder Meeresfrüchten, das mit einer großen Menge an Sahne oder Crème fraîche und oft mit Eiweiß – in älteren Rezepten wird das Püree noch mit Velouté gebunden – vermischt und anschließend in Förmchen gebacken oder pochiert wird. Mousseline bezeichnet im weiteren Sinne eine in Förmchen gebackene, delikate Schaumcreme. Die Konsistenz von Mousseline-Zubereitungen variiert von relativ fest, wenn sie als Klößchen (Quenelles) pochiert werden sollen (siehe Seite 283), bis zerlaufend, wenn die Masse in einer Form gegart wird (siehe Seite 280). Das Prinzip, das einer Schaumcreme zugrundeliegt, ist, daß das in den Zutaten enthaltene Protein oder das zugefügte Eiweiß beim Garen fest wird, so daß die Mousseline sehr locker und doch formstabil gerät.

Der Trick bei der Zubereitung einer perfekten Mousseline ist, so viel Sahne wie möglich unter das Püree zu heben, damit es leicht und locker wird. Um aus einer Mousselinemasse Quenelles zubereiten zu können, darf man nur so viel Sahne zufügen, daß die rohe Masse beim Pochieren fest bleibt, ohne die Form zu verlieren. Soll die Mousselinemasse jedoch in einzelnen Förmchen gegart werden, kann sie unter Umständen auch vollständig flüssig sein wie bei einer Grundmasse für Flan. Ähnlich wie Ei zum Stocken des Flans verwendet wird, gibt man häufig Eiweiß in Mousselinemasse, die zum Garen in Formen oder Förmchen gedacht ist, um den hohen Anteil an Sahne auszugleichen. Der Sahneanteil in einer Mousselinemasse hängt auch von den Gareigenschaften des jeweiligen Proteins ab, d. h. davon, wie fest es beim Garen wird. Um möglichst viel Sahne unter die Masse zu ziehen, müssen Sahne und Püree vor dem Mixen eiskalt sein. Die Sahne wird dann etappenweise, mit längeren Pausen dazwischen (manchmal sogar mehrere Stunden), unter das Püree gehoben. Sobald die Mousselinemasse fertig ist, wird eine kleine Menge probeweise gegart, um die Konsistenz zu beurteilen.

Lachsmousseline: Eine Grundmasse für Mousseline aus frischem Lachs kann zu Quenelles geformt und pochiert oder in Förmchen gebacken werden. Für Lachsmousseline alle Gräten und dunklen Stellen von dem Filet entfernen. Die dunklen Stellen sind zwar genauso schmackhaft wie das restliche Filet, verfärben aber unter Umständen die Mousselinemasse. Dann das eiskalte Filet in etwa 1 cm dicke Würfel schneiden, die Würfel in der Küchenmaschine pürieren und am besten mit einer kleinen Metallschüssel, einem Teigschaber oder einem großen Löffel durch ein Trommelsieb streichen. Anschließend das rohe Lachspüree in eine Metallschüssel füllen, diese in eine Schüssel mit Eis stellen und ein Eiweiß nach dem anderen in das Püree rühren. Sobald die Masse vollständig glatt ist, wird sie zugedeckt 1 bis 2 Stunden in den Kühlschrank gestellt. Ist sie durchgekühlt, etwa ein Drittel der Sahne mit einem Kochlöffel unter die Masse heben und die Masse weitere 2 bis 12 Stunden in den Kühlschrank stellen. Dann die restliche Sahne unterheben, die Masse erneut durchkühlen lassen und mit Salz und Pfeffer abschmecken. Möchte man keine rohe Mousselinemasse abschmecken, kann man einfach eine kleine Menge pochieren und daran Konsistenz und Geschmack prüfen. Soll die Masse für Klößchen verwendet werden, einen Klacks davon in siedendem Salzwasser pochieren. Soll sie für eine Lachsmousseline aus dem Förmchen verwendet werden, eine kleinere Menge in einem Förmchen garen und im

Durch ein Trommelsieb streichen

Sahne unterheben

Ein Probeklößchen pochieren

Wasserbad im heißen Ofen backen. Dabei nicht zu viel Wasser angießen, weil sonst das Förmchen zu schwimmen beginnt und umfallen könnte. Ist die Masse nicht fest genug und fällt das Probeklößchen auseinander, noch ein oder zwei Eiweiße unterrühren. Wird die Masse zwar fest, bekommt aber eine trockene Konsistenz, arbeitet man noch mehr Sahne ein. Zum Schluß die Mousselinemasse nochmals mit Salz und Pfeffer abschmecken.

Lachsmousseline in Förmchen backen: Die Förmchen mit weicher Butter ausstreichen. Dann kalt stellen, so daß die Butter fest wird und eine nicht haftende Schicht bildet. Dann die Förmchen mit Mousselinemasse füllen. Um die Förmchen vor zu starker, direkter Hitzezufuhr zu schützen, stellt man sie in eine Auflaufform, die mit einer dreifachen Schicht Back- oder Zeitungspapier ausgelegt und gerade groß genug ist, um die Förmchen nebeneinander aufzunehmen. Ein rund zugeschnittenes Stück Backpapier auf die gefüllten Förmchen legen, damit die Mousseline beim Backen keine Farbe nimmt und austrocknet.

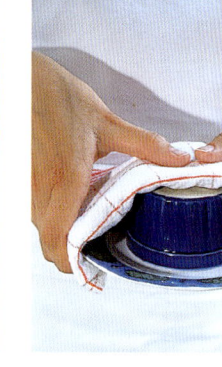

Förmchen mit Butter ausstreichen   *Förmchen auf Teller stürzen*

Mit Backpapier abdecken   *Mit Tomaten-Concassé servieren*

Dann vorsichtig so viel kochend heißes Wasser in die Auflaufform gießen, bis die Förmchen zur Hälfte im Wasser stehen. Am besten zum Angießen ein Förmchen herausnehmen. Die Form auf den Herd stellen und das Wasser zum Sieden bringen. Bei 180 °C etwa 45 Minuten backen, bis die Masse vollständig fest geworden ist. Dann eine Lachsmousseline aus dem Förmchen stürzen, um zu sehen, ob die Masse bereits vollständig fest ist. Die fertige Schaumcreme auf vorgewärmte Teller stürzen und mit Tomaten-Concassé (siehe Seite 50) oder Krebssauce (siehe Seite 141) begießen.

Schaum- oder andere Massen geben beim Backen in Förmchen meist kleinere Mengen an Flüssigkeit ab. Stürzt man die heißen Förmchen auf Teller, bildet sich in der Regel eine kleine Pfütze um die gestürzte Creme. Um dies zu vermeiden, das Förmchen mit einem Stück Küchenkrepp bedecken und für einige Sekunden umdrehen, so daß das Wasser aufgesaugt wird. Dann das Förmchen wieder umdrehen, einen Teller darauf legen, alles mit einem Küchentuch umlegen und das Förmchen erneut um 180 Grad wenden. Die Mousseline mit ruckartigen Bewegungen von oben nach unten aus dem Förmchen lösen und auf den Teller gleiten lassen. *Siehe auch* »Bain-marie«, »Flan«, »Helle Sauce«, »Quenelle«

Nüßchen
Sehr kleine Fleischmedaillons werden auch Nüßchen oder Noisettes genannt. Kleine Nüßchen (entbeinte Koteletts) von Schwein, Kalb, Lamm und auch Rind schmecken am besten kurzgebraten.

Obstschnaps
Obstschnaps oder Obstler wird durch die Fermentierung von Obst zu Obstwein gewonnen, den man anschließend destilliert. Zu den bekanntesten Vertretern zählen Himbeer-, Kirsch-, Mirabellen- und Zwetschgenschnaps. Obstschnaps läßt sich aus fast allen Früchten destillieren. Ein reiner, junger Obstschnaps – viele der besten Obstler gewinnen keineswegs durch langes Reifen – ist vollkommen klar und sehr trocken am Gaumen. Beim Einkauf von Obstschnaps für Kochzwecke den Unterschied zwischen Obstschnaps und »mit Früchten aromatisiertem Weinbrand« beachten. Letzterer wird aus Tresterschnaps hergestellt, der mit Früchtesirup aromatisiert ist. Er ist oft sehr süß, von mäßiger Qualität und für die Küche eher ungeeignet. Hochwertigen Obstschnaps in der Küche nur sehr sparsam verwenden und den Speisen am besten am Ende ihrer Garzeit zufügen oder nachdem sie ausgekühlt sind. Durch Erhitzen büßt Obstschnaps viel von seinem reinen Fruchtaroma ein.

Panieren

Schnell garende Lebensmittel, die kurzgebraten (sautiert) oder fritiert werden sollen, werden mit Mehl oder Semmelbröseln umhüllt, um eine Kruste zu erhalten. Für eine gute Panade frisch geriebenes Weißbrot (siehe Seite 164) nehmen. Länger gelagerte Semmelbrösel sind sehr trocken und saugen entsprechend viel Fett auf. Um eine sehr feine und delikate Panade zu bekommen, die Semmelbrösel durch ein (Trommel-)Sieb streichen. Panierte Speisen am besten in geklärter Butter (siehe Seite 46) oder in Olivenöl goldbraun braten. Bei der Verwendung von nicht geklärter Butter passiert es oft, daß die Molke verbrennt und schwarze kleine Flecken an der Panade haften bleiben. Da Panaden schnell Farbe nehmen, sollte man panierte Speisen auf jeden Fall bei niedrigerer Temperatur braten als nicht panierte. Man kann die Semmelbrösel auch durch andere Zutaten ersetzen, wie Steinpilzmehl (siehe Seite 164), gehackte Trüffeln (siehe Seite 217), gehackte Nüsse oder geriebenen Parmesan. Mehl und einfache Backteige werden ebenfalls zum Umhüllen von Speisen verwendet, besonders zum Kurzbraten. Fritierte Tomaten (siehe Seite 79), Garnelen-Tempura (siehe Seite 122) und fritiertes Hähnchen (siehe Seite 160) sind nur einige Beispiele.

Persillade

Eine Mischung aus Knoblauchpaste, feingehackter Petersilie, etwas Olivenöl und manchmal Semmelbröseln. Anstelle von Petersilie können auch andere Kräuter, wie Thymian, Majoran, Lavendel und Oregano, zugefügt werden. Persillade wird 1 bis 2 Minuten vor Ende der Garzeit dem kurzgebratenen

Gemüse zugefügt, so daß sie ihr Aroma entfalten kann (siehe Seite 91). Persillade paßt zu Braten, gebackenen Tomaten (Seite 72) oder auch Lammrücken und ergibt eine leckere Kruste.

Pochieren

Lebensmittel vollständig in leicht köchelnder Flüssigkeit garen. Pochieren ist nicht mit Kochen zu verwechseln, da durch Kochen Fleisch meist trocken und zäh wird und zarte Fischfilets oder Eier auseinanderfallen.

Zum Pochieren eignet sich fast jede Flüssigkeit, meist nimmt man jedoch Wasser, Brühe oder Court bouillon, die durch Kochen von aromatischen Gemüsen, wie Möhren, Zwiebeln, Lauch und Fenchel, mit einem Bouquet garni in Wasser und etwas Weißwein hergestellt wird (siehe Seite 113). Andere Pochierflüssigkeiten enthalten Fleisch- oder Fischfond oder bestehen einfach aus mit Kräutern aromatisiertem Wasser, etwas Weißwein oder Weinessig. Auch Läuterzucker zum Garziehen von Obst ist eine Pochierflüssigkeit.

Manchmal wird die Pochierflüssigkeit als brüheähnliche Sauce mit den pochierten Zutaten in großen Suppentellern serviert. Pochierte Lebensmittel, die mit den aromatischen Gemüsen und der Pochierflüssigkeit serviert werden, bezeichnet man als à la nage zubereitet. Bei manchen pochierten Speisen, besonders bei pochiertem Fleisch, wie französischem Pot-au-feu (siehe Seite 201) oder italienischem Bollito misto, wird die Pochierflüssigkeit separat als erster Gang oder Zwischengang serviert.

Damit die Zutaten gleichmäßig garen, große, ganze Fische und größere Stücke Fleisch in kalter Flüssigkeit auf den Herd stellen und schneller garende Lebensmittel, wie kleinere, ganze Fische und Fischsteaks, gleich in heißem Wasser aufsetzen. Dafür gibt es mehrere Gründe: Wird ein großer ganzer Fisch in kochend heiße Flüssigkeit gegeben, gart seine Außenseite, bevor die Hitze den Kernbereich des Fisches durchdringen kann: Die Außenseite übergart, während der Kernbereich fast roh bleibt. Wird dagegen ein kleinerer, ganzer Fisch in kaltem Wasser auf den Herd gestellt und die Flüssigkeit langsam erhitzt, kann der Fisch bereits gar sein, bevor das Wasser den Siedepunkt erreicht. Länger garendes Fleisch sollte man kalt aufsetzen, da man durch das langsame Erhitzen den entstehenden Schaum besser abschöpfen kann und eine klare Brühe erhält. Schnell garende, zarte Fleischscheiben gibt man am besten in kochend heißes Wasser, so daß sie außen schnell garen, dabei aber innen blutig oder blutig-rosa bleiben.
Siehe auch »À la nage«, »Blanchieren«, »Court bouillon«, »Kochen«

Pökeln

Lebensmittel mit einer Zutat, meist Salz und/oder Zucker, behandeln, ursprünglich zum Zwecke der Konservierung und zum Schutz vor Bakterien, Schimmel und Parasiten. Heute pökelt man Lebensmittel meist, um Geschmack und Konsistenz zu verbessern. Viele Lebensmittel, wie einige Fischsorten oder Meeresfrüchte, werden in Salzlake eingelegt, die zuvor mit Kräutern und/oder Gewürzen aromatisiert wurde. Fleisch, Fisch und Meeresfrüchte pökelt man auch durch gründliches Einreiben mit Salz und Zucker. Diese entziehen dem Lebensmittel Flüssigkeit und intensivieren dadurch seinen Geschmack. Einige gepökelte Speisen, wie Graved Lachs (siehe Seite 240), kann man servieren, sobald sie aus der Pökel-Marinade bzw. Salzlake kommen. Lachs und andere Fische oder Meeresfrüchte werden nach dem Pökeln weiter gegart oder geräuchert. *Siehe auch* »Räuchern«

Pürieren

Lebensmittel zerkleinern oder durch ein Sieb streichen, bis sie vollständig glatt sind. Pürees kann man ohne alles servieren – Kartoffelpüree (siehe Seite 94) und Apfelmus (siehe Seite 95) sind wohl die bekanntesten Pürees – oder zum Verfeinern von Speisen wie Mousse (siehe Seite 165), Quenelles und Mousseline-Zubereitungen (siehe Seite 283–284), Flans (siehe Seite 97), Suppen (siehe Seite 100) und Pastafüllungen (siehe Seite 57) verwenden. Es gibt eine ganze Reihe von Techniken und handelsüblichen Geräten zum Pürieren, unter denen man sich das für die jeweilige Zubereitung am besten geeignete aussuchen kann.

• Mixer eignen sich zum Pürieren von dünnen Massen und Flüssigkeiten wie Suppen. Feste Massen sollte man nicht mit dem Mixer pürieren, weil sie sich nicht mit der Klinge mitbewegen.

Perforierter Metalleinsatz   Passiergerät (Flotte Lotte)

• Ein Trommelsieb sieht tatsächlich wie eine Trommel aus und besteht aus einem Sieb, das durch einen stabilen Außenring, meist aus Metall oder Holz, gestrafft wird. Trommelsiebe gibt es sowohl mit grob- als auch mit feinmaschigem Sieb; sie ergeben die feinsten Pürees. Einige nur schwer zu pürierende Massen, z. B. aus Fisch oder Meeresfrüchten, sollte man zuvor in der Küchenmaschine zerkleinern und anschließend durch das Trommelsieb streichen. Die Masse wird dabei mit dem Rücken eines großen Löffels, einem Teigschaber oder dem Boden einer kleinen Metallschüssel durch das Trommelsieb gestrichen. Jegliche, an der Unterseite des Siebes zurückgebliebene, passierte Masse wird mit dem Löffel oder dem Teigschaber abgekratzt und zu der restlichen Masse gegeben. Trommelsiebe aus Holz besitzen meist keine austauschbaren Einsätze. Ist das Sieb verschlissen, muß man es meist vollständig ersetzen. Bei Trommelsieben aus Metall hingegen gibt es in der Regel unterschiedlich feine Siebeinsätze auch zum Nachkaufen.

• Ein Passiergerät (Flotte Lotte) ist ein Sieb mit einer Handkurbel und verschiedenen propellerähnlichen Klingen, die die zu pürierenden Lebensmittel durch eine perforierte Metallplatte drücken. Manche Geräte besitzen austauschbare Metalleinsätze, so daß man das Püree unterschiedlich fein passieren kann. Passiergeräte eignen sich besonders für gekochte Tomaten und für halbflüssige Massen mit Samen, Haut oder Fasern.

Süßkartoffeln mit dem Passiergerät pürieren: Die Metallscheibe mit den feinsten Löchern in das Passiergerät mit der Wölbung nach oben in der Mitte einsetzen (siehe Abbildung unten links). Das Passiergerät auf eine Schüssel stellen. Das Fruchtfleisch aus den gebackenen Süßkartoffeln mit einem Löffel herauslösen und in das Passiergerät geben. Dann die Handkurbel betätigen, dabei fest drücken und das Fruchtfleisch durch die Metallscheibe drücken.

• Eine Küchenmaschine eignet sich besonders für feste Massen, wie rohen Fisch oder Fleisch, die sich auf andere Weise nur sehr schwer pürieren lassen. Mit einer Küchenmaschine sollte man keine Kartoffeln pürieren, da die Schneideklinge die in den Kartoffeln enthaltene Stärke überstrapazieren und so das Püree zäh und klebrig machen würde. Kartoffeln zerkleinert man am besten mit einer Kartoffelpresse. Mit einer Küchenmaschine sollte man auch keine Flüssigkeiten mixen: Die Flüssigkeit würde beim Mixen aus dem Mixbehälter auf den Boden laufen. Eine Küchenmaschine eignet sich auch zum Mahlen von trockenen Zutaten, wie Nüssen und getrockneten Pilzen.

• Ein Pürierstab besitzt unten eine rotierende Klinge, die in Töpfe oder Schüsseln mit Flüssigkeit getaucht wird. Der Vorteil des Pürierstabs ist, daß man die zu pürierende Masse nicht erst in ein Mixgefäß umfüllen muß, sondern das untere Ende einfach in die zu pürierende Masse hält. Auf diese Weise lassen sich besonders gut Suppen und Saucen pürieren.

Pürierstab

Klößchen mit zwei Löffeln formen

... und auf einen Teller setzen

• Eine Kartoffelpresse eignet sich besonders für die Zubereitung von Kartoffel- und anderen Gemüsepürees, da das Gemüse durch sehr feine Löcher gedrückt und sehr fein wird. Nur mit feinmaschigen Trommelsieben lassen sich noch feinere Pürees herstellen.

• Siebe nimmt man für feine oder flüssige Pürees, die sich nicht zu schwer durchpassieren lassen. Flüssige und halbflüssige Massen drückt man am einfachsten mit dem Rücken eines Schöpfers durch das Sieb, indem man mit dem Schöpfer die Masse im Sieb hin- und herbewegt (siehe Seite 96). Im Handel sind fein-, mittel- und grobmaschige Siebe erhältlich. Für ein glattes Püree die Masse zuerst durch ein grob- und dann durch ein feinmaschiges Sieb drücken.

Quenelle

Traditionell ein rohes Püree aus Fisch (Hecht), Meeresfrüchten oder Kalbfleisch, das mit Sahne aufgelockert und dadurch zu einer Mousselinemasse wird. Diese formt man zu länglichen, eierförmigen Klößchen, um sie anschließend zu pochieren. Klassisch sind in Fischfond pochierte Hechtklößchen, die mit Krebssauce serviert oder gratiniert werden. Zu Quenelles geformt gibt es auch Speiseeis, Sorbet und süße Mousse. Quenelles werden meist als erster Gang serviert. In der nächsten Spalte rechts unten sieht man gegarte Hechtklößchen mit Safran-Hollandaise überzogen und als Gratin überbacken.

Klößchen formen: Hühnerlebermousse (siehe Seite 165) wie hier gezeigt zu Klößchen formen. Dazu zwei gleich große Löffel in kaltes Wasser tauchen. Mit einem davon einen gehäuften Eßlöffel Masse aufnehmen, den anderen Löffel dagegenhalten und gleichmäßige, ovale und glatte Klößchen formen, dabei mit dem zweiten Löffel unter die Masse auf dem ersten Löffel fahren. Die Klößchen auf einen Teller oder eine gebutterte Auflaufform gleiten lassen.

Lachsquenelles pochieren: Die Klößchen in leicht köchelndem Wasser gar ziehen. Dazu eine etwas festere Lachsmousseline herstellen (siehe Seite 279). Klößchen formen und reihenweise in einer gebutterten Auflaufform anordnen, die tief genug ist, daß alle Klößchen mit Flüssigkeit bedeckt sein können. Dann vorsichtig kochend heißen Fischfond oder Salzwasser hinzuschöpfen, bis die

Quenelles in eine Form setzen

Heiße Brühe hinzuschöpfen

Auf einem Tuch abtropfen lassen

Gratinierte Quenelles

Klößchen vollständig bedeckt sind. Die Form bei mittlerer Temperatur erhitzen und die Klößchen knapp unter dem Siedepunkt pochieren. Sobald die Klößchen an die Oberfläche treiben, dreht man sie behutsam, so daß die Seite, mit der sie zuvor auf dem Boden der Auflaufform gelegen waren, nach oben zeigt. Die Klößchen drei weitere Minuten pochieren, bis sie gar sind. Bereitet man größere oder kleinere Quenelles zu als die hier gezeigten, ein Klößchen aufschneiden und prüfen, ob es gar ist. Noch nicht gare Klößchen sehen im Kernbereich nasser aus als im übrigen Teil. Die fertig gegarten Klößchen mit einem Schaumlöffel herausnehmen und auf einem Küchentuch abtropfen lassen. Sofort mit Sauce übergießen und servieren oder nach Bedarf vor dem Servieren erneut erhitzen. *Siehe auch »Mousse«, »Mousseline«*

Räuchern

Lebensmittel dem Rauch von Holzfeuer aussetzen, um ihren Geschmack zu verfeinern und sie gegebenenfalls zu konservieren oder zu garen. Man unterscheidet zwischen Kalt- und Heißräuchern. Durch Heißräuchern werden Lebensmittel gar und mit Rauch aromatisiert, während sie durch Kalträuchern zwar aromatisiert, aber nicht gegart werden. Heißräuchern kann man auch zu Hause mit einem verschließbaren Grill, indem man die glühenden Holzkohlen auf der einen Seite des Grills anordnet und die zu räuchernden Lebensmittel auf der anderen. Alles Fett, das beim Räuchern von den Lebensmitteln herabtropft, fällt nicht auf die glühenden Kohlen, somit kann sich kein Ruß bilden und sich auf dem Grillgut absetzen.

Fast jeder, der Erfahrung im Räuchern besitzt, hat seine Lieblingsmarinade und sein bevorzugtes Holz. Es gibt keine Regeln, welches Holz sich am besten zum Räuchern eignet, aber mit Pinien-, Eukalyptus- und anderen harzreichen Hölzern geräucherte Lebensmittel bekommen einen unangenehmen Beigeschmack. Meist verwendet man Späne oder Sägemehl von Buche, Birke, Erle oder Wacholder.

Reduzieren

Die Technik des Einkochens von Garflüssigkeiten durch Verdunsten einiger Wasseranteile. Das Reduzieren dient dazu, das Aroma von Brühe oder Sauce zu konzentrieren und eventuell die Sauce einzudicken, da natürliche Inhaltsstoffe wie Gelatine konzentriert werden.

Rührbraten

Das Bratgut bei starker Hitze sehr rasch rühren, im Gegensatz zum Sautieren, wo man es durch Rütteln und Schwenken der Pfanne bewegt oder mit einer Zange bzw. einem Spatel wendet und hin- und herschiebt (siehe Seite 130). In Asien wird meist ein Wok benutzt. Man kann aber durchaus asiatische Speisen in der Pfanne sautieren oder westliche Gerichte im Wok rührbraten. *Siehe auch »Sautieren«*

Sabayon

Eine lockere, schaumige Masse, die durch Schlagen von Eigelb mit Wasser oder einer anderen Flüssigkeit über sanfter Hitze, meist im Wasserbad, entsteht. Die schaumige Eigelbmischung, die als Basis für die Herstellung von Sauce hollandaise und ihren Varianten (siehe Seite 44) dient, heißt Sabayon. In der leichten Küche werden manchmal würzige Fonds, wie die Schmorflüssigkeit von Fisch und Meeresfrüchten mit Eigelb aufgeschlagen, wodurch ein schmackhaftes Sabayon entsteht, ähnlich wie Hollandaise ohne Butter. Sabayon kann auch Dessertsauce sein, für die man Eigelb mit Zucker und Weißwein über sanfter Hitze aufschlägt, bis die Masse schaumig und dick wird. Die italienische Version, Zabaglione, wird auf die gleiche Art hergestellt, nur nimmt man statt trockenem Weißwein, wie in der französischen Version, meist süßen Marsala.

Sauce

Manche Saucen sollen den Eigengeschmack einer Zutat betonen, z. B. ein Eßlöffel Bratensaft auf einer Scheibe Roastbeef, während andere, wie Sauce hollandaise, dazu dienen, mehr Geschmack zu erzeugen und einen interessanten Kontrast herzustellen. Saucen wie Senfsauce werden eher als Gewürz betrachtet. Sie bilden ebenfalls einen pikanten Kontrast zu der Hauptzutat einer Speise.

In der klassischen französischen Küche spricht man von »integralen« und »nicht integralen« Saucen. Saucen, wie Gravy (gebundener Bratensaft), die Flüssigkeit eines Ragouts oder Schmorgerichts und die Sauce, die aus einem abgelöschten Sauté gewonnen wird, sind das natürliche Ergebnis des Garens, sie werden also von der oder den Zutaten selbst abgeleitet und heißen deshalb integrale Saucen. Nicht integrale Saucen werden getrennt von dem zubereitet, was sie begleiten sollen. Man unterteilt sie in sieben Hauptkategorien: Hollandaise, Mayonnaise, Vinaigrette, Buttersauce oder -mischungen, helle und dunkle Sauce sowie Tomatensauce. Die unzähligen bekannten Saucen sind Ableitungen einer oder mehrerer dieser Grundsaucen. Daher ist es einfach, sobald man deren Zubereitung beherrscht, auch die Varianten durch Zugabe verschiedener Zutaten herzustellen.

Eine Sauce wie Gravy basiert auf Ablöschen und Binden des Bratensaftes (Jus) von Fleisch mit einer Mehlschwitze (Roux). Diese Mehlschwitze kann mit Butter und Mehl hergestellt werden, oder man erhitzt das Mehl in einem Teil des von der Jus abgeschöpften Fettes (siehe Seite 169). Man kann den Bratensaft auch mit in etwas Wasser angerührter Speisestärke (siehe Seite 210) binden. Dabei wird die Jus unter Rühren zum Kochen gebracht und mindestens 1 Minute gekocht, damit sich der Stärkegeschmack verflüchtigt. In der französischen Küche entspricht dem etwa der gebundene Bratensaft (Jus lié). Sobald die Jus gebunden ist, fügt man weitere Zutaten wie Kräuter oder gehacktes Geflügelklein zu. Man kann den Bratensatz auch mit Gemüsepüree binden, wodurch eine Sauce ohne Mehlbindung entsteht (siehe Seite 265). Knoblauch, mit Fleisch, Geflügel oder einzeln gebraten, ergibt ein exzellentes Püree, das sich ebenfalls zum Binden eignet (siehe Seite 184). *Siehe auch* »Ablöschen«, »Bindemittel«, »Helle Sauce«, »Jus«, »Mehlschwitze«

Sautieren

Nahrungsmittel in einer Sautier- oder Bratpfanne in wenig Fett bei starker Hitze garen. Beim Sautieren (wie auch beim Kurzbraten) werden Nahrungsmittel gebräunt, um ihr Aroma zu intensivieren. Die meisten Nahrungsmittel setzen dabei Säfte frei, die am Pfannenboden zu einem aromatischen Bratensatz karamelisieren. Der Bratensatz läßt sich mit etwas Flüssigkeit wie Wasser, Wein oder Fond ablösen (deglacieren) und ergibt eine köstliche Sauce.

Beim Sautieren muß die Pfanne sehr stark erhitzt sein, bevor man das Bratgut (Sautier) hineingibt, damit die Flüssigkeit der freigesetzten Säfte sofort verdampfen kann. Nur so können die Proteine karamelisieren und eine knusprige, schmackhafte Kruste bilden. Ist die Temperatur zu niedrig, dünstet das Nahrungsmittel, statt zu sautieren, oder die freigesetzten Säfte sammeln sich am Pfannenboden und dämpfen das Bratgut. Nahrungsmittel, die viel Flüssigkeit freisetzen, wie Pilze, kleinere Fleischstücke für Ragouts oder Jakobsmuscheln, in kleinen Portionen in die Pfanne geben, damit die Temperatur der Pfanne nicht zu stark absinkt. Panierte oder bemehlte Nahrungsmittel bei mäßiger Hitze sautieren; ihr Überzug bräunt schneller als das Nahrungsmittel selbst. Sie können daher auch in Butter gebraten werden. Zum Sautieren bei starker Hitze ist Butter ungeeignet, weil die darin enthaltenen Proteine verbrennen würden. Sehr dicke Fleisch- oder Fischstücke bei mäßiger Hitze sautieren, da die längere Garzeit genug Zeit zum Bräunen läßt.

Im Gegensatz zum Fritieren, für das eine große Menge an heißem Öl erforderlich ist, wird beim Sautieren gerade so viel Fett verwendet, daß das Bratgut nicht ansetzt. Da meist bei sehr hoher Temperatur sautiert wird, ist es wichtig, Fett zu verwenden, das sehr stark erhitzt werden kann. Butter verbrennt schon bei relativ niedriger Temperatur und eignet sich daher zum Sautieren nur in geklärter Form. Ideal zum Sautieren (wie auch zum Kurzbraten) sind Pflanzen- und Olivenöl, weil sie sehr hohe Temperaturen vertragen. Verwenden Sie einfaches Olivenöl. Sein Geschmack ist gut, wenn auch nicht so delikat wie das Aroma von kaltgepreßtem Olivenöl, das durch die starke Hitze aber ohnehin zerstört würde.

Sautieren im strengen Sinn bedeutet, kleine bzw. kleingeschnittene Nahrungsmittel unter Schwenken der Pfanne oder wiederholtem Wenden und Bewegen zu garen, wohingegen beim Kurzbraten größere Nahrungsmittel in die Pfanne gelegt und während des Garens nur ein- oder zweimal gewendet werden (siehe auch unter »Kurzbraten«).

Sautierpfannen: Im Grunde kann man in jeder Pfanne perfekt sautierte Gerichte zubereiten – es ist nur einfacher in einer Pfanne von besserer Qualität. Die Pfanne sollte nach Möglichkeit gerade groß genug sein, um das Bratgut nebeneinander aufzunehmen. Ist sie zu groß, besteht die Gefahr, daß die beim Sautieren freigesetzten Säfte zum Rand hinfließen und der Bratensatz anbrennt. Bei zu kleinen Pfannen hingegen liegen die Nahrungsmittel so dicht, daß sie, statt zu bräunen, in den freigesetzten Säften dämpfen.
• Das Wichtigste an einer Sautierpfanne ist der schwere, dicke Boden, der garantiert, daß die Hitze sich gleichmäßig verteilt. Bei einer Pfanne mit zu dünnem Boden wird die Portion, die direkt über der Hitzequelle liegt, viel heißer als der Rest und brennt an, während das übrige Bratgut zu langsam gart.
• Die Pfanne sollte einen hohen, nach außen gewölbten Rand haben, damit man Nahrungsmittel, wie kleingeschnittene Gemüse, Jakobsmuscheln oder kleine Fleischstücke, darin schwenken kann. Durch den hohen, gewölbten Rand fällt das Bratgut beim Schwenken gewendet auf den Pfannenboden zurück.
• Zum Sautieren größerer Stücke von Fisch, Geflügel, Fleisch und Gemüse, die man nicht durch Schwenken, sondern nur mit einem Pfannenwender oder einer Zange wenden kann, sollte die Pfanne eine hohe, gerade Wand haben. Eine Pfanne mit gerader Wand ist auch am besten geeignet, wenn der Bratensatz für eine Sauce abgelöscht werden soll, da die Sauce an einem gewölbten Rand

leicht haften bleibt und beim Einkochen anbrennt. Für die Zubereitung einer Sauce aus abgelöschtem Bratensatz empfiehlt sich eine Pfanne mit einem hellen Boden, etwa aus Edelstahl, weil man darin vor dem Ablöschen sieht, ob der Bratensatz irgendwo angebrannt ist. Pfannen mit gerader, hoher Wand und einem passenden Deckel sind auch ideal für die Zubereitung von Gerichten wie Ragouts und Frikassées, bei denen das Sautieren nur der erste Schritt in einem zweistufigen Garprozeß ist, dem noch die Schmorphase folgt.

• In hochwertigen beschichteten Pfannen mit schwerem Boden ist das Sautieren am einfachsten, allerdings sind solche Pfannen teuer. Eine gußeiserne Pfanne ist ein guter Ersatz, aber für manche zu schwer, insbesondere, wenn das Bratgut darin geschwenkt werden soll. Die Poêles genannten französischen Eisenpfannen sind etwas leichter und haben zum Schwenken einen gewölbten Rand.

Für Sautés wird Fleisch oder Geflügel sautiert und aus dem abgelöschten Bratensatz eine Sauce hergestellt (siehe Seiten 157 und 195). Anschließend muß das Sautiergut in der Sauce kurz wieder erhitzt werden. Ein Sauté unterscheidet sich von einem Frikassee dadurch, daß für letzteres die Geflügelteile oder das Fleisch zuerst in Fett leicht angebraten werden, dann jedoch in Flüssigkeit fertiggaren. Im Gegensatz zu Ragouts, die mehrere Stunden schmoren, werden Geflügel- und Fleischstücke für Sautés und Frikassees nur gerade so lange gegart, bis das Fleisch gar ist.

Siehe auch »Ablöschen«, »Andünsten«, »Frikassee«, »Fritieren«, »Kurzbraten«, »Schmoren«

Schmoren

Zutaten in wenig Flüssigkeit garen. Im Gegensatz zum Pochieren, wo die Zutaten vollständig mit knapp köchelnder Flüssigkeit bedeckt sind, benötigt man für Schmorgerichte nur relativ wenig Flüssigkeit. Meist schmort man Zutaten, um ihren Geschmack in der Schmorflüssigkeit zu konzentrieren, so daß sich daraus eine Sauce bereiten oder sich die Schmorflüssigkeit einkochen läßt. Die Schmorsauce umhüllt die geschmorten Zutaten oder wird von diesen wieder aufgenommen.

Schmoren kann relativ schnell gehen. Beim sogenannten Kurzschmoren werden die Zutaten sehr sanft gekocht, bis sie gar sind (siehe die Seiten 116, 128 und 154). Schmoren im klassischen Sinne dauert meist einige Zeit und eignet sich besonders zum Garen von zähen Fleischscheiben, die lange brauchen, um zart und weich zu werden (siehe die Seiten 128, 203, 206 und 257).

Vor der Zugabe von Flüssigkeit werden die Zutaten in der Regel angebraten, Fleisch wird mit Speckstreifen gespickt, damit es saftig bleibt, und die Garflüssigkeit läßt sich variieren. Die meisten Lebensmittel werden mit so viel Flüssigkeit geschmort, daß sie etwa bis zur Hälfte darin liegen. Manche Rezepte geben nur sehr wenig Flüssigkeit an, andere überhaupt keine, weil die Zutaten nur in ihrem eigenen Saft schmoren. Die Zutaten werden gewöhnlich in einem geschlossenen Topf geschmort, einige Speisen jedoch, wie Fisch, Meeresfrüchte oder Gemüse – die viel Flüssigkeit abgeben und relativ schnell garen – werden ohne Deckel geschmort, so daß die Schmorflüssigkeit einkocht und konzentriert wird.

Kurzschmoren von Gemüse – diese Technik wird auch Glasieren genannt (siehe Seite 76) – eignet sich besonders für Wurzelgemüse, wie Möhren, Zwiebeln und weiße Rüben. Kurzschmoren ist auch eine aromareiche Alternative zum Dämpfen oder Kochen von Blattgemüse. Obwohl diese Gemüse dadurch ihren Biß und ihre kräftige Farbe verlieren können, entwickeln sie durch das Kurzschmoren meist sehr intensive Geschmacksnuancen.

Fisch kann im ganzen geschmort werden, als Filets oder als Steaks. Es muß nur ausreichend Flüssigkeit zugefügt werden, so daß das Schmorgut immer bis etwa zur Hälfte damit bedeckt ist. Schalentiere kann man sogar in noch weniger Flüssigkeit garen, wichtig ist nur, daß ausreichend Dampf zum Garen entsteht und ausreichend Flüssigkeit, um daraus eine Sauce zu bereiten. Die meisten Schmorgerichte mit Fisch und Meerestieren sind Kurzschmorgerichte – Fisch oder Meeresfrüchte werden nur so lange geschmort, bis die Hitze sie durchdrungen hat und sie gar sind. Einige Meeresfrüchte, wie Kalmar, Krake (Oktopus), große Venusmuscheln, Riesenflügelschnecke (Conch) und Wellhornschnecken müssen lange geschmort werden, bis das Fleisch zart und weich wird und sie ihren Geschmack entfalten.

Schmoren ist auch die ideale Garmethode für Fleischsorten mit langer Garzeit, vor allem als Ragout und Schmorbraten. Schmoren im traditionellen Sinne bedeutet, daß das Fleisch lange und sanft gart, so daß die darin enthaltenen harten Proteine weich werden und die Aromen der Gemüse, Kräuter und manchmal auch des Weines in einer schmackhaften, natürlichen Sauce verschmelzen. Zarte Stücke von rotem Schlachtfleisch oder Geflügelstücke, wie Huhn, werden nur so lange geschmort, bis sie gerade gar sind. Schmort man diese Stücke zu lang, werden sie zäh und trocken.

Eintöpfe und Ragouts – bei denen das Fleisch in Würfel geschnitten wird – kann man beinahe endlos variieren. Das Fleisch wird vor dem Angießen der Flüssigkeit entweder in der Pfanne oder im Ofen in heißem Fett gebräunt, um dem Gericht einen intensiveren Geschmack zu verleihen. Eintöpfe und Ragouts kann man aber auch ohne vorheriges Bräunen schmoren. Aromatische Gemüse, wie Zwiebeln, Möhren, Lauch, Knoblauch und Sellerie, werden meist zu Beginn des Schmorvorgangs zum Fleisch gegeben, können aber auch zuvor mit dem Fleisch in eine Marinade mit Wein gelegt werden. Bei den meisten Schmorgerichten werden die aromatischen Gemüse gehackt und, nachdem das Fleisch gar ist, wieder entfernt. Bei rustikalen Eintöpfen und Schmorbraten wird das Gemüse in große Stücke geschnitten und zum Fleisch serviert. Bei verfeinerten Schmorgerichten (siehe das Rindsragout auf Seite 206) werden frische Gemüse und andere Zutaten separat gekocht und kurz vor dem Servieren zum Fleisch gegeben.

Fleisch, das lange schmoren soll, wird manchmal mit langen Speckstreifen (grünem Speck) gespickt, die mit Hilfe einer Spicknadel durch das Fleisch gezogen werden (siehe rechte Spalte). Auch wenn viele der Gedanke stört, noch weiteres Fett zuzufügen, gibt es doch keine effektivere Technik als das Spicken, wenn es darum geht, daß geschmortes Fleisch zart und saftig bleiben soll.

Fleisch und Geflügel in leicht köchelnder Flüssigkeit schmoren, die alle paar Sekunden einige Blasen an die Oberfläche wirft. Kocht die Flüssigkeit während des Schmorens, wird das Fleisch trocken und faserig und die Schmorflüssigkeit sehr fettreich. Ist die Flüssigkeit nicht heiß genug, braucht das Fleisch zu lange, bis es gar ist. Die einfachste Methode, die Temperatur der Schmorflüssigkeit zu prüfen, ist, den Deckel abzuheben und nachzusehen. Diese Methode hat jedoch den Nachteil, daß sich durch das Abheben des Deckels ein Teil der Aromen von Kräutern, Wein und aromatischen Gemüsen verflüchtigt. In älteren Rezepten der französischen Küche wird häufig empfohlen, den Deckel mit dem Topf mit einem Mehl-Wasserteig zu versiegeln. Man kann aber auch einen kleinen ofenfesten Topf mit Wasser füllen und zugedeckt neben den Schmortopf stellen. Anstatt nach der Flüssigkeit im Schmortopf zu sehen, genügt es, die Wassertemperatur in dem kleinen Topf zu prüfen. *Siehe auch* »Etuver«, »Glacieren«, »Pochieren«, »Reduzieren«, »Spicken«

Soufflé

Eine Masse, meist aus gebundener Sauce (Béchamel für salzige Soufflés, Konditorcreme oder Sabayon für Dessertsoufflés), die mit geschlagenem Eiweiß vermischt und in Förmchen gebacken wird

(siehe Seite 177). Eissoufflés sind keine echten Soufflés, da sie nicht gebacken werden, sondern eine Art Mousse.

Spicken

Speckstreifen in Fleischstücke ziehen, damit das Fleisch zart und saftig bleibt. Irrtümlicherweise wird oft angenommen, daß Flüssigkeiten, wie Wein, Wasser oder Brühe, das Fleisch davor bewahren, auszutrocknen. In Wirklichkeit sind es das Fett und bestimmte Muskelgewebe, die bewirken, daß das Fleisch saftig bleibt und im Mund zergeht. Spicken mag in einer Zeit der betont gesunden, fettarmen Ernährung deplaziert wirken, jedoch profitieren gerade sehr magere Fleischstücke vom Spicken.

Speckstreifen (ungesalzene und nicht geräucherte Schweinebrust ohne Fleisch, auch grüner Speck genannt) in die lange halboffene Röhre einer Spicknadel legen, die durch ein großes Stück Fleisch gestochen wird. Zieht man die Spicknadel anschließend zurück, bleibt der Speckstreifen im Fleisch. Am besten parallel zum Verlauf der Fasern spicken und das Fleisch möglichst entgegen der Faserrichtung aufschneiden. So ergeben die Speckscheiben auch noch ein schönes Muster.

Man kann die Speckstreifen auch dünner als für eine große Spicknadel schneiden und am hinteren Ende von kleineren Spicknadeln ohne Griff festklemmen. Dabei werden die Streifen ähnlich wie beim Nähen mehr unter die Oberfläche von kleineren Fleischstücken, wie Kaninchen oder kleineren Stücken Wild, gezogen.

 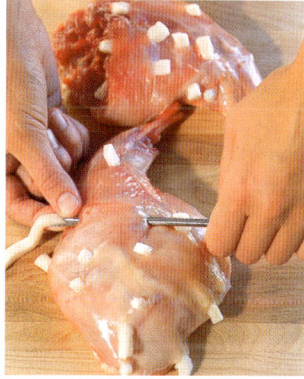

Speck durch das Fleisch ziehen   ... oder unter die Oberfläche

Timbale

Eine Masse, die meist auf pürierten Gemüsen und Semmelbröseln basiert und in einer großen Form oder mehreren Förmchen im Wasserbad sanft gebacken wird. Eine Timbale ähnelt einem Flan.